Ondřej Kalina · Stefan Köppl · Uwe Kranenpohl · Rüdiger Lang
Jürgen Stern · Alexander Straßner

Grundkurs Politikwissenschaft:
Einführung ins wissenschaftliche Arbeiten

Ondřej Kalina · Stefan Köppl
Uwe Kranenpohl · Rüdiger Lang
Jürgen Stern · Alexander Straßner

Grundkurs Politikwissenschaft: Einführung ins wissenschaftliche Arbeiten

SPRINGER FACHMEDIEN WIESBADEN GMBH

Bibliografische Information Der Deutschen Bibliothek
Die Deutsche Bibliothek verzeichnet diese Publikation in der Deutschen Nationalbibliografie;
detaillierte bibliografische Daten sind im Internet über <http://dnb.ddb.de> abrufbar.

Unveränderter Nachdruck der 1. Auflage (erschienen im
Westdeutschen Verlag, Wiesbaden) Januar 2006.
1. Auflage November 2003

Alle Rechte vorbehalten
© Springer Fachmedien Wiesbaden 2003
Ursprünglich erschienen bei VS Verlag für Sozialwissenschaften/GWV Fachverlage GmbH,
Wiesbaden 2003

Lektorat: Frank Schindler
www.vs-verlag.de

Das Werk einschließlich aller seiner Teile ist urheberrechtlich geschützt. Jede Verwertung außerhalb der engen Grenzen des Urheberrechtsgesetzes ist ohne Zustimmung des Verlags unzulässig und strafbar. Das gilt insbesondere für Vervielfältigungen, Übersetzungen, Mikroverfilmungen und die Einspeicherung und Verarbeitung in elektronischen Systemen.

Die Wiedergabe von Gebrauchsnamen, Handelsnamen, Warenbezeichnungen usw. in diesem Werk berechtigt auch ohne besondere Kennzeichnung nicht zu der Annahme, dass solche Namen im Sinne der Warenzeichen- und Markenschutz-Gesetzgebung als frei zu betrachten wären und daher von jedermann benutzt werden dürften.

Umschlaggestaltung: KünkelLopka Medienentwicklung, Heidelberg

Gedruckt auf säurefreiem und chlorfrei gebleichtem Papier

ISBN 978-3-531-14162-6   ISBN 978-3-531-90140-4 (eBook)
DOI 10.1007/978-3-531-90140-4

Inhalt

Vorwort 11

0 Benutzerhinweise 12

1 **Die *Alma Mater* und ihre Marotten: Orientierung an der Uni** 13
  1.1 Aufgaben der Universität 13
  1.2 Hochschulautonomie oder: Warum jede Uni anders ist 14
  1.3 Rektoren und Dekane, Fakultäten und Institute:
      der organisatorische Aufbau der Universität 15
  1.4 Profs & Co.: das Personal 17
  1.5 Studiengänge: unterschiedliche Abschlüsse und
      Schwerpunkte 20
  1.6 Propädeutika und Seminare: Lehrveranstaltungen 22
  1.7 Kommilitonen und Korporationen – das studentische Leben 24
  1.8 Literatur 26

2 **Wozu Wissenschaft?** 27
  2.1 Spielregeln der Wissenschaft 27
  2.2 Der suchende Mensch 29
  2.3 Selbstverständnis und Aufgaben 29
  2.4 Theorie – Werkzeug des Wissenschaftlers 30
  2.5 Wissenschaft als alltägliche Bereicherung 31
  2.6 Wie funktioniert Wissenschaft? 32
  2.7 Mehr als geistige Akrobatik 33
  2.8 Literatur 34

3 **Effizient arbeiten** 35
  3.1 Werkzeug Nummer 1: das menschliche Gehirn 35
  3.2 Immer nützlich: allgemeine Arbeitstechniken 36
      3.2.1 Zielplanung 36
      3.2.2 Potential optimal nutzen 40
      3.2.3 Mind-Mapping 42
      3.2.4 Brainstorming 45

3.3 Lerntechniken 46
    3.3.1 Lernkanäle 46
    3.3.2 Effektiv lernen 47
    3.3.3 Schon beim Mitschreiben lernen 48
    3.3.4 Lerngruppen 49
    3.3.5 Neue Wege und Methoden 51
3.4 Der Arbeitsplatz 51
3.5 Der Umgang mit dem Computer 53
3.6 *Mens sana in corpore sano* 53
    3.6.1 Die Balance macht's: Ausgleich 53
    3.6.2 Gesundheit – was alle wissen und keiner beachtet 54
    3.6.3 Die Gefahren an der Leistungsgrenze 56
3.7 Literatur 57

4 Prüfungen – (k)ein Grund zur Sorge? 59
4.1 Erste Schritte 59
4.2 Prüfungsvorbereitung 59
4.3 Wenn es soweit ist 61
4.4 Prüfungsangst 63
4.5 Literatur 63

5 Vom Umgang mit Texten 64
5.1 Textsorten 64
5.2 Literaturauswahl 66
5.3 Viel Lesen in wenig Zeit 66
    5.3.1 Fragen formulieren 67
    5.3.2 Überblick verschaffen 67
    5.3.3 Thesen finden 68
    5.3.4 „Querlesen" 68
    5.3.5 Intensiv lesen 69
    5.3.6 Markieren 70
5.4 Exzerpieren – das Wichtigste herausholen 71
5.5 ACM – *„Advanced Copy Management"* 72
5.6 Literatur 73

Inhalt

6 Das Handwerk der Literaturrecherche ... 74
- 6.1 Auf die Plätze, fertig, los? Notwendige Vorüberlegungen ... 74
- 6.2 Grundlegende Recherchemethoden im Überblick ... 74
  - 6.2.1 Das Schneeballprinzip als Erstzugang ... 74
  - 6.2.2 Das systematische Bibliographieren ... 77
- 6.3 Die Suche nach Monographien und Sammelbänden ... 79
  - 6.3.1 Lokale Bibliothekskataloge ... 79
  - 6.3.2 Verbund- und Zentralkataloge ... 82
  - 6.3.3 Fachbibliographien ... 83
  - 6.3.4 Online- und CD-ROM-Datenbanken ... 84
  - 6.3.5 Rezensionen ... 86
  - 6.3.6 Hochschulschriftenverzeichnisse ... 86
  - 6.3.7 Buchhandelskataloge und Verlagsveröffentlichungen ... 87
- 6.4 Suche nach Aufsätze und „grauer Literatur" ... 88
  - 6.4.1 Aufsätze – unverzichtbar für das wissenschaftliche Arbeiten ... 88
  - 6.4.2 „Graue Literatur" ... 93
  - 6.4.3 Artikel in Tages- und Wochenzeitungen ... 94
  - 6.4.4 Angaben über Persönlichkeiten ... 94
- 6.5 Die Recherche im *World Wide Web* ... 95
  - 6.5.1 Digitale „Trüffelschweine" – allgemeine Suchwerkzeuge ... 95
  - 6.5.2 Das Finden sozialwissenschaftlicher Volltexte im Internet ... 101
  - 6.5.3 Probleme und Gefahren der Internetrecherche ... 101
  - 6.5.4 Internet: für den Erstzugriff ungeeignet ... 104
- 6.6 Beschaffung der recherchierten Literatur ... 104
  - 6.6.1 Bestand der lokalen Bibliothek(en) ... 104
  - 6.6.2 Externe Literaturbestände ... 105
  - 6.6.3 Bücherkauf – nur ausnahmsweise ... 106
- 6.7 Literatur- und Materialordnung ... 107
- 6.8 Die Literaturrecherche – ein Prozess ständiger Reflexion ... 107
  - 6.8.1 Kontinuität der Recherche ... 107
  - 6.8.2 Notwendigkeit der Zieldefinition ... 108
  - 6.8.3 Beachtung des Faktors Zeit ... 108
  - 6.8.4 Literaturrecherche als ständiger Umgang mit Lücken ... 108
- 6.9 Literatur ... 109

7 Daten, Quellen und Analysen – Grundzüge einer Methodenkunde ... 111
7.1 Primärquellen und Sekundärquellen ... 111
7.2 Hermeneutik: das Erkennen von „Sinn" ... 112
7.3 Quellenkritik ... 113
7.4 Gegenstände der „klassischen" Inhaltsanalyse ... 115
7.5 Die Sekundäranalyse empirischer Sozialforschung ... 117
    7.5.1 Exkurs: Tabellen richtig gelesen ... 117
    7.5.2 Sekundäranalysen kritisch hinterfragen ... 120
7.6 Weitere sozialwissenschaftliche Methoden ... 122
    7.6.1 Befragungen ... 122
    7.6.2 Beobachtungen ... 124
7.7 Literatur ... 125

8 Ergebnisse präsentieren – das Referat ... 126
8.1 Womit anfangen? ... 126
    8.1.1 Abgrenzung und Fragestellung ... 127
    8.1.2 Länge des Referats ... 128
8.2 Der Aufbau ... 128
    8.2.1 Am Anfang ... 128
    8.2.2 Hauptteil ... 129
    8.2.3 Schluss ... 129
8.3 Das Arbeitspapier – ein Service für die Zuhörer ... 130
    8.3.1 Sinn, Funktionen und Inhalt ... 130
    8.3.2 Formale Gestaltung ... 131
8.4 Präsentation ... 132
    8.4.1 *Learning by doing!* ... 132
    8.4.2 Sprechtechnik ... 132
    8.4.3 Haltung ... 133
    8.4.4 Medieneinsatz ... 133
8.5 Verbesserung durch Feedback ... 134
8.6 Literatur ... 135
8.7 Checkliste ... 136

9 Die Hausarbeit – Gedanken zu Papier gebracht ... 137
9.1 Mehr als Scheinerwerb ... 137
9.2 Ferien sind zum Schreiben da ... 138

Inhalt

- 9.3 Von der Idee zur Fragestellung 139
  - 9.3.1 Worüber schreiben? 139
  - 9.3.2 Notwendige Vorarbeiten 140
  - 9.3.3 Woher kommen die Informationen? 142
- 9.4 Schreiben kann man lernen 143
  - 9.4.1 Womit beginnen? 143
  - 9.4.2 „Butter bei die Fische" – der Hauptteil 144
  - 9.4.3 Die Krönung: der Schluss 146
  - 9.4.4 Die endgültige Einleitung 147
- 9.5 Was gehört in den Anhang? 148
- 9.6 Keine fremden Federn anlegen 149
  - 9.6.1 Die Kunst der Fußnote 149
  - 9.6.2 Was gehört sonst in die Fußnote 152
  - 9.6.3 Wörtlich oder sinngemäß? 153
  - 9.6.4 Zitate aus dem Internet 155
  - 9.6.5 Immer zu den Originalen! 156
- 9.7 Das Literaturverzeichnis 157
- 9.8 Den richtigen Ton treffen 162
  - 9.8.1 Harmonie herstellen 162
  - 9.8.2 Missklänge meiden 163
- 9.9 Immer die Form wahren 165
  - 9.9.1 Textkörper 165
  - 9.9.2 Titelblatt 166
  - 9.9.3 Verzeichnisse 168
- 9.10 Der letzte Schliff: die Überarbeitung 170
  - 9.10.1 Die Gedankenkette straffen 170
  - 9.10.2 Formatierung, Ausdruck und Abgabe 171
- 9.11 Wie viele Seiten sollen es sein? 172
- 9.12 Wie wird was bewertet? 172
- 9.13 Literatur 173
- 9.14 Checkliste 174

10 *Tour de force* oder: Rund um den Elfenbeinturm 175
- 10.1 Die Überprüfung des Studienfaches 175
- 10.2 Studienortwechsel 176
- 10.3 Auslandsstudium 178
  - 10.3.1 Ziele eines Auslandsstudiums 178
  - 10.3.2 Zeitlicher Aspekt 178
  - 10.3.3 Wie gelange ich an ein Auslandsstudium? 179

	10.3.4	Die Auswahl des ausländischen Studienortes	180
	10.3.5	Was noch zu beachten ist	181
10.4		Der Zugang zum Geld aus der großen Welt: BAFöG und Stipendien	181
	10.4.1	BAFöG	182
	10.4.2	Stipendien	182
10.5		Praktika	183
	10.5.1	Zielsetzung beachten	183
	10.5.2	Mitunter übersehen: Nachteile von Praktika	184
	10.5.3	Was noch zu beachten ist	185
	10.5.4	Wie gelange ich an ein Praktikum?	185
10.6		Was man an der Uni nicht unbedingt lernt: Zusatzqualifikationen	187
	10.6.1	Kommunikation	187
	10.6.2	Vernetztes Denken	188
	10.6.4	Mit Niederlagen leben (lernen)	189
	10.6.5	Soziale Kompetenz	190
10.7		Berufsfelder für Sozialwissenschaftler	191
10.8		Das „Nachspiel": Grundlegendes zu Bewerbungen	193
10.9		Literatur	194

Anhang: Hilfsmittel für das Studium 195

Register 226

Vorwort

Jeder ist für sein Studium selbst verantwortlich.

Es ist allerdings leichter, wenn man Handreichungen erhält. Ziel dieses Buches ist es, solche Hinweise anzubieten, damit die Möglichkeiten der Universität sinnvoll genutzt und die Anforderungen eines Hochschulstudiums gemeistert werden können. Kurz: Damit man seine akademische Freiheit verantwortungsvoll und produktiv lebt.

Bisher beschränkt sich die Literatur entweder auf allgemeine Studienratgeber oder auf fachspezifische Einführungen. Beide lassen Studienanfänger in dem einen oder anderen Bereich allein. Hier dagegen soll das Wichtige in leicht verständlicher Form zusammengeführt werden: grundlegende Arbeitstechniken und studienspezifische Kernkompetenzen für Sozialwissenschaftler. Darüber hinaus bietet es Orientierungshilfe rund um die Universität – ein Bereich, der meist völlig unter den Tisch fällt.

Das Buch geht auf ein Tutorienprogramm des Lehrstuhls für Politikwissenschaft I an der Universität Passau zurück, welches seit dem Wintersemester 2001/02 stattfindet. In mehreren Workshops konzipierten es Tutoren und Dozenten, wobei eigene Erfahrungen aus Studium und Lehre einflossen. Seither wurden auch vielfältige Anregungen von studentischer Seite berücksichtigt. Dadurch bleibt die Nähe zu den Bedürfnissen der Studierenden und deren Alltag gewährleistet. Vielfältige Erfahrungen gerinnen hier zu einem Basishandbuch. Insofern stammt es von einem „Autorenkollektiv" – wie man vor einigen Jahrzehnten noch gesagt hätte. Auch wenn jeder Autor bestimmte Themen federführend betreut hat, haben alle Autoren an allen Texten gearbeitet und tragen eine „Gesamtverantwortung".

Der Dank der Autoren gilt besonders Prof. Dr. Dr. h.c. Heinrich Oberreuter, der den für die Arbeit nötigen Freiraum gewährte. Birgit Schlüter und Henrik Gast haben im Rahmen der Tutorienveranstaltungen Wertvolles beigetragen. Sarah Weber, die uns zudem in der „heißen" Schlussphase den Rücken freihielt, und Imelda Wagner lasen umfangreich Korrektur. Carsten Pietsch trug zur Vervollständigung der Literaturliste bei.

Passau, August 2003   Die Autoren

0 Benutzerhinweise

Dieses Buch richtet sich primär an Studienanfänger, es soll aber auch noch später nützlich sein. So wird manche Anmerkung erst im Kontext der eigenen Erfahrung verständlich werden.

Deshalb haben die Autoren einen modularen Aufbau gewählt: Man kann das Buch von vorne bis hinten lesen, es folgt dem Verlauf eines typischen (ersten) Semesters. Man kann aber auch je nach Bedarf einzelne Kapitel herausgreifen. Viele werden im Laufe des Studiums immer wieder nützlich sein. Gerade bei den Recherchemöglichkeiten wird der gesamte Inhalt des „Werkzeugkastens" ausgebreitet, auch wenn zu Beginn des Studiums nur einige Instrumente benötigt werden. Für die fortgeschritteneren Studenten ist er dagegen eine ergiebige und nützliche Fundgrube.

Querverweise machen auf wichtige Zusammenhänge aufmerksam. Zur besseren Übersichtlichkeit sind Aufzählungen und Tabellen eingearbeitet. Die besonders an der Praxis orientierten Kapitel verfügen zudem über Checklisten, in denen die wichtigsten Gesichtspunkte zusammengefasst werden.

Am Ende jedes Kapitels finden sich ausgewählte Literaturangaben für das weitere Selbststudium. Ein umfangreicher Anhang enthält zahlreiche Hinweise auf nützliche Hilfsmittel für das Studium, besonders für Referate, Haus- und Abschlussarbeiten.

Dieses Buch will Hilfestellung und Begleiter sein, aber keine „Bibel". Seine Vorschläge können wegen unterschiedlicher Bedingungen an verschiedenen Universitäten und Lehrstühlen nicht immer völlig zutreffen. Vor allem aber ersetzt die Lektüre keinesfalls Eigenverantwortung und Lernen aus Erfahrung, denn:

Jeder ist für sein Studium selbst verantwortlich.

Da auch die Autoren wissen, dass sie noch dazulernen können, sind sie für Hinweise auf Fehler und Versäumnisse sowie für Verbesserungsvorschläge dankbar. Am besten per E-Mail: autorenkollektiv@web.de.

1 Die *Alma Mater* und ihre Marotten: Orientierung an der Uni

Für viele Studienanfänger sind die ersten Wochen an der Universität gewöhnungsbedürftig. Zwar erinnert immer noch Einiges an die Schulzeit, zugleich sind aber auch viele Dinge völlig anders als zuvor. Mitunter ist der Studienbeginn auch der Zeitpunkt, an dem eine Abnabelung von zu Hause stattfindet. Um so verwirrender wirken dann die noch unbekannten Eigenheiten der *Alma Mater* (lat. „nährende Mutter"), wie die Universität in alter Tradition genannt wird.

Schon dieser Latinismus verdeutlicht, dass den Universitäten durch ihre jahrhundertealte Geschichte einige Eigentümlichkeiten anhaften, die den neuankommenden Studierenden mitunter verwirren. Einige kurze, doch oft hilfreiche Hinweise zu den Aufgaben und zum Aufbau einer Universität, ihrem Personal und zu den von ihm durchgeführten Lehrveranstaltungen sollen dem abhelfen.

1.1 Aufgaben der Universität

Ein Teil der Probleme, denen sich Studienanfänger gegenübersehen, erklärt sich schon aus den Aufgaben der Universität. Allen Reformen zum Trotz haben die Hochschulen auch heute noch mindestens drei gesellschaftliche Aufgaben, die sich nicht immer problemlos miteinander vereinbaren lassen:

- Wissenschaft und Forschung;
- Bildung und
- Ausbildung.

So sind Universitäten heute immer noch – auch wenn außeruniversitäre Forschungseinrichtungen (z. B. Max-Planck-Institute) ihnen inzwischen den Rang ablaufen – bedeutende Schmieden des wissenschaftlichen Fortschritts. Allerdings besteht ein Spannungsverhältnis zwischen Forschung und Lehre, da die deutschen Hochschulen seit der „Bildungsreform" der 60er Jahre Studierendenzahlen oberhalb ihrer eigentlichen Kapazitätsgrenzen verkraften müssen. Aber auch innerhalb ihres Lehrauftrags sind die Universitäten Schwierigkeiten ausgesetzt, da Bildung und Ausbildung durchaus unterschiedliche Ziele verfolgen.

Obwohl der Begriff „Bildung" (Menze 1985) schillernd ist, wird man herausstellen können, dass man ihn nicht mit Allgemeinbildung gleichsetzen kann, die etwa für den Hauptgewinn in einem Fernsehquiz zu dokumentieren ist (auch wenn Bildung bei diesem Vorhaben nicht schädlich sein muss).

Bildung dient dagegen mit Wilhelm von Humboldt nicht „äußeren Zwecken", sondern dem Individuum selbst (Vierhaus 1972: 520). So verstehen moderne Konzeptionen unter Bildung, das Individuum zu Emanzipation, Selbstbestimmung und zu Verantwortungsbewusstsein für sich und Andere zu befähigen.

Dass ein solches Ziel mit der Ausbildungsfunktion der Universitäten kollidieren kann, wird besonders deutlich bei Studiengängen wie Betriebswirtschaftslehre, Jura oder Medizin – oder auch in der Lehrerausbildung: Das Studium soll hier klar berufsbezogene und praxisorientierte Kompetenzen für das spätere Arbeitsleben vermitteln (wobei dies mitunter aber nur unzureichend geschieht). Für die Sozialwissenschaften ist eine solche Verengung auf ein ökonomisches Verwertungsinteresse noch nicht zu beobachten,[1] doch insgesamt hat die Berufsorientierung in den letzten Jahrzehnten deutlich zugenommen.

Gleichwohl haben sich sozialwissenschaftliche Studiengänge von ihren Gegenständen her, aber auch durch die Sozialisation von Lehrenden und Studierenden, heute immer noch mehr dem Ziel der *Bildung* als der *Ausbildung* verschrieben. Dabei mögen berufsorientiert Studierende mitunter den Bezug zu ihren Karrierezielen vermissen. Dies wird dadurch aufgewogen, dass neben fachlichen auch zahlreiche methodische und organisatorische Kompetenzen erworben werden, die vielseitig eingesetzt werden können.

1.2 Hochschulautonomie oder: Warum jede Uni anders ist

Art. 5 Abs. 3 Satz 1 GG bestimmt, dass Kunst und Wissenschaft, Forschung und Lehre frei sind. Diese Freiheit soll nicht zuletzt durch die Hochschulautonomie gesichert werden. „Autonomie" bedeutet, dass Universitäten vom Staat als öffentlich-rechtliche Körperschaften per Gesetz errichtet werden

---

1   Da Wissen durch die immer schnellere Ansammlung neuen Wissens sehr schnell entwertet wird, ist dies auch nicht sehr sinnvoll.

und sich im Prinzip selbst verwalten: Alle Universitätsangehörigen (Professoren, wissenschaftliche Mitarbeiter, Studierende und nicht-wissenschaftliche Mitarbeiter) sind an Entscheidungen beteiligt,[2] während die staatliche Ministerialbürokratie lediglich Aufsichtsfunktionen wahrnimmt (und Dienstherr der Beschäftigten ist). Zudem ist Hochschulrecht – trotz der Vorgaben, die der Bund im Rahmen des Hochschulrahmengesetzes (HRG) macht – primär Ländersache.

Diese Situation – weitgehende Länderkompetenz im Hochschulrecht sowie Prinzip der Selbstverwaltung – hat eine entscheidende Konsequenz: *Jede Uni ist anders!*

Das gilt für Aufbau und Organisation, das gilt – sofern es sich nicht um Prüfungen handelt, die mit einem Staatsexamen (also einer von der jeweiligen staatlichen Institution gestellten Prüfung) abschließen – für Abschlüsse und damit auch für Prüfungsordnungen, Studienordnungen und die Bezeichnung von Lehrveranstaltungen. Deshalb mag manches hier Behandelte an der besuchten Universität etwas, kaum aber völlig anders sein.

1.3 Rektoren und Dekane, Fakultäten und Institute: der organisatorische Aufbau der Universität

Dies zeigt sich schon bei der Frage, wer Universitäten leitet: Mal stehen *Rektoren* an der Spitze der Uni, mal *Präsidenten*. Meist haben Präsidenten gegenüber Rektoren eine etwas stärkere Stellung, da die Rektoratsverfassung mehr zur Kollegialität tendiert: *Prorektoren* gehören der Universitätsleitung als Stellvertreter des Rektors an. In der Praxis wirken sich diese Unterschiede mitunter aber kaum aus.

Die Universitäten gliedern sich in *Fakultäten* oder *Fachbereiche*, in denen jeweils ein Fach (z. B. Rechtswissenschaft) oder zumindest verwandte Fächer (z. B. Sozial- oder Geisteswissenschaften) zusammengefasst sind. Fakultäten bzw. Fachbereichen stehen *Dekane* vor, die von *Prodekanen* unterstützt werden (innerhalb der Fachbereiche ist es üblich, dass diese Funktionen unter den Professoren rotieren). Unterstützt werden Dekan und Prodekan durch eine eigene Fakultätsverwaltung.

---

[2] Dies kann aber nur eingeschränkt für die Forschungs- und Lehrtätigkeit gelten, da die Freiheit von Wissenschaft, Forschung und Lehre selbstverständlich auch dem Individuum, d. h. dem einzelnen Hochschullehrer, zusteht.

Insbesondere umfangreiche Fachbereiche an großen Universitäten gliedern sich nochmals in *Institute* der einzelnen Fächer, die von (ebenfalls rotierenden) *Institutsdirektoren* geleitet werden und ebenso über eine eigene Verwaltung verfügen können.[3] Die Fächer und Teildisziplinen, aus denen sich die Fakultäten (und damit auch die Institute) zusammensetzen, werden durch *Lehrstühle* oder *Professoren* vertreten.

Neben den Fakultäts- und Institutsverwaltungen besteht noch eine umfassende *Hochschulverwaltung*, wobei sich die Aufgabenverteilungen abermals von Hochschule zu Hochschule unterscheiden. In jedem Fall wird die Universitätsverwaltung vom *Kanzler* geleitet. Zur Verwaltung gehören die Studentenkanzlei und das Akademische Auslandsamt (wichtig für Auslandsaufenthalte) sowie Technik, Hausverwaltung und *last but not least* die Universitätsbibliothek. Meist gibt es noch weitere zentrale Einrichtungen (z. B. Studienberatung, Hochschulsport, Rechenzentren und Prüfungssekretariate), mitunter sind diese Funktionen aber auch bei den Fakultäten bzw. Instituten angesiedelt. So haben viele Institute (neben der Universitätsbibliothek) eigene Bibliotheken, Prüfungssekretariate und Fachstudienberatungen. Hier gilt es sich beizeiten klug zu machen: Meist wird aber die zentrale Studienberatung der Hochschule die erste Anlaufstelle für Auskünfte sein.

Die Hochschulautonomie, also das *Prinzip der universitären Selbstverwaltung*, an der alle Universitätsangehörigen beteiligt sind, zeigt sich in einer Fülle von *Organen*. Zentrales Selbstverwaltungsorgan auf der Ebene der Gesamtuniversität ist meist der *Senat*, in dem Vertreter von Professoren, wissenschaftlichen und nicht-wissenschaftlichen Mitarbeitern sowie Studierenden über die Belange der Hochschule beraten. Im Bereich der Fakultäten oder Fachbereiche tun dies Fakultäts- bzw. Fachbereichsräte.

Festzuhalten bleibt aber, dass unter „Beteiligung" nicht zu verstehen ist, dass alle Universitätsangehörigen über gleiche Entscheidungsrechte verfügen: Nach dem Hochschulurteil des Bundesverfassungsgerichts (BVerfGE 35, 79)[4] muss den Professoren dominierender Einfluss in den Entscheidungsorganen eingeräumt werden. Damit gibt es an deutschen Universitäten keine Drittelparität (d. h. Professoren, wissenschaftliche Mitarbeiter und Studierende verfügen nicht über die gleiche Anzahl von Stimmen in den Vertre-

---

3 Um die Verwirrung komplett zu machen, tragen aber auch Forschungseinrichtungen an der jeweiligen Universität meist die Bezeichnung „Institut".
4 Bundesverfassungsgerichtsentscheidungen werden üblicherweise nach Bandnummer und erster Seite der Entscheidung in der Entscheidungssammlung des Gerichts zitiert. Das „Hochschulurteil" findet sich also im Bd. 35 der „Entscheidungen des Bundesverfassungsgerichts" ab Seite 79.

tungsorganen) und schon gar nicht kann von „Demokratie" im Sinne des Prinzips „*one man, one vote*" die Rede sein – was angesichts der Aufgabenstellung der Universitäten aber auch kaum ernsthaft gefordert werden kann.

Man mag zur dominierenden Rolle der Professoren in der Hochschulverfassung stehen wie man will: Festzuhalten bleibt, dass die Studierenden über ihre Vertreter an nahezu allen Entscheidungen mitwirken können (wenn auch mitunter nur mit beratender Stimme). Wie in jeder anderen Form der Mitverwaltung ist entscheidend, die Mitwirkungsmöglichkeiten auch zu nutzen, wofür nicht allein Engagement der Studierendenvertreter, sondern auch deren ausreichende Unterstützung durch die Studierenden selber erforderlich ist.

Studentische Vertretungsorgane sind auf der Ebene der Gesamtuniversität der *AStA* (Allgemeiner Studentenausschuss) bzw. die *Studierendenvertretung*, innerhalb der Fakultäten die *Fachschaften*, die neben den Studienberatungen meist eine gute Anlaufstelle für Erstsemester sind.

Man sollte aber immer bedenken, es beraten Kommilitonen: Das hat für den Studienanfänger eine Menge Vorteile, z. B. größere Orientierung an studentischen Bedürfnissen, aber auch Nachteile, denn persönliche Vorlieben des beratenden Studierenden können sich auf seine Empfehlungen auswirken. Seine tatsächliche Kompetenz ist – gerade für Studienanfänger – kaum zu überprüfen. Deshalb ist die Fachschaftsberatung eine wichtige *Ergänzung* der professionellen Studienberatung, aber kein Ersatz.

Schließlich noch ein Wort zum Studentenwerk: Studentenwerke betreiben zwar die Mensen, sind aber rechtlich kein Teil der Uni, sondern eigene öffentlich-rechtliche Körperschaften. Neben der Mensa und den von ihnen betriebenen Wohnheimen sind bei Studentenwerken das BAFöG-Amt und die Sozialberatung für Studierende angesiedelt. Zudem fördern sie kulturelle und Freizeitaktivitäten (so betreiben viele Studentenwerke beispielsweise Reisebüros).

1.4 Profs & Co.: das Personal

In Österreich werden alle Gymnasiallehrer „Professoren" genannt, in Deutschland sind nicht alle, die an einer Uni lehren, *Professoren*. Daher einige – bei weitem nicht vollständige – Anmerkungen zum Lehrpersonal, wobei hier zu beachten ist, dass durch die jüngste Reform des HRG die Situation im Umbruch ist und tiefgreifende Veränderungen eintreten werden.

Insbesondere wird der Weg zum Professorenberuf anders gestaltet: Bisher wiesen angehende Hochschullehrer ihre Befähigung nach einem hervorragend abgeschlossenen Studium zunächst durch eine *Promotion* nach. Hauptprüfungsleistung der Promotion ist die *Dissertation*, eine umfangreiche Studie zu einer neuen wissenschaftlichen Frage, die auch als Buch erscheint. Nach erfolgreicher Promotion darf der Titel „Dr." geführt werden. An die Promotion schließt sich eine weitere Qualifikationsphase an, die durch eine *Habilitation* abgeschlossen wird. Hier ist die Hauptprüfungsleistung das sogenannte „zweite Buch", die Habilitationsschrift. Nach erfolgreicher Habilitation[5] können sich die Aspiranten auf ausgeschriebene (d. h. freie) Professorenstellen bewerben. Das Bewerbungsverfahren durchläuft mehrere Stufen der universitären Selbstverwaltung (Berufungskommission, Fakultäts- bzw. Fachbereichsrat, Senat). Schließlich erteilt das zuständige Ministerium einen „Ruf" an einen der Bewerber.[6]

Dieses Verfahren wird durch die Neuregelung des HRG und die damit verbundene Einführung von Juniorprofessuren grundlegend verändert: Besonders befähigte Doktoren können nun auf sechs Jahre befristet zu *Juniorprofessoren* berufen werden. Die Habilitation entfällt also. Gleichwohl muss sich ein Juniorprofessor weiterqualifizieren, denn am Ende der Befristung wird dies überprüft und nur dann kann er „ordentlicher" Professor werden. Welchen Stellenwert die Habilitation als alternativer Karriereweg zur Professur in Zukunft haben wird, bleibt abzuwarten. Wer an der Universität den Titel „Professor" trägt, dokumentiert Tabelle 1.1.

Wer sonst noch an der Universität lehrt, ohne Professor zu sein, gehört zum „akademischen Mittelbau". Zentrales Merkmal des Mittelbaus sind dabei die befristeten Arbeitsverhältnisse. Zudem wurden mit Einführung der Juniorprofessur die Unterschiede zwischen Assistenten und Mitarbeiter beseitigt, so dass es künftig keine neuen Assistenten mehr gibt.

Das Dilemma des Mittelbaus (und insofern auch für die Juniorprofessoren) liegt im Zwang zur Weiterqualifikation bei gleichzeitiger Befristung des Arbeitsverhältnisses. Da neben der Lehrtätigkeit in oftmals überfüllten Veranstaltungen der jeweilige Professor in Forschung, Wissenschaft und Lehre zu unterstützen ist, sind viele Mitarbeiter auf eine effiziente Organisation ihres Zeitbudgets angewiesen (nichts anderes gilt selbstverständlich für die

---

5   Bzw. auch mit Nachweis habilitationsgleicher Leistungen.
6   Dies entspricht einem Stellenangebot. Denn wenn Rufe an Professoren anderer Hochschulen ergehen, können diese nochmals mit ihrer bisherigen Uni über verbesserte Bedingungen („Rufabwendung") verhandeln.

Tab. 1.1: „Professoren" und ihr Status

Lehrstuhlinhaber (auch „Ordinarius")	• üblicherweise habilitiert (zukünftig auch „bewährte" Juniorprofessoren) • unbefristetes Dienstverhältnis • haben einen oder mehrere wissenschaftliche Mitarbeiter
Professor	• üblicherweise habilitiert (zukünftig auch „erfolgreiche" Juniorprofessoren) • unbefristetes Dienstverhältnis • haben keinen „Lehrstuhl", d. h. auch keine *universitären* wissenschaftlichen Mitarbeiter (mitunter aber welche, die aus „Drittmitteln", d. h. zusätzlichen Geldern finanziert werden)
Juniorprofessor	• promoviert • müssen sich in einem befristeten Dienstverhältnis bewähren, um Professoren zu werden • keine wissenschaftlichen Mitarbeiter
Emeritus („Prof. em.")	• pensionierte Hochschullehrer, die schon vor einer lange zurückliegenden Hochschulreform berufen wurden • meist gesetzte, ältere Herren • oft immense wissenschaftliche Reputation
Honorarprofessor	• faktisch Ehrentitel • meist Praktiker, die regelmäßig Lehrveranstaltungen durchgeführt haben
apl. (außerplanmäßiger) Professor	• habilitiert • faktisch Ehrentitel für langjährige Lehrtätigkeit als Privatdozent (vgl. Tab. 1.2)

unbefristet Beschäftigten mit größerem Lehrdeputat und erst recht für die Lehrbeauftragten, die nebenberuflich Veranstaltungen durchführen). Oft werden die Studierenden deshalb auf etwas reserviert wirkende Angehörige des Mittelbaus treffen, wenn sie diese außerhalb von Sprechstunden – oder gar in der Mensa während ihrer Mittagspause – auf Probleme ansprechen, weil sie „eben mal vorbeigekommen" sind.

Zum Personal der Universität gehören selbstverständlich auch die nichtwissenschaftlichen Mitarbeiter, ohne deren Mitarbeit die Uni überhaupt nicht funktionieren würde und die deshalb ebenfalls mit Respekt zu behandeln sind, obwohl sie weder ein Universitätsdiplom besitzen noch ein solches

Tab. 1.2 „Akademischer Mittelbau"

Privatdozent	• habilitiert, haben aber noch keinen Ruf erhalten • meist, aber nicht unbedingt an der Uni angestellt • mussten ursprünglich (daher der Titel) auf eigene Kosten lehren und hatten nur die studentischen Hörgelder als Einnahme.
Wissenschaftliche Assistenten	• promoviert • arbeiten an ihrer Habilitation oder versuchen, den Ruf auf eine Juniorprofessur zu erhalten
Wissenschaftliche Mitarbeiter	• examiniert (Diplom, Magister etc.) • arbeiten an ihrer Promotion
Akademische Räte bzw. Studienräte im Hochschuldienst	• haben meist unbefristete Dienstverhältnisse • müssen dafür weitaus mehr lehren
Lehrbeauftragte	• examiniert, meist promoviert • werden nur für die abgehaltenen Lehrveranstaltungen (kärglich) bezahlt

anstreben. Außerdem wird man unter dem Personal dem einen oder anderen Studierenden begegnen:

- *Tutoren* sind erfahrene (mitunter bereits examinierte) Kommilitonen, die vor allem Studienanfängern Orientierungshilfe geben sollen;
- *Studentische Hilfskräfte (Hiwis)*[7] unterstützen Professoren durch kleinere Arbeiten.

Beides können für den fortgeschrittenen Studierenden interessante Tätigkeiten sein: Mitunter bieten sie die Möglichkeit, den Forschungsprozess zu beobachten oder sogar Teile dazu beizutragen. Oder sie erlauben, die bereits erworbenen Fach- und Studienkompetenzen weiterzuvermitteln und sich dabei selbst in Präsentations- und Vermittlungstechniken zu üben.

1.5 Studiengänge: unterschiedliche Abschlüsse und Schwerpunkte

Es wurde bereits angesprochen, dass sich die Hochschulautonomie auch in einer Vielzahl unterschiedlicher Studiengänge niederschlägt. Dies gilt be-

---

7 Die Bezeichnung „Hiwis" ist insofern wenig sensibel, als auch in den KZs „Hilfswillige" so bezeichnet wurden. Deshalb ist die Kurzbezeichnung „Hilfskraft" vorzuziehen.

sonders im Bereich der Sozialwissenschaften, in denen es – abgesehen von der Lehrerausbildung – keine Studiengänge mit hoheitlichen Abschlussprüfungen (Staatsexamen) gibt. Für eine Einteilung bietet sich vor allem das fachliche Profil der Studiengänge an: Konzentriert sich das Studium auf ein Fach oder ist es betont interdisziplinär, so dass kaum Schwerpunktbildungen möglich sind?

- Einige Studiengänge legen einen deutlichen Schwerpunkt auf das jeweilige Fach und ergänzen das Lehrprogramm lediglich um einige Einführungsveranstaltungen der Nachbarwissenschaften. An großen Instituten werden diese mitunter von Wissenschaftlern der Nachbardisziplinen durchgeführt, die am Institut selbst angesiedelt sind. Diese Studiengänge sind meist *Diplomstudiengänge*.
- Andere Studiengänge setzen zwar einen Schwerpunkt in einem Hauptfach, welches intensiv studiert wird, verlangen aber ein weniger umfangreiches, aber gleichwohl intensives Studium von zwei weiteren Fächern. Bei diesen *Magisterstudiengängen* verteilen sich die Stundenzahlen meist im Verhältnis 4:3:3.
- Es gibt auch Magisterstudiengänge, in denen – wie im Lehramtsstudium für das Gymnasium bzw. die Sekundarstufe II – zwei Fächer gleichwertig nebeneinander studiert werden.
- Schließlich gibt es *betont interdisziplinär ausgerichtete Studiengänge*, in denen eine Vielzahl von Fächern studiert wird und eine dem Magisterstudiengang vergleichbare Schwerpunktbildung nicht mehr möglich ist.

Wie ist der Grad der Interdisziplinarität in den verschiedenen Studiengängen zu bewerten? Für die betont interdisziplinären Studiengänge spricht ihre breite Anlage gleich einem *studium generale*, welches dem Studierenden erlaubt, eine große Zahl von Fächern kennen zu lernen. Erkauft wird diese Breite aber mitunter durch eine gewisse Oberflächlichkeit in den meisten (wenn nicht allen) Studienbereichen.[8] Klare Kernkompetenzen werden eher in den Fachdiplomstudiengängen herausgebildet, was aber trotz der Veranstaltungen aus den Nachbarwissenschaften manchmal mit entsprechend niedriger Intensität in eben diesen einhergeht. Einen Kompromiss stellen die Magisterstudiengänge dar, in denen auch die Nebenfächer relativ gründlich studiert werden, womit aber andererseits wieder ein gewisser Verlust der

---

8 Als Faustregel sollte man beachten, dass im Magisterstudiengang das Hauptfach 40% bis 50% der Lehrveranstaltungen ausmacht.

Interdisziplinarität einhergehen kann. Umso wichtiger ist in diesem Fall die Wahl sinnvoller Nebenfächer – in der Politikwissenschaft bieten sich primär die anderen Sozialwissenschaften und Geschichte an.

Eine neuere Entwicklung sind schließlich die gestuften Studiengänge, die die Vergleichbarkeit deutscher Abschlüsse mit ausländischen erhöhen sollen (auch hier gibt es sowohl fachzentrierte als auch betont interdisziplinäre Konzepte). Ihre Besonderheit ist eben der gestufte Aufbau:

- Nach drei Jahren schließt das Studium, welches fundiertes wissenschaftliches Grundlagenwissen vermitteln soll, mit dem Grad des *Bachelor* ab.
- Besonders begabte Studierende können weiterstudieren, um in zwei Jahren den Grad eines *Master* zu erwerben.

Auch die meisten anderen Studiengänge sind insofern gestuft, dass die Studierenden nach dem Grundstudium (ca. 2 Jahre) in einer Prüfung (Vordiplom oder Zwischenprüfung) ihren Leistungsstand nachweisen, bevor sie ins Hauptstudium wechseln können. Eine Variante sind die *Credit Points-* oder *Leistungspunktsysteme*: Die Prüfungsleistung besteht hier üblicherweise darin, dass die Studierenden in einer bestimmten Zeit in den von ihnen besuchten Veranstaltungen durch erbrachte Prüfungsleistungen eine bestimmte Anzahl von Punkten erreichen.

Das Renommee der jeweiligen Abschlüsse sollte nicht unbedingt ein Kriterium für die Wahl des Studienganges sein. Zwar genießen die Diplomstudiengänge wohl noch das größere Ansehen, sind aber in den letzten Jahren wegen ihrer mangelnden internationalen Vergleichbarkeit etwas ins Hintertreffen geraten. Inwiefern die neuen gestuften BA / MA-Studiengänge sich in Deutschland durchsetzen werden, ist noch nicht sicher.

1.6 Propädeutika und Seminare: Lehrveranstaltungen

In keinem anderen Bereich gilt so sehr wie bei den Lehrveranstaltungen, dass jede Universität, jeder Fachbereich, mitunter jedes Fach eigene Regelungen getroffen hat. Um so wichtiger ist es, bei der Zusammenstellung des Stundenplans (bei der die entsprechende Fachschaft oft behilflich ist) zweierlei zu beachten:

- Ist die Veranstaltung für einen bestimmten *Studienabschnitt* vorgesehen (Studienbeginn, Grundstudium, Hauptstudium, Examensphase) oder ist sie übergreifend für alle Studierenden geöffnet?
- Wie verpflichtend ist der Besuch der Veranstaltung? Neben *Pflichtveranstaltungen*, deren Teilnahme man üblicherweise nachweisen muss, gibt es reine *Wahlveranstaltungen*, die man besuchen kann. Bei *Wahlpflichtveranstaltungen* hat man die Möglichkeit, aus verschiedenen Veranstaltungen eine oder mehrere auszuwählen.

Außerdem sind Typen von Veranstaltungen zu unterscheiden:

- Um es dem Studienanfänger auch wirklich nicht zu leicht zu machen, hat sich bei den Einführungsveranstaltungen am wenigsten eine einheitliche Begrifflichkeit herausgebildet: Signalwörter sind hier wohl auf jeden Fall *Propädeutikum* und *Grundkurs*.
- Beim *Proseminar* handelt es sich dagegen mal um eine Einführungsveranstaltung, mal um eine Fortgeschrittenenveranstaltung für die zweite Phase des Grundstudiums. Allen diesen Veranstaltungen ist gemein, dass sie ihrer Idee nach Arbeitsgruppencharakter haben, d. h. Dozenten und Studierende erarbeiten die Inhalte gemeinsam. In der Realität der Massenuniversität hat aber manches Fach von diesem Ideal Abstriche machen müssen.
- *Vorlesungen* sind dagegen Veranstaltungen, in denen Professoren oder Privatdozenten den Stoff allein präsentieren. Auch bei den Vorlesungen lassen sich keine allgemeingültigen Aussagen über die Studienphasen machen. Es gibt ausgeprägte Einführungsvorlesungen für Studienanfänger, solche für alle Studienphasen und mitunter auch spezifische Fortgeschrittenenvorlesungen.
- Eindeutig sind dagegen *Seminare* (auch *Haupt-* oder *Oberseminare*) Veranstaltungen des Hauptstudiums, in die sich Studienanfänger nicht verirren sollten.
- Schließlich werden manche Lehrveranstaltungen – gerade für Studienanfänger – von *Übungen, Colloquien* und *Tutorien* begleitet.

In allen Studiengängen ist – abgesehen von den eigentlichen Prüfungen – auch der erfolgreiche Besuch einer Reihe von Veranstaltungen üblicherweise durch „Scheine" nachzuweisen. Leistungspunktsysteme funktionieren im Prinzip ähnlich, wobei aber zu beachten ist, dass hier

- prinzipiell in jeder Veranstaltung Leistungsnachweise zu erbringen sind;
- deren Zensuren in die Gesamtprüfungsnote Eingang finden können.

Um einen Schein zu erhalten, müssen die Studierenden eine oder mehrere Leistungen erbringen. Mögliche Leistungskontrollen sind:

- die regelmäßige Anwesenheit (mitunter – bei „Sitzscheinen" – ist dies sogar die einzige, in einigen Veranstaltungen beachtliche Leidensfähigkeit dokumentierende, Leistung);
- Klausuren (vgl. Kap. 4);
- Referate (vgl. Kap. 8) und
- Hausarbeiten (vgl. Kap. 9).

Weitere mögliche Leistungskontrollen sind z. B. Sitzungsprotokolle, praktische Arbeiten (etwa die Beobachtung einer Wahlkampfveranstaltung) oder auch mündliche Prüfungen.

In jedem Fall sollte zu Beginn der gewählten Veranstaltung geklärt werden, ob in ihr der gewünschte Leistungsnachweis überhaupt erworben werden kann und wie die erfolgreiche Teilnahme kontrolliert wird.

1.7 Kommilitonen und Korporationen – das studentische Leben

Das studentische Leben ist mehr als nur Studium. Dieser Lebensabschnitt ist immer noch eine Phase großen Freiraums und der individuellen Persönlichkeitsentwicklung – und somit der Bildung. Gerade deshalb sollte man sich hüten, seine Zeit komplett zu verplanen. Diesen Freiraum wird man nur dann wirklich nutzen können, wenn neben einem gut organisierten Studium und der unerlässlichen Zeit zum „Verbummeln, Versaufen und Verlieben" (Rainer Barzel) auch noch Gelegenheit für weitergehende Aktivitäten gefunden wird.

Anzusprechen ist hier zunächst die offizielle Studierendenvertretung aus AStA bzw. Sprecherrat, Studentenparlament und Fachschaften, die eigentlich immer auf der Suche nach engagierten Mitstreitern sind, um studentische Interessen zu vertreten.

Daneben gibt es an allen Universitäten eine Vielzahl von Hochschulgruppen, in denen mitzuarbeiten das studentische Leben enorm bereichern kann. Gerade Fähigkeiten, die im späteren Berufsleben gefragt sind, die aber an der Universität kaum geschult werden können (Arbeitsorganisation, Teamarbeit, Selbstpräsentation), sind dabei oftmals gefragt:

- Hochschulpolitische Gruppen treten bei den Hochschulwahlen für die Organe der Studentenvertretung an. Neben den parteinahen Hochschulgruppen gibt es auch eine Vielzahl unabhängiger, oft auf eine Universität beschränkter Gruppen.
- Allgemeinpolitische Hochschulgruppen kümmern sich dagegen um die Politik jenseits der Uni und können sich den verschiedensten Politikbereichen zuwenden (z. B. *amnesty international*).
- Gruppen mit Selbsthilfecharakter knüpfen z. B. Kontakte mit Studierenden in anderen Ländern, bieten Praktikumsbörsen an oder schließen Blindstellen des Studiums durch die Organisation von Vortragsveranstaltungen.
- An vielen Universitäten gibt es eine Vielzahl von Kulturgruppen (Orchester, Bands, Theatergruppen und sogar Musicalensembles). Diese sind eine enorme Bereicherung des kulturellen Lebens gerade der kleineren Universitätsstädte.
- Es finden sich Gruppen mit weltanschaulichem Charakter, allen voran die Studentengemeinden und Hochschulgruppen der beiden großen Kirchen.

Schließlich noch die ältesten Studentengruppen überhaupt: die studentischen Verbindungen. Das Gerücht, es handle sich bei diesen nur um Karrierevehikel, hält sich hartnäckig, wird aber von den Verbindungen selbst relativiert. Das vielgestaltige Verbindungswesen mit schlagenden und nichtschlagenden, farben- und nicht-farbentragenden Verbindungen – und inzwischen auch einigen Studentinnenverbindungen – kann auch nicht *per se* als rechtsextrem diffamiert werden, obwohl einzelne Korporationen schon einschlägig aktenkundig wurden (Verfassungsschutzbericht Bayern 2002: 63f.). Letztlich ist es aber wohl nicht so entscheidend, wie man sich neben seinem Studium beschäftigt. Wichtig ist allein zu wissen: *Es gibt nicht nur ein Leben nach, sondern auch neben dem Studium* (vgl. Kap. 3.6 und 10.6).

1.8 Literatur

Bayerisches Staatsministerium des Innern (Hrsg.), 2003: Verfassungsschutzbericht 2002, München.
Menze, Clemens, ⁷1985: Bildung, in: Görres-Gesellschaft (Hrsg.), Staatslexikon. Recht – Wirtschaft – Gesellschaft, Bd. 1, Freiburg u. a., Sp. 783-796.
Schwanitz, Dietrich, 1995: Der Campus, Frankfurt a. M. u. a. *[an der Uni Hamburg spielender Roman über die Wirklichkeit an deutschen Hochschulen – jenseits von hehren Ansichten zu Wissenschaft und Bildung].*
Tenorth, Heinz-Elmar (Hrsg.), 1986: Allgemeine Bildung. Analysen zu ihrer Wirklichkeit, Versuche über ihre Zukunft, Weinheim / München *[Reader über klassische und moderne Bildungskonzeptionen].*
Vierhaus, Rudolf, 1972: Bildung, in: Brunner, Otto / Conze, Werner / Koselleck, Reinhart (Hrsg.), Geschichtliche Grundbegriffe. Historisches Lexikon zur politisch-sozialen Sprache in Deutschland, Bd. 1, Stuttgart, 508-551.

2 Wozu Wissenschaft?

Studienanfängern ist oft nicht einsichtig, weshalb sie sich an die Regeln der Wissenschaft halten sollen. Aus studentischer Sicht sprechen für wissenschaftliches Arbeiten zwei Gründe. Erstens bekommen sie negative Sanktionen zu spüren, wenn ihre Leistungen den Anforderungen der Wissenschaft nicht genügen: Sie erhalten keinen Schein, können deshalb in ihrem Studium nicht vorrücken und verärgern darüber hinaus manchmal ihre Dozenten. Insofern erscheint wissenschaftliches Arbeiten zunächst einmal rein zweckbestimmt. Zweitens bietet Wissenschaft dem Einzelnen darüber hinaus noch weit mehr. Neben der Exaktheit der Vorgehensweise sind damit Folgekompetenzen als „Nebenprodukte" wissenschaftlichen Arbeitens gemeint. Um diese Vorzüge der Wissenschaft kennen zu lernen, müssen jedoch ihre Spielregeln befolgt werden.

2.1 Spielregeln der Wissenschaft

Wissenschaftliche Aussagen unterscheiden sich insbesondere von denjenigen des Alltagsverstandes. Sie gründen auf einer breiten Theoriebasis und fällen keine vorschnellen Urteile. Dies verdeutlicht, dass nicht jeder und sofort wissenschaftliche Aussagen treffen kann. Um zu relevanten wissenschaftlichen Ergebnissen zu kommen, ist eine bestimmte Vorgehensweise notwendig. So hat man sich auf einige bestimmte *Spielregeln* geeinigt, die wissenschaftliche Aussagen von nicht-wissenschaftlichen trennen sollen.

- Zunächst ist Wissenschaft *systematisches Vorgehen*. Wissenschaftler bemühen sich um eine klare und nachvollziehbare Gedankenführung. In der Regel erfolgt diese *deduktiv*, das heißt vom Allgemeinen zum Besonderen. *Induktives* Schließen (vom Besonderen zum Allgemeinen) hingegen bringt logische Probleme mit sich: Die Tatsache, dass der einzige Schwan, den man in seinem Leben gesehen hat, weiß war, kann kei-

ne allgemeingültige Aussage über die Farbe aller anderen Schwäne zulassen.[1]
- Damit verbindet sich die Forderung nach *Seriosität*. Wissenschaft fühlt sich stets der Exaktheit verpflichtet. Dazu gehört nicht nur die genaue Dokumentation der eigenen Forschung, sondern auch die getreue Wiedergabe der Gedanken Anderer. Beruft man sich auf Ergebnisse anderer Wissenschaftler, so ist man verpflichtet, diese als übernommen kenntlich zu machen und sie nicht als eigene Forschungserfolge zu vereinnahmen.
- Denn Wissenschaft ist ein *arbeitsteiliges Konstrukt*. Die einzelnen Disziplinen sind so umfangreich, dass es für einen Wissenschaftler unmöglich ist, ein Forschungsfeld alleine befriedigend zu bearbeiten. So geht die Wissenschaft nach dem Baukastenprinzip vor. Jeder trägt seinen spezifischen Beitrag zu einem Gesamtgebäude bei.
- Daraus ergibt sich die Forderung nach *Nachvollziehbarkeit* und *Verständlichkeit*. Meint Ersteres die *Plausibilität* der Methode, die für jeden anderen Wissenschaftler erkennbar sein muss, bedeutet Letzteres die Ausdrucksform in allgemein verständlichen Worten. Wissenschaft sollte sich niemals auf die Riege von Experten beschränken, die allein noch in der Lage sind, das Geschriebene zu verstehen. Es ist daher auch ihre Aufgabe, komplexe Materie so zu vermitteln, dass sie auch Nicht-Wissenschaftlern zugänglich ist.
- Außerdem sind Forscher zur *Verminderung der eigenen Selektivität* verpflichtet. Das bedeutet, dass sie auch die der eigenen Position entgegenstehende Meinungen zu berücksichtigen haben. Dies ist besonders wichtig, da jeder Wissenschaftler einen bestimmten Ansatz verfolgt, der meist von einer oder mehreren Theorien geprägt ist. Dieser Ansatz bindet an eine bestimmte Herangehensweise und macht mitunter blind für andere Perspektiven.
- Diese gilt es aber trotzdem zu berücksichtigen. Die Generalforderung der Wissenschaft lautet: *Multiperspektivität*. Erst wenn man einen wissenschaftlichen Gegenstand von mehreren Blickwinkeln aus beleuchtet hat, wird man ihn angemessen verstehen können.

---

1 Der deduktive Schluss dazu lautet: Alle Schwäne, die ich in meinem Leben bereits gesehen habe, waren weiß. Also stellte ich die Hypothese auf, dass alle Schwäne weiß seien. Diese Hypothese war so lange gültig, bis in Australien schwarze Schwäne entdeckt wurden. Die Hypothese wurde damit falsifiziert.

- Wissenschaftler sollten sich zudem stets der *Bescheidenheit* verpflichtet fühlen, da sie sich der *Vorläufigkeit ihres Wissens* bewusst sein müssen (vgl. Kap. 2.3).

2.2 Der suchende Mensch

Die Frage nach dem „Warum" wissenschaftlichen Arbeitens ist damit jedoch nur zur Hälfte beantwortet. Die Existenz von Wissenschaft muss auf die Natur des Menschen zurück geführt werden: Der Mensch ist stets auf der Suche nach Wissen und Fortschritt und strebt immer nach der Verbesserung seines Daseins und seiner Fähigkeiten. Hand in Hand damit geht sein Bedürfnis, die Welt zu begreifen. Wie Faust in Goethes gleichnamigem Drama will der Mensch wissen, „was die Welt im Innersten zusammenhält". Diese Frage ist der Urgrund für alle wissenschaftlichen Experimente und Unternehmungen. Deren Zweck ist die Beschreibung und Erklärung der Welt. Über deren Zusammenhänge Klarheit zu gewinnen, ist stets Ziel wissenschaftlicher Arbeit. Der zentrale Grund für jede wissenschaftliche Betätigung ist damit das Streben nach Erkenntnis.

2.3 Selbstverständnis und Aufgaben

Wissenschaftler begreifen sich daher stets auch als Entdecker, indem sie zum einen wissenschaftliches Neuland betreten, zum anderen bereits bestehendes Wissen systematisieren oder überprüfen. Dabei geht es um:

- Beschreiben und Ordnen von Phänomenen;
- Nachvollziehen und Verstehen der Komplexität der Wirklichkeit;
- Auffinden und Darstellen von eventuellen Gesetzmäßigkeiten;
- Identifizieren und Beschreiben von Problemen;
- Entwickeln von Lösungsansätzen und
- Prognose möglicher Entwicklungen.

Allein an der Vielfalt der Aufgaben ist abzulesen, dass der Einzelne diese niemals gänzlich allein erfüllen kann. Wissenschaftler bearbeiten daher stets nur eng begrenzte Themenfelder und spezialisieren sich auf bestimmte Aspekte. So wird Wissenschaft zu einer *arbeitsteiligen Veranstaltung*, in welcher alle Beteiligten zusammen an einem großen Projekt arbeiten.

Gleichzeitig wird dabei jedoch noch Anderes deutlich: Das bereits bestehende Wissen ist – selbst innerhalb einzelner Wissenschaftsbereiche – bereits so immens und umfangreich, dass trotz Spezialisierung ein vollständiges Erfassen durch den Einzelnen nicht mehr möglich ist. Allein der Blick in das Literaturverzeichnis einer umfangreichen Studie belegt diese Tatsache eindrucksvoll. Die Unmenge an Publikationen zu bestimmten Themen kann kaum noch überblickt werden, nicht einmal mehr die Neuerscheinungen können umfassend Berücksichtigung finden.

Wissenschaftler müssen sich aber auch des Sachverhalts bewusst sein, dass das erst noch zu findende Wissen weitaus umfangreicher ist als das vermeintlich gesicherte. Auch wenn die Wissenschaft in den letzten Jahrhunderten große Fortschritte gemacht hat, sind zentrale Fragen der Menschheit noch immer ungeklärt. Ob die Wissenschaft zu diesen Fragen die passenden Antworten jemals wird finden können, ist fraglich. Schließlich ist das faustische Verständnis des Menschen als Sucher nach Erkenntnis Grundlage des Menschen selbst.

2.4 Theorie – Werkzeug des Wissenschaftlers

Mit welchem Handwerkszeug aber verfahren Wissenschaftler? Wissenschaftliches Arbeiten produziert kein allgemeingültiges, gesichertes Wissen, sondern Theorien und Hypothesen. Hypothesen sind Aussagen, die im Forschungsprozess auf ihren Wahrheitsgehalt überprüft und gegebenenfalls verändert werden, in der Regel Vermutungen (Patzelt 2003: 520). Theorien sind Annäherungen an die Wahrheit, ein Ansatz zur Beschreibung der Wirklichkeit. Sie sind ein System zueinander widerspruchsfreier Aussagen. Sie sind der Handlungsleitfaden und das „Geländer", an dem sich Wissenschaftler entlang hangeln. Sie haben jedoch keinen Anspruch darauf, einen Sachverhalt endgültig zu beschreiben und die Wahrheit vollständig zu erfassen. Im Gegenteil stellen Theorien stets nur vorläufiges, gerade aktuelles und damit augenblicklich gültiges Wissen dar. Es ist stets gerade diejenige Theorie gültig, welche die Realität am besten erklären kann. Die Wahrheit ist damit jedoch noch nicht gefunden. Es kann jederzeit eine neue Theorie entwickelt werden, welche die noch bestehenden „Blindstellen" ausfüllen und die Realität noch besser erklären kann (Patzelt 2003: 99-103).

Ein gutes Beispiel dafür sind die naturwissenschaftlichen Theorien des Mittelalters. Nachdem jahrhundertelang im ptolemäischen Weltbild die Geozentrik (die Erde als Mittelpunkt des Universums) gültig war, löste sie die Heliozentrik (die Sonne als Mittelpunkt des Universums) ab. Inzwischen wissen wir, dass auch diese Theorie unzutreffend ist, denn die Sonne ist ein Stern in einem relativ unbedeutenden Teil unserer Galaxis, die dann für den Mittelpunkt des Alls gehalten wurde. Neues Wissen ließ auch dieses Weltbild gleichsam über Nacht veralten, denn auch unsere Milchstraße ist recht gewöhnlich und nicht der Mittelpunkt des Alls. Das Bewusstsein um die Vorläufigkeit ihrer Ergebnisse verpflichtet Wissenschaftler zur Bescheidenheit.

Darüber hinaus sollte wissenschaftliche Arbeitende (Wissenschaftler und Studenten) ihre Tätigkeit stets als Privileg begreifen. Sie können ihren Aufgaben nicht nur deshalb nachgehen, weil sie geistig dazu befähigt sind. Voraussetzung ist auch die Finanzierung des Wissenschaftsbetriebs durch Steuerzahler. Insofern ist Wissenschaft nicht zuletzt ein Geschäft auf Gegenseitigkeit: Die wissenschaftlich Tätigen erhalten die finanziellen Mittel, dafür bieten sie Erkenntnisgewinn und wissenschaftlichen Fortschritt, der wiederum allen Menschen zugute kommt.

2.5 Wissenschaft als alltägliche Bereicherung

Daneben bietet wissenschaftliche Betätigung ein angenehmes Nebenprodukt: die allgemeine *Problemlösungskompetenz*. Für jeden, der einmal wissenschaftlich gearbeitet und die wissenschaftliche Methode kennen gelernt hat, stellen sich infolge dieser Tätigkeit zusätzliche Fähigkeiten ein, die er im Alltagsleben nutzen kann. Für jedes Handeln, sei es das Aufhängen eines Bildes oder das Zimmern eines Stuhles, ist vorheriges Überlegen und damit theoretische Absicherung erforderlich. *Theorie und Praxis* sind keine voneinander geschiedenen Bereiche. Vielmehr ergänzen und durchdringen sich beide wechselseitig.

Daher ist ein wissenschaftliches Studium als Gelegenheit zur Selbstausbildung zu begreifen. Zu den zentralen Elementen wissenschaftlichen Arbeitens gehören daher folgende allgemein nützlichen Fähigkeiten:

- das gegeneinander *Abwägen* von Sachverhalten und Argumenten;
- das Üben *konstruktiver Kritik* und das kritische *Bewerten* anderer Meinungen;

- das *Hinterfragen* seiner eigenen bisherigen Meinung und die Bereitschaft, sie eventuell zu ändern;
- das *Einbeziehen* von Informationen, auch wenn sie der eigenen Ansicht (zunächst) widersprechen sowie
- das *Aushalten* einander *widersprechender Standpunkte* und das Bedürfnis nach zusätzlicher Informationsaufnahme vor der Urteilsfällung (Ambiguitätstoleranz).

Diesen Punkten ist die Betonung der Vorläufigkeit jeglichen Wissens gemeinsam. Sie sind somit das geeignete Instrument, die eigene Fehlbarkeit zu erkennen und sich des eigenen schmalen Wissens permanent bewusst zu sein (Patzelt 2003: 513f.).

2.6 Wie funktioniert Wissenschaft?

Wissenschaftliche Aussagen unterscheiden sich von denen des Alltagsverstandes durch größeren empirischen Gehalt und logische Konsistenz (Patzelt 2003: 70). Wie aber läuft der wissenschaftliche Erkenntnisfortschritt ab? Bis heute gibt es drei Modelle von Wissenschaftstheorien (Stammen 1997: 33-35):

- Zum einen ist dies die *Haufentheorie*. Sie sieht den menschlichen Erkenntnisfortschritt als eine lineare Akkumulation des Wissens. Neue Theorien aus Einzelwissenschaften gesellen sich zu älteren hinzu und bilden alle zusammen das gesamte Wissen der Menschheit. Hier liegt die Vorstellung zugrunde, dass mit der Anhäufung und damit der Zunahme menschlichen Wissens das Nicht-Gewusste stets kleiner werden muss.
- Das zweite Modell ist der *Theoriendarwinismus*, der im Gegensatz zur linearen Annahme der Haufentheorie eine evolutionäre Wissenschaftsentwicklung postuliert. Der Ansatz geht im Wesentlichen auf den österreichisch-neuseeländischen Philosophen und Physiker Karl R. Popper zurück. Für ihn gibt es eine natürliche Auslese von Hypothesen, wobei aktuellere und bessere die älteren jeweils ablösen. Theorien sind aus dieser Warte niemals verifizierbar, sondern nur falsifizierbar. Das heißt, es kann nur ihre „Nicht-Gültigkeit" bewiesen werden. Das bestehende Wissen wird deshalb stets nur als vorläufig betrachtet. Popper nannte diese wissenschaftliche Verfahrensweise in Anlehnung an den Philosophen

Hans Albert *Kritischen Rationalismus*. Seine Deutung des wissenschaftlichen Fortschritts ist heute weitgehend anerkannt.
- Das dritte Modell der Wissenschaftstheorie entspringt der Feder eines der Schüler Poppers, Thomas S. Kuhn. Ihm zufolge vollzieht sich wissenschaftlicher Fortschritt stets in Form eines *Paradigmenwechsels*. Als Paradigma bezeichnet Kuhn die Summe von wissenschaftlichen Meinungen, die augenblicklich gültig sind und auf einen gewissen Erklärungserfolg zurückblicken können. Sind diese allgemein anerkannt, folgt eine Phase „normaler" Wissenschaft, in welcher sich das Paradigma entfaltet und gültig ist. Mit zunehmender Dauer kommt es zu Anomalien, die mit dem existierenden Paradigma nicht zu erklären sind. Überschreiten diese Anomalien eine bestimmte Schwelle, kommt es zur Krise. Im letzten Stadium wird das Paradigma abrupt durch ein neues abgelöst. Im Gegensatz zu Popper postuliert Kuhn die Unvereinbarkeit von Paradigmen. Das heißt, dass zwei einander widersprechende nicht gleichzeitig existieren können. Somit muss das neue Paradigma das alte endgültig und vollständig ablösen und darf keine Elemente des alten enthalten.

Sinn und Notwendigkeit von Wissenschaftstheorien liegen in ihrer Abgrenzung zu Ideologien. Nicht selten wurden wissenschaftliche Theorien für politische Zwecke instrumentalisiert (z. B. der Marxismus für den Marxismus-Leninismus). Im Gegensatz zu solchen Ideologien betonen die obigen drei Modelle wissenschaftlichen Erkenntnisfortschritts, dass es nicht die Aufgabe der Wissenschaft sein kann, deterministisch die Zukunft vorherzusagen. Dies kann im Höchstfall durch Prognosen geschehen, und selbst dann haben diese nicht den Anspruch auf zwingende Gültigkeit.

2.7 Mehr als geistige Akrobatik

Zusammenfassend ergibt sich daher folgendes Bild: Wissenschaftler sind Menschen, die das Privileg genießen, eine geistig anspruchsvolle Tätigkeit zum Wohle Aller zu verrichten. Um diese Tätigkeit gewissenhaft und exakt auszuüben, arbeiten sie sich an „Theoriengeländern" entlang. Dennoch sollten sie bescheidene Menschen sein, denn wie Sokrates wissen sie nur, dass sie eigentlich Nichts oder nur sehr wenig wissen. Berücksichtigt man zudem das Poppersche Theorieverständnis, so ist selbst das „gesicherte Wissen" stets nur vorläufiger Natur. Auch wenn die geistigen Voraussetzungen zur wissenschaftlichen Befähigung die entscheidenden sind, so kann doch nicht jeder Wissenschaft betreiben. Wissenschaftliches Arbeiten erfordert die Aufnahme komplexer Materien, ihre sachliche und nüchterne Verarbeitung und Untersuchung sowie ihre Anwendung auf die Realität. Das meint nicht, dass Wissenschaftler völlig objektive Menschen ohne eigene Meinung sind. Im Gegenteil haben u. a. die Sozialwissenschaften herausgefunden, dass es keine objektive Wirklichkeit gibt, da sie stets nur von unseren subjektiven *Wahrnehmungsmöglichkeiten* abhängt.

Wissenschaft ist nicht nur für sich selbst da („*l'art pour l'art*") und dient keinesfalls nur der Pflege geistiger Akrobatik. Studierende sollten sich stets der Tatsache bewusst sein, dass wissenschaftliches Arbeiten nicht nur an der Universität nützlich ist, sondern darüber hinaus die Möglichkeit bietet, an den eigenen menschlichen Qualitäten zu feilen und Selbstausbildung zu betreiben.

2.8 Literatur

Kuhn, Thomas S., 1967: Die Struktur wissenschaftlicher Revolutionen, Frankfurt a. M.
McGrath, Alister E., 1999: Naturwissenschaft und Religion. Eine Einführung, Freiburg i. Br.
Patzelt, Werner J., [5]2003: Einführung in die Politikwissenschaft. Grundriss des Faches und studiumbegleitende Orientierung, Passau.
Popper, Karl Raimund, 1998: Objektive Erkenntnis. Ein evolutionärer Entwurf, Hamburg.
Stammen, Theo, [3]1997: Grundlagen der Politik, in: Bundeszentrale für politische Bildung (Hrsg.), Grundwissen Politik, Bonn, 13-46.
Stegmüller, Wolfgang, 1973: Probleme und Resultate der Wissenschaftstheorie, 2 Bde., Berlin / Wien.

3 Effizient arbeiten

3.1 Werkzeug Nummer 1: das menschliche Gehirn

Studieren bedeutet geistige Arbeit. Deshalb müssen bei Ratschlägen für das Studium die Eigenheiten des wichtigsten Werkzeugs berücksichtigt werden: des Gehirns. Natürlich ist hier nicht der Ort, um eine *Tour de force* durch die Erkenntnisse der Gehirnphysiologie und Lernpsychologie zu leisten. Dennoch ist kurz auf wenige Aspekte hinzuweisen, die zu beachten sind und den folgenden Ausführungen und Tipps zugrunde liegen:

- Das menschliche Gehirn ist in zwei Hälften aufgeteilt, die verschiedene Aufgaben und Arbeitsweisen haben. Die linke Hirnhälfte ist zuständig für abstraktes, logisches, lineares Denken, für Wörter und Sprache, Regeln und Analyse. Die rechte Hirnhälfte hingegen ist zuständig für räumliches, intuitives, emotionales Denken, für Kreativität und Synthese, für Analogien und Bilder. Während konventionelle Lehr- und Lernmethoden einseitig auf die linke Hirnhälfte zielten, geht man heute davon aus, dass die rechte Hirnhälfte stärker in den Lehr- und Lernprozess einbezogen werden sollte. Dies geschieht grundsätzlich durch grafische Visualisierung abstrakter Inhalte und die Ermöglichung von Kreativität (Birkenbihl 2000).
- Die überwältigende Mehrheit der Vorgänge im Gehirn laufen unbewusst ab. Deshalb muss das Unterbewusstsein mit ins Kalkül gezogen werden. Lerninhalte, die im Unterbewusstsein verankert werden konnten, dürfen als gelernt gelten. Ebenso ist Lernen kein rein rationaler Vorgang. Motivation, positive Gefühle und Belohnungen sind Faktoren, die für den Lernerfolg relevant sind.
- Wie jedes menschliche Organ hat das Gehirn bestimmte physiologische Bedürfnisse. Sind sie nicht erfüllt, kann es nicht optimal arbeiten. Ausreichende Versorgung mit Sauerstoff und Flüssigkeit ist ein absolutes Muss. Schlaf, Erholung und allgemein körperliche Gesundheit sind notwendige Voraussetzungen für erfolgreiche geistige Arbeit (vgl. Kap. 3.6.2).

3.2 Immer nützlich: allgemeine Arbeitstechniken

In diesem Abschnitt werden einige Grundsätze erläutert, die universell anwendbar sind, also nicht nur speziell für das Studium gelten. Im Mittelpunkt steht dabei die Frage, wie man bei seinen Tätigkeiten möglichst effizient, geordnet und zielgerichtet vorgeht, Termine einhält und sein eigenes Potential bestmöglich ausschöpft.

3.2.1 Zielplanung

Essentiell bei allen Tätigkeiten, sei es im Beruf oder im Studium, sind der richtige Umgang mit Zeit und eine geordnete Vorgehensweise. Das Studium ist keine Lebensphase, in der Zeit im Überfluss vorhanden ist. Chaotisch veranlagte Menschen, die in den Tag hineinleben und nur *ad hoc* entscheiden, was sie tun oder ob sie überhaupt etwas tun, sind selten erfolgreich. Grundstein des Erfolgs sind vielmehr das Setzen von Zielen und richtige Planung (Seiwert 2002).

Ziele definieren

„Für den, der nicht weiß, in welchen Hafen er segeln will, ist jeder Wind der falsche" (Seneca). Wer also nicht weiß, was er will, wird nichts oder nur wenig erreichen. Es ist daher unbedingt erforderlich, sich über die eigenen Ziele im Klaren zu sein. Das gilt sowohl für die beruflichen als auch für die privaten, für die großen wie für die kleinen Ziele. So kann man zum einen vermeiden, dass wertvolle Zeit und Energie in etwas investiert werden, was einen gar nicht den eigenen Zielen näher bringt; zum anderen können Ziele sehr motivierend wirken.

Die persönliche Zielsetzung wird normalerweise einen verschachtelten Charakter haben: An der Spitze stehen die großen Oberziele, auf dem Weg zu ihrer Verwirklichung lassen sich mittelfristige Zwischen- und kurzfristige Nahziele setzen.

Um sein Oberziel in der beruflichen Sphäre zu finden, eignet sich z. B. die Frage: „Was will ich mit 35 wirklich machen?" Die nächste Frage wird dann lauten: „Welche Schritte sind dafür notwendig bzw. dazu geeignet, mich meinem Ziel näher zu bringen?" Sind diese Fragen beantwortet, kann man von dem Ziel, das in der Zukunft liegt, bis in die Gegenwart sozusagen "rückwärts" die Schritte planen, die zum Ziel führen. Eine solche „Rückwärtsplanung", lässt sich universell anwenden, für große und kleine, berufliche wie private oder Studienziele.

Dabei sind die Oberziele natürlich variabel, entsprechend den Lebensentwürfen, die sich im Laufe der Jahre ändern können. Wichtig ist, die Ziele von Zeit zu Zeit zu überprüfen. Falls Zweifel aufkommen, ist eine Revision der Ziele meist vernünftiger als stur in eine Richtung zu gehen, in die man eigentlich nicht (mehr) will. Für die Zielformulierung lassen sich folgende *Faustregeln* formulieren:

- Ziele sollten positiv formuliert werden, z. B. „Ich will mein Studium spätestens im zehnten Semester abschließen" statt „Ich will nicht länger als zehn Semester studieren."
- Ziele sollten konkret formuliert werden, damit klar feststellbar ist, ob man sie erreicht hat oder nicht, z. B. „Ich möchte eine Eins vor dem Komma erreichen" statt „Ich möchte eine gute Note" (Wo ist die Grenze von „gut"?).
- Dementsprechend sollten Ziele so gesetzt werden, dass sie durch eigenen Einsatz erreichbar sind. Das Ziel „Lottogewinn" ist z. B. unsinnig, aber auch das Ziel „1,0", da dafür auch optimale Voraussetzungen nötig sind, die man nicht selbst in der Hand hat.
- Auch sollten Ziele fordernd gesetzt werden, so dass sie dazu anspornen, das Beste aus sich herauszuholen. Wer sich keine hohen Ziele setzt, wird sie auch nicht erreichen. Unrealistische „Mondziele" hingegen führen dagegen eher zu Depression als zu Motivation und sind deshalb unbedingt zu vermeiden. Statt dessen wirken erfüllte Ziele weiter motivierend.
- Es ist sinnvoll, sich für die einzelnen Ziele auch Termine oder Fristen zu setzen, in denen sie erreicht werden sollen. Sie verlieren sonst leicht ihren motivierenden Effekt.

Planung

Sind die Oberziele einmal festgelegt und die Frage nach sinnvollen Maßnahmen und Zwischenzielen aufgeworfen, befindet man sich schon mitten im Prozess der Planung. Dabei sind folgende Fragen wichtig:

- Welche Maßnahmen sind erforderlich, um mein Ziel zu erreichen? Was muss ich tun?
- Welche Ressourcen (Zeit, Arbeitskraft, Hilfsmittel usw.) stehen mir zur Verfügung?
- Welche individuellen Besonderheiten (Vorlieben, Schwächen usw.) muss ich berücksichtigen?

Wenn diese Fragen beantwortet sind, kann die konkrete Zeitplanung erfolgen: „Wann mache ich was?" Entsprechend der „Rückwärtsplanung" von Ober- zu Zwischen- und Nahzielen entsteht so ein verschachteltes Plansystem von Jahres-, Semester-, Monats-, Wochen- und Tagesplänen.

Tab. 3.1   *Beispiel für eine „Rückwärtsplanung"*

Oberziel	Studium in zehn Semestern
Zwischenziel	Zwischenprüfung nach vier Semestern; dazu notwendig: vier Scheine
Zwischenziel	Ein Schein im ersten Semester
Semesterplan	Ein Schein
Monatsplan	Anmeldung für die entsprechende Lehrveranstaltung, Vorbereitung durch einführende Lektüre
Wochenplan	Drei Kapitel eines Einführungswerkes lesen
Tagesplan	Ein Kapitel lesen

Die Zeitplanung sollte allerdings nicht nur für einen Lebensbereich gelten (z. B. Studium), sondern alle Tätigkeiten miteinbeziehen, also auch Privates.

Tab. 3.2   *Beispiel für einen „Tagesplan"*

8 Uhr	Aufstehen
9-12 Uhr	Schreiben Abschnitt 2.3.3 der Hausarbeit X
12-14 Uhr	Mensa und Kaffeetrinken mit Y
14-16 Uhr	Literaturrecherche für Referat Z
16-17 Uhr	Puffer, kleine Besorgungen
17-18 Uhr	Abendmensa, kleiner Spaziergang, E-Mails
18-20 Uhr	Lektüre Aufsatz Y
20-22 Uhr	Unisport Volleyball
22-23 Uhr	Bierchen mit Kommilitonen
24 Uhr	Bett

Effizient arbeiten

Ein wichtiges Planungswerkzeug sind „*To Do*-Listen". Darauf wird alles vermerkt, was zu erledigen ist, und erst wieder gestrichen, wenn es erledigt wurde. Bei der Planung einzelner Projekte ist es sinnvoll, separate *To Do*-Listen anzulegen. Ratsam ist es auch, die Listen in die Rubriken „Dringendes" und „Demnächst" einzuteilen. Weitere Tipps sind:

- *Realistisch planen*. Es bringt nichts, wenn man sich ein übermenschliches Arbeitspensum auferlegt, nur um täglich festzustellen, dass man hinter seinen Ansprüchen zurückgeblieben ist. Das führt nur zu Frust. Vielmehr sollte die Planung so gestaltet werden, dass man immer wieder kleine und größere Erfolgserlebnisse hat und sich belohnen kann. Das wirkt sich positiv auf die Motivation aus.
- *Puffer* für Unvorhergesehenes einplanen.
- Mit *gleichmäßiger Belastung* planen. Keine permanente Unterforderung, aber auch keine Überforderung.
- Externe *Termine* beachten. Termine, die einem von außen diktiert werden (z. B. Prüfungstermine) sind Fixpunkte, die bei der Planung von Anfang an berücksichtigt werden sollten.
- Planung erleichtert *Anfangen*. Kleine erste Schritte auf dem Tagesplan sind geringere psychische Barrieren, die leichter überwunden werden können. Statt „mit Magisterarbeit anfangen" besser „Handbücher nach Überblicksdarstellungen durchsuchen".
- *Ausgleich* einplanen. Auch Freizeit, Hobbies, Sport und soziale Kontakte sind wichtig (vgl. Kap. 3.6.1) und sollten daher einen festen Bestandteil der Planung darstellen.
- *Zeitfenster* reservieren. Vor allem bei größeren Projekten, an denen lange mit hoher Konzentration gearbeitet werden muss, ist es sinnvoll, sich möglichst zu Tageszeiten mit hoher Leistungsfähigkeit (vgl. Kap. 3.2.2) ein paar Stunden speziell dafür zu reservieren und diese Zeit konsequent von Ablenkungen und anderem freizuhalten (vgl. den Tagesplan in Tab. 3.2: Für das anspruchsvolle Schreiben wurden die ergiebigen Vormittagsstunden reserviert).
- 80 % der wirklichen Arbeit werden in 20 % der Zeit eines Tages erledigt. Der Rest wird von kleinen zeitraubenden Tätigkeiten mit geringer Wichtigkeit aufgesogen. Es empfiehlt sich also, Kleinigkeiten (z. B. Telefonate, Einkäufe, Haushalt) zusammenzufassen und die Zeitfenster, in denen man wirklich vorankommt, konsequent davon freizuhalten.

- *Flexibilität* bewahren. Pläne sind ein Arbeitsinstrument, keine Heilige Schrift, an die man sich sklavisch halten muss. Zwischen eiserner Disziplin und Chaos ist ein Mittelweg gesunder Flexibilität zu finden.
- Der letzte wichtige Punkt, der zur Planung gehört, ist die *Auswertung*. Am Abend eines jeden Tages, am Ende jeder Woche, jedes Monats und jedes Jahres sollte man sich den entsprechenden Plan noch einmal ansehen und kontrollieren, was erreicht wurde. Hat man den Plan nicht erfüllt, ist nach den Gründen zu fragen. War er zu anspruchsvoll, sollten die künftigen Ziele niedriger gesetzt werden. Waren zeitraubende Störungen verantwortlich, ist zu überlegen, wie diese ausgeschaltet werden können. Fühlte man sich vom Plan unterfordert, kann der nächste anspruchsvoller gestaltet werden.

Bei diesem Schritt der Selbstreflektion kann ein *Arbeitsjournal* hilfreich sein. Darin werden alle Ideen, Gedanken und unternommene Arbeitsschritte eingetragen, zusammen mit Kommentaren über Erfolge, Rückschritte und Erfahrungen für spätere Projekte. Das Arbeitsjournal kann helfen, sich über den Stand der Arbeit und eigene Stärken und Schwächen klar zu werden und wichtige Erfahrungen auch für die Zukunft nutzbar zu machen.

3.2.2 Potential optimal nutzen

Welcher Arbeitstyp bin ich?

Es gibt Frühaufsteher, die im Morgengrauen aus dem Bett springen, sofort hellwach sind, sich unverzüglich (nach einem kurzen Frühstück) an den Schreibtisch setzen und sofort produktiv sind. Auf der anderen Seite gibt es Nachtarbeiter, die morgens nur unter größten Mühen aus dem Bett kommen, bis Mittag ungenießbar sind und erst nach Sonnenuntergang richtig produktiv werden.

Dies sind Extremtypen; die Mehrheit der Menschheit wird sich irgendwo dazwischen einordnen lassen. Der durchschnittliche Biorhythmus weist den Höhepunkt der Leistungsfähigkeit vormittags zwischen 8 Uhr und 11 Uhr auf, wonach das Mittagstief folgt und das Leistungsvermögen über ein Zwischenhoch am frühen Abend beständig absinkt – mit dem absoluten Tiefpunkt zwischen 2 Uhr und 5 Uhr morgens (Seiwert 2002: 50).

Sofern sie ihr Studium nicht durch Jobben selbst finanzieren müssen, sind Studierende, abgesehen von den festen Terminen der Lehrveranstaltungen, in der glücklichen Lage, sich ihre Zeit selbst einteilen zu können. Es empfiehlt sich daher festzustellen (evtl. durch Experimentieren), wann man seine lichten Momente hat und wann es wenig Sinn macht, sich zur Arbeit zwingen zu wollen. Die Erkenntnisse über den eigenen Biorhythmus bzw. Arbeitstyp sollten bei der persönlichen Zeit- und Arbeitsplanung unbedingt berücksichtigt werden.

Ähnliches gilt für den Umgang mit der Tatsache, dass in einem bestimmten Zeitraum meistens mehrere Aufgaben zu erledigen bzw. Projekte zu bearbeiten sind. Auch hier gibt es wieder zwei Extremtypen:

- Manche arbeiten ihre Aufgaben am liebsten nacheinander ab, reservieren sich Zeitfenster für einzelne Projekte und konzentrieren sich in dieser Zeit ausschließlich darauf.
- Andere können sich nur eine begrenzte Zeit mit einem Thema beschäftigen; sie bearbeiten daher zwei oder drei Projekte gleichzeitig und verschaffen sich so Abwechslung. Das hilft oft auch dem Hauptprojekt, für das neue Sichtweisen aufgezeigt werden.

Wie bei Frühaufstehern und beim Nachtarbeitern liegt auch hier der goldene Weg für den Einzelnen meist irgendwo zwischen den beiden Extremen. Es ist also erneut ratsam, sich die eigenen Vorlieben frühzeitig bewusst zu machen und sie schließlich konsequent bei der Arbeitsplanung zu berücksichtigen.

Konzentration und Pausen

Unabdingbare Voraussetzung für erfolgreiches Arbeiten ist Konzentration. Das bedeutet nicht nur, sich möglichst wenig von unwichtigen Tätigkeiten ablenken zu lassen, sondern auch während der Arbeit sämtliche verfügbaren geistigen Kräfte auf die aktuelle Aufgabe zu verwenden.

Doch ist der Mensch keine Maschine, die ununterbrochen auf gleichem Leistungsniveau arbeiten kann. Die Konzentrations- und damit Leistungsfähigkeit nimmt mit zunehmender Arbeitsdauer ab, kann sich aber bei richtigem Einsatz von Pausen wieder regenerieren und auf hohem Niveau gehalten werden. Dabei ist Pause nicht gleich Pause; Zeitpunkt und Gestaltung sind wichtig. Vier Pausentypen lassen sich unterscheiden:

- Die einminütige kurze *Arbeitsunterbrechung* sollte nach Bedarf eingesetzt werden, sobald sich Ermüdungserscheinungen zeigen. Dabei wendet man den Blick kurz vom Arbeitsplatz ab, z. B. aus dem Fenster, holt tief Luft, streckt sich und denkt an etwas anderes, bevor man sich wieder konzentriert.
- Die fünfminütige *Kurzpause* ist nach ca. 30 Minuten einzulegen, da dann die Konzentration einen ersten natürlichen Tiefpunkt erreicht. Man steht auf, tankt Frischluft, bewegt sich (z. B. Stretching-Übungen und / oder ein paar Schritte) und verrichtet kleinere Tätigkeiten (z. B. Blumengießen).
- Nach ca. zwei Stunden ist eine längere *Pause* von 15 bis 20 Minuten fällig, die z. B. als Kaffeepause genutzt werden kann. Wichtig ist auch hier etwas Bewegung und Frischluft; keinesfalls sollte sie mit weiterem Grübeln über bevorstehende Arbeitsschritte verbracht werden.
- Schließlich ist die „*große Pause*" von mindestens einer Stunde zu nennen, die sinnvollerweise in das Mittagstief gelegt wird. Nahrungsaufnahme, Gespräch mit Kommilitonen und ein Verdauungsspaziergang sind zu empfehlen. Ein kurzer Mittagsschlaf kann sehr erholsam sein, es sollte allerdings darauf geachtet werden, dass man nicht zu lange schläft, da ein solches Nickerchen sonst den gegenteiligen Effekt haben kann; ein 10- bis 15minütiges „*power-nap*" reicht vollkommen aus.

Pausen sind also keine Zeitverschwendung, in denen die Arbeit zum Erliegen kommt. Sie sind vielmehr wichtige Phasen des Auftankens und der Regeneration, die sich auszahlen.

3.2.3 Mind-Mapping

Eine Arbeitstechnik, deren Anwenderzahl stetig steigt, ist das *Mind-Mapping* (Hertlein 2000). Sie basiert auf der Idee, die rechte, mit Bildern arbeitende Gehirnhälfte in den gedanklichen Prozess besser miteinzubeziehen und vernetztes Denken zu fördern. Dies geschieht durch das Zeichnen einer „Gedankenkarte" (Mind-Map).

Dabei wird das zentrale Thema, mit dem man sich beschäftigt, in die Mitte eines quer gelegten Blattes geschrieben. Von diesem ausgehend werden dann Äste gezeichnet, auf die die wichtigsten Aspekte mit griffigen Signalwörtern geschrieben werden. Die Äste münden in Zweige usw. Auf diese

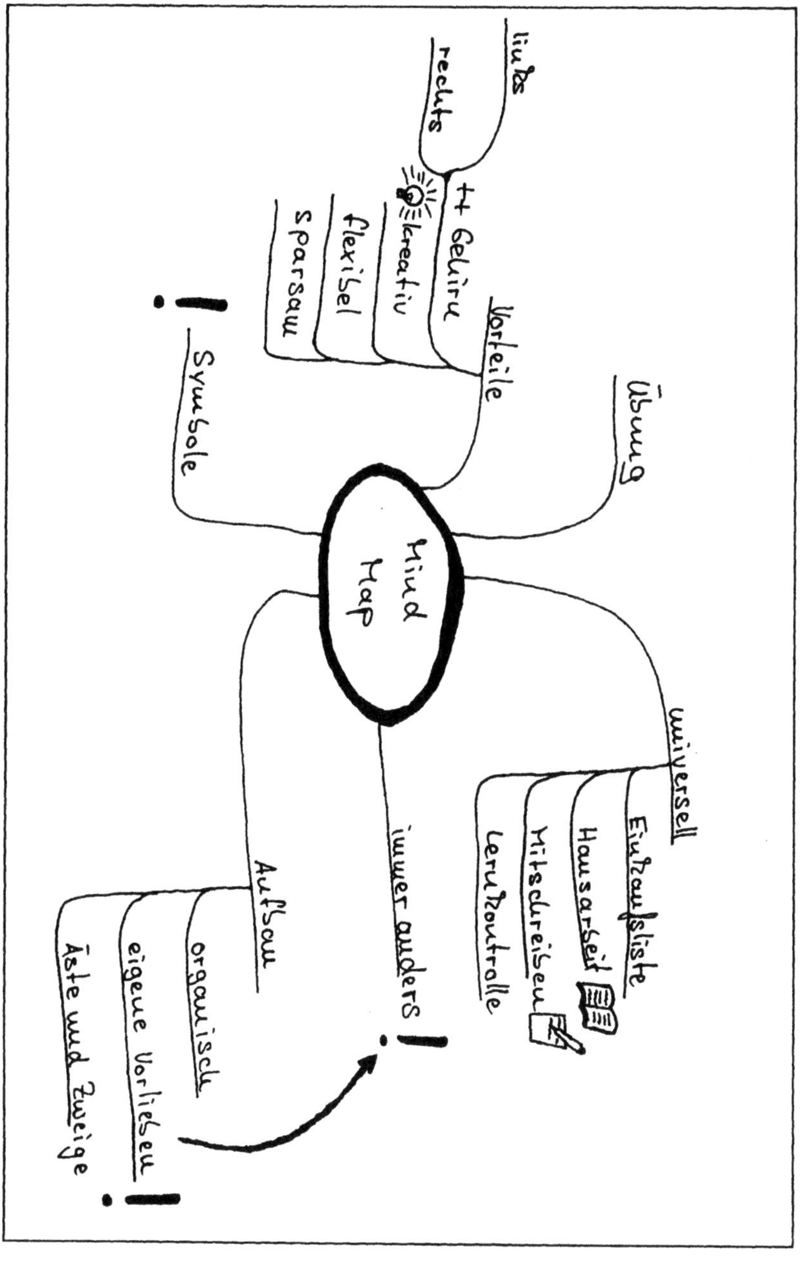

Abb. 3.1 *Beispiel für eine Mind-Map:*

Weise kann zu einem Thema eine recht komplexe Gedankenkarte entstehen (vgl. Abb. 3.1).
Wie funktioniert Mind-Mapping? Folgende *Tipps* sollten beim Mind-Mapping beachtet werden, alles andere ist individuellen Vorlieben überlassen:

- Es hilft dem Gehirn, wenn die Mind-Map *organisch* aussieht: Abgerundete Äste und Zweige, dicke Äste für die Hauptaspekte, dünnere Zweige für die Details.
- Eine *deutliche Schrift* vergrößert die Übersicht und erleichtert dem Gehirn die Aufnahme der Information.
- Auf die Äste und Zweige sollte möglichst nur ein Wort geschrieben werden, ein Schlüsselbegriff mit Signalwirkung, bei dem man auch später gleich wieder weiß, worum es geht. Diese *Signalwörter* zu finden ist manchmal nicht einfach; mit ein wenig Übung geht es leichter. Grundsätzlich gilt: Weniger ist mehr, die Assoziationsfähigkeit des eigenen Unterbewusstseins wird meist unterschätzt.
- Zwischen Thema, Ästen und Zweigen sollten *keine Lücken* klaffen, da das Gehirn auch eventuelle Zwischenräume mitspeichert und dies nur unnötig „Speicherplatz" verbraucht.
- Die Linien sollten nur so lang sein, wie die Wörter, die auf ihnen stehen. Auch hier werden Überhänge nur zweckfrei mitgespeichert.
- Es ist sinnvoll, mit *Farben* zu arbeiten. Dabei können nach einem individuellen System verschiedene Farben für bestimmte Aufgaben- oder Themenbereiche stehen.
- Dasselbe gilt für *Symbole*. Ein Symbol neben einem Ast sagt mehr als tausend Worte, z. B. steht ein Ausrufezeichen neben einem Ast für „besonders wichtig!". Das Symbolsystem kann ebenso individuell gestaltet sein und alles Mögliche umfassen, etwa auch Smilies.
- *Es gibt keine falschen Mind-Maps!* Die gewählten Begriffe, Farben und Symbole sollen nur für den individuellen Benutzer ihren Zweck erfüllen, keine allgemeingültige Wahrheit ausdrücken.

Die *Vorteile* des Mind-Mapping gegenüber herkömmlichen Gliederungen:

- Mind-Maps sind *nicht linear und nicht hierarchisch*. So bleibt der kreative Prozess länger offen und wird nicht durch schnelle Festlegungen von Hierarchien und Reihenfolgen präformiert.

Effizient arbeiten

- Querverbindungen können leicht und deutlich dargestellt werden.
- Mind-Maps sind flexibel. Es kann jederzeit ein neuer Ast oder Zweig hinzugefügt werden.
- Mind-Maps sind übersichtlich. Gliederungen, die sonst mehrere Seiten benötigen, können bequem auf einer Seite untergebracht werden.
- Mind-Maps sind der Arbeitsweise des Gehirns angepasst und lassen sich daher leichter einprägen.
- Das freie Assoziieren erlaubt es, die natürliche Kreativität besser auszuschöpfen.
- Das Arbeiten mit Signalwörtern fördert die Assoziationsfähigkeit und verringert so den Aufwand für das Einprägen von Zusammenhängen.

Mind-Maps sind universell einsetzbar, z. B.

- bei der *Planung*: To Do-Listen, Tages-, Wochen- und Monatspläne sowie Ziele und Teilziele oder Einkaufslisten;
- beim *Mitschreiben*: Vorlesungen und Vorträge anhand der wichtigsten Schlüsselbegriffe festhalten;
- beim *Strukturieren* von Themen oder Lernstoff: Mind-Maps statt linearer Gliederungen, Schlüsselbegriffe statt Sätze;
- als *Lernkontrolle*: Kann ich nach dem Lesen eines Textes ein Mind-Map mit den zentralen Aussagen anfertigen (vgl. Kap. 5.3.5)?

Für PC-orientierte Arbeitstypen seien entsprechende Mind-Mapping-Programme (z. B. MindManager) empfohlen. Hier können nicht nur Zweige und Äste unkompliziert verschoben werden; es stehen auch nützliche Optionen zur Verfügung, z. B. die Möglichkeit, die Mind-Map in eine numerische Gliederung oder eine MS-PowerPoint-Präsentation zu exportieren.

3.2.4 Brainstorming

Ein weiteres Element kreativer Arbeit, für das Mind-Mapping optimal geeignet ist, ist das sogenannte *Brainstorming*. Dabei handelt es sich weniger um eine spezielle Arbeitstechnik, als vielmehr um einen Arbeitsschritt, der bei allen Projekten zur Standardvorgehensweise gehören sollte.

Beim Brainstorming wird zu einem Thema oder Projekt einfach alles (und wirklich alles!) zusammengetragen, was einem dazu einfällt. Die Ideen werden entweder auf ein großes leeres Blatt Papier oder auf einzelne Karteikarten geschrieben. Wie beim Mind-Mapping ist freies Assoziieren erlaubt und erwünscht! Wichtig ist, dass *wirklich alles aufgeschrieben* wird, was in den Sinn kommt. Spontane Vorentscheidungen wie „Das ist doch Blödsinn!" oder „Das geht doch nicht!" sind nicht erlaubt. Projekte sind erfahrungsgemäß um so erfolgreicher, je länger der kreative Prozess offen ist und je später einzelne Ideen verworfen werden.

Die Erfahrung lehrt, dass man meistens unterbewusst schon viel mehr zu einem Thema weiß, als man denkt. Durch das Brainstorming werden diese schlummernden Kenntnisse an die Oberfläche geholt. Es sollte daher als Standardarbeitsschritt am Anfang eines jeden Projekts stehen. Die auf diese Weise gewonnenen Gesichtspunkte werden schließlich geordnet, was bei Verwendung von Karteikarten leichter ist.

3.3 Lerntechniken

Hier geht es um die Aufnahme und Verarbeitung von Informationen und Lerninhalten – also von Fähigkeiten, die im Studium besonders gefragt sind.

3.3.1 Lernkanäle

Es gibt drei Wege, über die der Mensch Informationen aufnehmen kann, um sie danach zu speichern:

- *Sehen:* Dieser Lernkanal ist wohl der am häufigsten genutzte und kommt vor allem beim Lesen zum Einsatz. Besser als Text werden aber grafisch visualisierte Informationen aufgenommen (Tafelbilder, Folien, Mind-Maps oder Symbole). Die beiden Hirnhälften werden am besten genutzt, wenn Text mit Grafiken oder Symbolen unterstützt wird.
- *Hören:* Bei Vorlesungen, Vorträgen und Referaten werden die Informationen gesprochen und erreichen das Gehirn über das Ohr. Um diesen Kanal auch beim Einprägen von Lerninhalten zu nutzen, können z. B. Tonträger besprochen und immer wieder abgehört werden. Das Gehörte kann sich so im Unterbewusstsein festsetzen.
- *Fühlen:* Lernen durch Fühlen wird vor allem bei abstrakten Inhalten selten genutzt, kann aber sehr effektiv sein. So behält man besser, was man einmal (mit der Hand!) geschrieben hat. Generell kann es sinnvoll sein,

Lernen mit Bewegung zu verknüpfen, z. B. während eines Spaziergangs den Lernstoff zu rekapitulieren und diskutieren.

Ein vierter „Lernweg", der kein eigener Lernkanal ist, ist das *Selbermachen*. Für abstrakte Lerninhalte bedeutet dies, den Stoff für sich selber noch einmal (ohne Ansicht der Unterlagen) zu reformulieren oder – noch besser – anderen zu erklären. Was man anderen erklären kann, hat man behalten. Durch die aktive Auseinandersetzung mit dem Stoff setzt sich dieser besonders gut im Unterbewusstsein und Langzeitgedächtnis fest.

Natürlich wird niemand ausschließlich auf einen der hier genannten Lernkanäle setzen. Hier gilt: Der Mix macht's! Durch Kombination verschiedener Lernmethoden lässt sich der Erfolg beträchtlich steigern.

3.3.2 Effektiv lernen

Der oberste Grundsatz des Lernens lautet: *Verstehen statt Pauken!* Auch wenn es vereinzelt in manchen Prüfungen verlangt wird – stures Auswendiglernen ist ineffektiv. Es erfordert immensen Zeitaufwand, aber das Gelernte bleibt nicht langfristig im Gedächtnis, und es geht auch komplett an den eigentlichen Anforderungen der Universität vorbei. In Klausuren, Referaten, Hausarbeiten und mündlichen Prüfungen ist oft nicht nur Faktenwissen gefragt, sondern auch der Transfer, also die Fähigkeit, theoretische Konzepte praktisch anzuwenden. Dazu muss der Lernstoff geistig durchdrungen sein. Das pure Wissen gleicht einem Werkzeug, das einem nicht weiterhilft, wenn man nicht weiß, wie es zu benutzen ist.

Um Lerninhalte zu verstehen, muss man sich intensiv gedanklich mit ihnen auseinandersetzen, sie nachvollziehen und gegebenenfalls kritisch hinterfragen. Dazu ist es hilfreich, sich abstrakte Zusammenhänge gerade durch eigene Beispiele und / oder selbständige grafische Aufbereitung zu veranschaulichen.

Ein weiterer wichtiger Grundsatz des Lernens ist: „Steter Tropfen höhlt den Stein!" Mit anderen Worten: *Beständiges Wiederholen* ist besser geeignet, den Lernstoff im Langzeitgedächtnis zu verankern, als kurzfristiges Einprägen. Es ist also nicht ratsam, sich mit bestimmten Inhalten nur dann zu beschäftigen, wenn sie in der Lehrveranstaltung behandelt werden, sie dann liegen zu lassen und erst wieder „hervorzukramen", wenn Prüfungen anstehen. Vielmehr ist es empfehlenswert, sich den behandelten Stoff auch zwischendurch immer wieder einmal durchzusehen und zu überdenken. Zehn

Wiederholungen über drei Monate verteilt bringen mehr als zwanzig Wiederholungen in zwei Tagen. Zusätzlich zu diesen Grundsätzen lassen sich noch ein paar *Lerntipps* formulieren:

- Analog zu den Arbeitstypen (vgl. Kap. 3.2.2) gibt es auch verschiedene *Lerntypen*. Manche lernen am besten durch Hören, andere besser durch Lesen, wieder andere am besten durch Motorik bzw. Schreiben. Es empfiehlt sich daher durch Experimentieren und Selbstbeobachtung festzustellen, welcher Lernkanal einem selbst am besten liegt; dieser ist dann beim Lernen verstärkt einzusetzen.
- Es sind genügend Pausen einzuplanen. Man kann nicht unbegrenzt Informationen aufnehmen und behalten.
- Motivation erleichtert das Lernen und führt zu größerem Erfolg. Es ist daher immer hilfreich, sich vor Augen zu führen, wozu man lernt, was man erreichen kann und welche Belohnungen einen erwarten.
- Die assoziative Arbeitsweise des Gehirns lässt sich durch konsequentes Suchen nach und Arbeiten mit Eselsbrücken nutzen.
- Mind-Maps sind ein sinnvolles Hilfsmittel zur Strukturierung von Lernstoff, zur Wiederholung und zur Kontrolle.
- Es empfiehlt sich, die Lerninhalte kurz vor dem Schlafengehen noch einmal durchzusehen. Die Informationen werden dann während des Schlafens weiter verarbeitet und dringen leichter ins Unterbewusstsein.
- Nützlich kann es auch sein, den Lernstoff komprimiert auf Karteikarten zu schreiben; so kann Gelerntes von noch nicht Beherrschtem getrennt und Letzteres gezielt wiederholt werden.

3.3.3 Schon beim Mitschreiben lernen

Eine typische Tätigkeit des Studentenlebens ist das Festhalten von gesprochener Information in Lehrveranstaltungen. Das gilt in erster Linie für Vorlesungen, in geringerem Maße auch für Seminare. Der oberste Grundsatz lautet hier: *Kapieren geht vor Fixieren!*

Manche Studenten unterliegen dem Irrtum, bei einer Vorlesung handele es sich um eine Art Diktat. Statt wortwörtlich Details mitzuschreiben, sollte man sich aber auf den Kern des Vorgetragenen konzentrieren und der Argumentation folgen. Dann genügt es, sich in Stichworten kurze Notizen als Gedächtnisstütze zu machen. Details können jederzeit nachgelesen werden,

Effizient arbeiten 49

aber größere Zusammenhänge finden sich in Büchern nicht immer so studentenfreundlich aufbereitet wie in der Lehrveranstaltung. Beim Mitschreiben sind folgende Punkte zu beachten:

- Was man mit eigenen Worten formulieren kann, hat man auch verstanden. Folglich sollte man möglichst nicht Zitate mitschreiben, sondern den *Inhalt mit eigenen Worten* wiedergeben.
- Die Mitschrift sollte sich auf wesentliche *Hauptpunkte* beschränken. Im Zweifelsfall ist es wichtiger, der Lehrveranstaltung weiter zu folgen, anstatt zu viel fixieren zu wollen und dadurch den Faden zu verlieren.
- Auch für das Mitschreiben eignen sich *Mind-Maps*. So kommt man gar nicht erst in Versuchung, ganze Sätze aufzuschreiben.
- *Grafiken* sagen mehr als tausend Worte. Sollte der Vortragende seine Ausführungen nicht visualisieren, ist es sinnvoll, dies als Hörer selbst zu tun.
- Es empfiehlt sich ein eigenes *Abkürzungs- und Symbolsystem* zu entwickeln, möglichst analog zu den individuellen Mind-Mapping-Symbolen, z. B. „⇔" für „Widerspruch" oder „gg." für „gegen".
- Die Mitschriften sollten möglichst bald nach der Lehrveranstaltung noch einmal durchgegangen werden. Eventuelle Lücken können dabei oft noch aus dem Gedächtnis ergänzt werden. Sollten Verständnisprobleme auftreten, kann man diesen gleich nachgehen.
- Mitschriften sind nur dann auch in späteren Zeiten noch von Nutzen, wenn sie entsprechend geordnet und aufbewahrt werden. Nummerierung der einzelnen Blätter und *Archivierung* in Ordnern sind zu empfehlen.

3.3.4 Lerngruppen

Das gegenseitige Erklären und Diskutieren von Lerninhalten ist dem Lernen sehr förderlich. Zu diesem Zweck ist es sinnvoll, *Lerngruppen* zu gründen. Das Lernen in Gruppen hat viele Vorteile:

- Man befindet sich „im selben Boot". Die Hemmschwelle, Fragen zu stellen und Unklarheiten anzusprechen, ist folglich niedriger als in der Lehrveranstaltung. Meist können diese von anderen beseitigt werden. So ergänzen und kontrollieren sich die Teilnehmer gegenseitig. Auch das Feedback von Kommilitonen kann wertvoll sein.

- Lerngruppen erlauben es, arbeitsteilig vorzugehen. So können offen gebliebene Fragen von den Teilnehmern bis zur nächsten Sitzung geklärt und die Ergebnisse dann zusammengetragen werden.
- Dadurch können Lerngruppen evtl. auftretende Defizite der Lehrveranstaltungen ausgleichen, z. B. mangelnde Klarheit oder Anschaulichkeit.
- Die Mitglieder der Lerngruppe können sich gegenseitig motivieren und anspornen. Das wird vor allem der Fall sein, wenn die Teilnehmer in etwa auf dem gleichen Stand sind.
- Aber auch bei unterschiedlichem Niveau können beide Seiten profitieren: Fortgeschrittene wiederholen und kontrollieren ihren Lernerfolg (was man erklären kann, hat man auch verstanden), Anfänger erhalten eine verständliche Erklärung und können im Zweifel ohne Hemmung nachfragen.
- In Lerngruppen bietet sich die Gelegenheit, Diskussion und Kommunikation zu üben – Kompetenzen, die universell nützlich sind (vgl. Kap. 10.6.1).

Zu beachten sind folgende Punkte:

- Lerngruppen sind nicht jedermanns Sache. Auch hier gilt: Ausprobieren! Außerdem ist die konkrete Zusammensetzung einer Lerngruppe wichtig; die Atmosphäre zwischen den Teilnehmern sollte möglichst spannungsfrei sein.
- Lerngruppen mit mehr als fünf Teilnehmern sind erfahrungsgemäß nicht effizient. Statt in der Runde zu diskutieren, bilden sich Grüppchen, hinzu kommen Terminprobleme und die Suche nach einem geeigneten Treffpunkt.
- Lernen in Gruppen und allein in der Studierstube schließen sich nicht aus; vielmehr sollte beides kombiniert werden. Das Mischverhältnis ist wieder Sache der individuellen Vorlieben.
- Für jede „Sitzung" der Lerngruppe sollte eine *Agenda* festgelegt werden. Sonst besteht die Gefahr, sich zu verzetteln und in allgemeines Geplauder abzurutschen.

3.3.5 Neue Wege und Methoden

Die Erkenntnisse von Gehirnforschung und Lernpsychologie tragen zur ständigen Weiterentwicklung der Arbeitsmethodik bei. Bevor man also unkonventionelle Formen des Lernens und Arbeitens als „Psycho-Kram" oder „Esoterik" abtut, sollte man sie – mit einer gesunden Prise Skepsis – offen prüfen und ruhig einmal ausprobieren. Mind-Mapping ist z. B. von einer solchen Neuigkeit zur mittlerweile allgemein anerkannten und sich immer weiter ausbreitenden Arbeitstechnik geworden. Hier seien nur drei weitere Beispiele angeführt (Metzig / Schuster 1996):

- Entspannung und Ausgeglichenheit können wesentlich zu erfolgreicherem Arbeiten beitragen; Yoga und Autogenes Training sind hier förderlich. Diese Techniken haben sich auch bei beim Bekämpfen von Prüfungsangst bewährt (vgl. Kap. 4.4).
- Die psychologische Forschung hat einen idealen Bewusstseinszustand entdeckt, in dem Kreativität und Leistungsfähigkeit bedeutend gesteigert sind. Dieser Zustand, als „Flow" bezeichnet, ist z. B. bei Kindern zu finden, die ganz in das Spielen vertieft sind. Voraussetzung dafür ist, dass man Freude an dem empfindet, was man tut (Csikszentmihalyi 1997).
- Untersuchungen haben gezeigt, dass Barockmusik positive Auswirkungen auf die geistige Aufnahmefähigkeit hat; aus dieser Erkenntnis wurde das sogenannte „Super-Learning" entwickelt, bei dem die zu lernenden Inhalte mit entsprechender Musik verknüpft werden.

3.4 Der Arbeitsplatz

Die sinnvolle Wahl und Ausgestaltung des Arbeitsplatzes trägt erheblich zur Effizienzsteigerung und Zeitersparnis bei (Rückriem / Stary / Franck 1997: 16-21). Die Grundfrage für den Studenten lautet dabei: *In der Bibliothek oder zu Hause?*

Wie so oft, haben beide Alternativen Vor- und Nachteile; der goldene Mittelweg muss individuell gefunden werden. Erfahrungsgemäß werden aber Studenten der Sozialwissenschaften manchmal, spätestens jedoch im Zuge der Diplom- oder Magisterarbeit, gezwungen sein, in der Bibliothek zu arbeiten. So bei umfangreicheren Literaturrecherchen oder weil benötigte Literatur nicht ausleihbar ist. Es ist also ratsam, sich mit dem Arbeitsplatz Bibliothek zumindest anzufreunden, auch wenn man sonst lieber zu Hause schreibt oder liest.

Es gibt noch einen grundsätzlichen Aspekt, der für die Bibliothek spricht: Auch über das Studium hinaus bringt es viele Vorteile mit sich, wenn Arbeit und Privatsphäre möglichst getrennt bleiben. Das gilt sowohl räumlich wie zeitlich. Wie es ratsam ist, konsequent in den Arbeitsplan auch Freizeit einzuplanen, so ist es empfehlenswert, die beiden Sphären räumlich zu trennen. Egal, ob man zum Arbeiten in die Bibliothek geht oder in das Arbeitszimmer –das Unterbewusstsein wird sich dadurch auf Arbeit einstellen und bessere Konzentrationsfähigkeit auf Ziele und Themen ermöglichen. Da die durchschnittliche studentische Wohnung wohl kein eigenes Arbeitszimmer hergeben wird, bietet sich die Bibliothek an, um diesen positiven Effekt zu nutzen.

Wo auch immer der Arbeitsplatz gewählt wird, auf ein paar grundsätzliche Punkte sollte man bei seiner Ausgestaltung achten (Zielke 1995: 13-22):

- *Übersichtlichkeit und Ordnung:* Langes Suchen und Wühlen in Haufen und Stapeln von Unterlagen und Büchern kostet nicht nur wertvolle Zeit, sondern kann auch dazu führen, dass man gedanklich den Faden verliert. Durch übersichtliche Gestaltung des Arbeitsplatzes und Ordnung der benötigten Unterlagen kann dies vermieden werden.
- *Handwerkszeug:* Alles, was für den beabsichtigten Arbeitsschritt benötigt wird, sollte auch griffbereit sein, z. B. Stifte, Textmarker, aber auch Bücher, Kopien etc.
- *Ablenkung vermeiden:* Konzentration ist die wichtigste Grundvoraussetzung für effektives Arbeiten, deshalb Ablenkungsquellen vom Arbeitsplatz verbannen. Dazu gehören z. B. Telefon, evtl. störende Lärmquellen, aber auch Freunde, die vorbeikommen und einen zu einer Kaffeepause überreden wollen. Für manche ist selbst ein Fenster in Blickweite schon genug Ablenkung, um immer wieder den Faden zu verlieren. Auch hier empfiehlt es sich, frühzeitig eigene Anfälligkeiten zu erkennen und auszuschalten.
- *Beleuchtung:* Eine ausreichende Beleuchtung vermeidet schnelle Ermüdung und erhält die Konzentrationsfähigkeit. Flackernden Neonleuchten sollte man ausweichen.
- *Ergonomie:* Gleiches gilt für die Auswahl von Schreibtisch, Stuhl und gegebenenfalls Bildschirm. Ergonomisch schlecht gestaltete Arbeitsplät-

Effizient arbeiten

ze können nicht nur zu Rückenproblemen führen, sondern auch die Konzentrationsfähigkeit negativ beeinflussen.

3.5 Der Umgang mit dem Computer

Der PC ist nicht nur zum unverzichtbaren Instrument der Arbeitswelt geworden, auch aus dem Studium ist er nicht mehr wegzudenken. Das gilt vor allem für Studierende der Sozialwissenschaften, in denen das Verfassen von Hausarbeiten und die damit verbundene Recherche nach Informationen und Literatur zum Alltag gehören. Ein gewisses Maß an Computerkenntnissen ist folglich *unbedingte Voraussetzung* für ein erfolgreiches Studium.

Das absolute Minimum ist dabei der sichere Umgang mit einem Textverarbeitungsprogramm (MS-Word oder Ähnliches), mit Internet (vgl. Kap. 6.5) und E-Mail. Nicht unbedingt erforderlich, aber sehr nützlich (nicht nur im Studium; vgl. Kap. 10.6) sind Kenntnisse in Tabellenkalkulations-, Grafik- und Datenbankprogrammen.

Wer bei der Lektüre dieses Buches noch nicht über ein Minimum an Computerkenntnissen verfügt, sollte sich schleunigst daran machen, diese zu erwerben. Gewöhnlich bieten die universitären Rechenzentren, Informatik-Fakultäten, aber auch andere Institutionen (z. B. Frauenbüros) Einsteigerkurse an.

Ansonsten gilt – auch für diejenigen, die ihre bestehenden Fertigkeiten ausbauen wollen – das Prinzip *Learning by doing*; die meisten Dinge lassen sich durch Ausprobieren entdecken und erlernen (dabei aber nicht das regelmäßige Speichern vergessen!). Wer gern systematischer vorgeht, kann das universitäre Kursangebot nutzen oder sich mit Handbüchern fortbilden.

3.6 *Mens sana in corpore sano*

3.6.1 Die Balance macht's: Ausgleich

Wie schon angeklungen, ist für den Erfolg des Studiums nicht nur relevant, was im Hörsaal und am Schreibtisch geschieht. Wichtig sind auch die Rahmenbedingungen. Ein ernsthaftes Studium ist zwar ein „Full-time-Job", das bedeutet aber nicht, dass man ihm alle 24 Stunden des Tages widmen sollte. Körper und Geist sind nicht unbegrenzt leistungsfähig. Acht Stunden Arbeit

am Tag reichen vollkommen aus, mehr als vier davon anspruchsvollen konzentrierten Tätigkeiten zu widmen, ist schon nicht mehr ratsam.
Damit bleibt genug Raum für eine sinnvolle Freizeitgestaltung. Wer diese auch noch seiner Arbeit in den Rachen wirft, erzielt damit selten große Zusatzerfolge. Empfehlenswerter ist es, sich in der Freizeit einen wirklichen Ausgleich zur Schreibtischarbeit zu verschaffen. „Abschalten" heißt das Zauberwort!

- Ein wichtiger und gar nicht zu oft hervorzuhebender Punkt sind *soziale Kontakte*. Misanthropische Einsiedler sind nicht nur im Berufsleben selten gefragt, auch im Studium sind sie nur im Ausnahmefall erfolgreich. Der Umgang mit anderen ist nicht nur ein Vergnügen, sondern auch eine Schule des Lebens. Sozialkompetenz ist in allen Bereichen des Berufslebens gefragt und letztendlich reift man auch selbst an jedem Menschen, mit dem man sich auseinandersetzt. Nicht zuletzt kann ein belastbares Netzwerk von Freundschaften der entscheidende Rückhalt sein, der einen im Krisenfall vor dem Scheitern bewahrt.
- Ein besonders sinnvoller Ausgleich ist *Sport*. Die Ablenkung und Konzentration auf etwas völlig anderes (z. B. bei einem Mannschaftsspiel oder das Abschalten beim Dauerlauf) räumt den Kopf frei und fördert so Kreativität und Offenheit für andere Perspektiven (vgl. Kap. 3.6.2).
- Einen ähnlichen Effekt können *Hobbies* jeder Art haben. Ob Gartenarbeit, Schauspielen oder Modellbau – alles, was das Leben bereichert und den Geist auf andere Gedanken bringt, ist sinnvoll.

3.6.2 Gesundheit – was alle wissen und keiner beachtet

Das Studium ist, bei allen Vorteilen, keine Zeit, in der man oft eine allzu ruhige Kugel schieben kann. Man braucht seine Ressourcen, um sein Studium gut und zielstrebig verfolgen zu können. Man wird scheitern, wenn man sich nicht auch um die Grundlage seiner Leistungsfähigkeit kümmert: die eigene körperliche, seelische und geistige Gesundheit. Kurz seien hier die Grundlagen des eigenen Wohlergehens erwähnt:

- Eine *ausgewogene, fettarme Ernährung*, die alle wichtigen Bestandteile enthält (Vitamine, Ballaststoffe, Spurenelemente, Eiweiß, Kohlenhydrate und ungesättigte Fettsäuren). Vorsicht vor Fertiggerichten! Sie enthalten

Effizient arbeiten 55

oftmals viele schädliche gesättigte (gehärtete) Fettsäuren (Verdacht, koronare Herzkrankheiten zu fördern), künstliche Farben und Geschmacksstoffe.
- *Ausreichende Bewegung*, die Spaß macht. Die Motivation soll aus sich selbst kommen. Die Bewegung dient dem körperlichen, geistigen und seelischen Gleichgewicht. Wer Ausdauersportarten wie Laufen, Radfahren oder Inlineskaten wählt, sollte seinen Puls beobachten. Er sollte in den meisten Trainingseinheiten nicht über 65 % bis 70 % des Maximalpulses (Faustregel: Puls max. = 220 minus Lebensalter) steigen. So hat man nach dem Training noch Kraft für andere Dinge. Ein solchermaßen trainierter Kreislauf tendiert auch bei langen sitzenden Tätigkeiten nicht dazu, dramatisch zu fallen. Man wird nicht so leicht müde.
- *Ausreichend Wasser trinken*. Wer bei Müdigkeit zu Kaffee, schwarzem oder grünem Tee greift, tut sich nichts Gutes. Denn diese Getränke entwässern den Körper. Das Gehirn hat einen besonders hohen Wasseranteil und funktioniert, wie 99 % des Stoffwechsels, nur bei genügender „Bewässerung" gut. Dazu sind, ohne zusätzliche künstliche Entwässerung, mindestens 1½ bis 2 Liter Wasser pro Tag nötig. In vielen Gegenden Deutschlands ist das Leitungswasser gut, kann also getrunken werden[1]. Damit entfällt das Kistenschleppen und man spart Geld. Wem das zu fade schmeckt, kann z. B. auf Früchte- oder Roibuschtee umsteigen, den es in vielen Geschmacksrichtungen gibt und der nicht entwässert.
- *Alkohol in Maßen – nicht in Maßen* (ersteres kommt von „Maß halten", letzteres vom bayerischen Bierkrug mit einem Liter Inhalt). Entwässernd wirken auch alle Alkoholika, weshalb man nach einer „feucht-fröhlichen" Party vor dem Schlafengehen mindestens einen halben Liter Wasser trinken sollte.[2] Noch gesünder ist es, abstinent zu leben!
- *Rauchfrei glücklich!* Über die Gefahren des Rauchens muss nichts mehr gesagt werden! Es kostet viel Geld und Kraft, stinkt, belästigt die Mitmenschen und schädigt die Gesundheit wie kaum etwas anderes. Als „Ausgleich" hat es keinerlei positiven Nutzen.

---

[1] Die erlaubten Schadstoffgrenzwerte nach der Mineralbrunnenverordnung sind teilweise erheblich höher als die der Trinkwasserverordnung.
[2] Wer besonders zugeschlagen hat, verdoppelt das Quantum und fügt etwas (Frucht-)Zucker, Vitamin C und eine Aspirintablette hinzu – so passt der Kopf am nächsten Morgen zumindest durch die breiteren Türen ...

3.6.3 Die Gefahren an der Leistungsgrenze

Die heutigen Leistungsanforderungen und die Sorge, keinen oder nicht den gewünschten Arbeitsplatz zu bekommen, führen manche Studierende dazu, sich permanent bis über die persönlichen Grenzen zu fordern. Dadurch kann es zum *„Burn Out"* kommen. Besonders gefährdet sind Menschen, die ihre Aufgaben besonders gut erfüllen wollen, und solche, die völlig in einer Aufgabe aufgehen. Die Symptome sind: Gefühl der Leere, innere Unausgeglichenheit (reizbar, deprimiert, unzufrieden), Urlaub hat geringes bis gar kein Erholungspotential, häufig auftretende Kopf- und Rückenschmerzen, Schwindelanfälle, instabiler Blutdruck, Infekte und grippale Erkrankungen, Schlafstörungen. Das *Burn-Out-Syndrom* zeigt sich in sechs Phasen:

- Anfangs herrschen Enthusiasmus und Ideenreichtum, hohe Erwartungen und Selbstbestätigung durch Leistung vor – man „brennt" für die Aufgabe, das Ziel.
- Man erkennt, nicht alles so erledigen und bewältigen zu können wie geplant. Die Folge ist: Der Einsatz wird verstärkt.
- Es kommt zu Frustration durch die Einsicht, dass das Ziel auch mit dem höheren Einsatz nicht erreicht werden kann.
- Deshalb fixiert man sich völlig auf die Aufgabe, vernachlässigt andere Hobbies, Interessen und soziale Kontakte, alles „nervt nur noch". Kurzfristige Kompensation versucht man durch übermäßigen Konsum von Zigaretten, Kaffee, Süßigkeiten, Sex, Drogen usw., um „noch etwas vom Leben zu haben"!
- Hoffnungslosigkeit und Apathie machen sich breit, das Gefühl der inneren Leere wird schmerzhaft, Vereinsamung und das Gefühl, wie abgestorben zu sein.
- Schließlich tritt Depression auf, der Wunsch zu fliehen und nichts mehr zu spüren. Verzweiflung und Selbsthass werden extrem. Es kann zu Selbstmordgedanken und körperlicher Verwahrlosung kommen. Typisch: der Wunsch nach Dauerschlaf.

Übermäßige Leistungsorientierung kann gerade bei weiblichen Studierenden auch in schwerwiegenden *Essstörungen* ein Ventil finden. So sind in München mehr als 1 % der Studentinnen betroffen (Wolff 2003). Diese Krankheit kann lebensbedrohliche Formen annehmen und sollte deshalb nicht verharmlost werden.

Effizient arbeiten 57

Stellt man Anzeichen von Burn-Out oder Essstörungen an sich selbst fest, sollte man umgehend professionelle Hilfe in Anspruch nehmen. Falsches Schamgefühl ist hier fehl am Platze! Oft sind die Betroffenen aber nicht mehr zu einer zutreffenden Selbstwahrnehmung in der Lage, so dass ein Anstoß von Kommilitonen erforderlich ist. Wer solche Probleme wahrzunehmen glaubt, sollte sie ansprechen. Zum „vorbeugenden Selbstschutz" sind folgende Tipps hilfreich:

- Lernen, „Nein" zu sagen.
- Arbeiten und Aufgaben delegieren oder in einer Gruppe aufteilen.
- Abstand vom eigenen Perfektionismus nehmen können (oft reichen 80 %).
- Die körperlichen Bedürfnisse beachten: Ausreichend schlafen und bewegen, gesund essen und sich auch Zeit dafür nehmen.
- Täglich regelmäßige kleinere Pausen sowie größere Pausen pro Woche ohne Leistungsdruck einplanen. Semesterferien auch für Urlaub (nicht nur Hausarbeiten, Praktika und Sprachkurse) nutzen.
- Sich selbst wertschätzen, nicht nur auf die Anerkennung anderer bauen.
- Gezielt Entspannungstechniken erlernen.

3.7 Literatur

Birkenbihl, Vera F., ^{35}2000: Stroh im Kopf? Gebrauchsanleitung fürs Gehirn, Landsberg a. L.
Burisch, Matthias, ^{2}1994: Das Burnout-Syndrom. Theorie der inneren Erschöpfung, Stuttgart.
Carr, Allen, 2000: Endlich Nichtraucher – Der einfachste Weg, mit dem Rauchen Schluss zu machen, München *[nach Ausssage vieler Ex-Raucher wirklich hilfreich]*.
Csikszentmihalyi, Mihaly ^{3}1997: Kreativität. Wie Sie das Unmögliche schaffen und Ihre Grenzen überwinden, Stuttgart.
Grimm, Hans-Ulrich, 1997: Die Suppe lügt, Stuttgart *[„Unappetitliches" über Fertiggerichte]*.
Guderian, Claudia, 2003: Arbeitsblockaden erfolgreich überwinden. Schluss mit Aufschieben, Verzetteln, Verplanen!, München.
Hertlein, Margit, ^{5}2000: Mind-Mapping – Die kreative Arbeitstechnik. Spielerisch lernen und organisieren, Reinbek.
Metzig, Werner / Schuster, Martin, ^{3}1996: Lernen zu lernen. Lernstrategien wirkungsvoll einsetzen, Berlin u. a. *[gutes praxisorientiertes und wissenschaftlich fundiertes Handbuch zum Thema Lerntechniken und Prüfungsvorbereitung]*.

Rückriem, Georg / Stary, Joachim / Franck, Norbert, ^{10}1997: Die Technik wissenschaftlichen Arbeitens. Eine praktische Anleitung, Paderborn u. a.
Seiwert, Lothar, ^{24}2002: Das neue 1x1 des Zeitmanagement, München.
Wolff, Philip, 2003: Wenn Leistung das Leben bedroht. Unter Hochschülerinnen verbreiten sich Magersucht und Bulimie, in: Süddeutsche Zeitung v. 30.07., 47.
Zielke, Wolfgang, 1991: Handbuch der Lern-, Denk- und Arbeitstechniken, Bindlach.

4 Prüfungen – (k)ein Grund zur Sorge?

4.1 Erste Schritte

Ein wichtiger Faktor für eine erfolgreiche Prüfung ist die *Wahl des Zeitpunktes*. Es ist darauf zu achten, dass im Vorfeld genügend Zeit für die Vorbereitung verfügbar ist und sich Prüfungen nicht zu sehr häufen (soweit dies von studentischer Seite steuerbar ist). Es ist auch wichtig, sich frühzeitig nach folgenden Punkten zu erkundigen:

- Welche Anmeldefristen sind einzuhalten?
- Welche Zulassungsvoraussetzungen (Scheine, Praktika etc.) bestehen?
- Wie sind die Prüfungsmodalitäten (mündlich / schriftlich, Dauer, Art)?
- Besteht die Möglichkeit, einen Prüfer vorzuschlagen (und ist dieser auch bereit zu prüfen)?

Grundsätzlich empfiehlt es sich, verschiedene Prüfungen nach Möglichkeit auf einen längeren Zeitraum zu verteilen und auch den *worst case* des Nichtbestehens zu bedenken. So sollte man Prüfungen als Voraussetzung für einen Wechsel ins Ausland so früh legen, dass man im Zweifelsfall eine zweite Chance hat und nicht alles zusammenbricht, wenn man beim ersten Mal nicht besteht.

Der zweite wichtige Faktor, der in der Hand des Studenten liegen kann, ist die *Themenauswahl*. Dabei können Synergieeffekte genutzt werden, indem man Themen wählt, zu denen bereits Vorarbeiten vorhanden sind (z. B. Hausarbeiten) oder die man auch in Nachbarfächern teilweise verwenden kann (z. B. Platons „Staat" als Thema für Politische Theorie und für Philosophie). Auch hier gilt: Möglichst frühzeitig die Themen mit dem Prüfer absprechen und bereits eigene Vorschläge machen.

4.2 Prüfungsvorbereitung

Bei der Prüfungsvorbereitung selbst gilt die schon bekannte Maxime: *Rechtzeitig anfangen!* Wird eine Lehrveranstaltung mit einer Klausur abgeschlossen, so ist es die bestmögliche Vorbereitung, wenn man schon während der Vorlesungszeit von Sitzung zu Sitzung beständig und intensiv mitarbeitet; vor der Klausur braucht der Stoff dann nur noch reaktiviert werden.

Für die *Vorgehensweise* bei der Prüfungsvorbereitung gilt im Prinzip alles, was schon über allgemeine Arbeits- und Lerntechniken gesagt wurde (vgl. Kap. 3.2 u. 3.3). Orientierung können Fragenkataloge, Klausurensammlungen und die Erfahrungen von Kommilitonen bieten:

- *Fragenkataloge* sind im Anhang mancher Lehrbücher zu finden und mitunter bei Fachschaften zu erhalten. Sie dienen zur Kontrolle des erreichten Standes und dazu, die Wiedergabe des gelernten Stoffes auf eine Frage hin zu üben. Doch ist Vorsicht geboten! Fragenkataloge verleiten dazu, gleich vorgefertigte Antworten auswendig zu lernen und damit gegen das oberste Lernprinzip „*Verstehen statt Pauken*" zu verstoßen. Die dadurch erlangte Sicherheit ist trügerisch, da die Gefahr besteht, auswendig Gelerntes herunterzuleiern, das gar nicht zur Frage passt. Bei Transferfragen läuft Auswendiglernen ohnehin ins Leere.
- *Klausurensammlungen* können da schon eine größere Hilfe sein. Sie enthalten die Fragen der vergangenen Jahre und sind meist bei der Fachschaft erhältlich. Anhand solcher Sammlungen kann man eine Vorstellung gewinnen, was einen erwartet, und vor allem bieten sie Gelegenheit, an früheren Transferfragen das problemorientierte Denken und Antworten zu üben.
- Was *mündliche Prüfungen* angeht, empfiehlt es sich, Kontakt zu Studenten aus höheren Semestern aufzunehmen (mögliche Anlaufstelle ist die Fachschaft); unter Umständen kann man sich bei Kommilitonen, die dieselbe Prüfung bei demselben Prüfer schon abgelegt haben, nach deren Erfahrungen erkundigen.

Ist der zu lernende Stoff identifiziert und eingegrenzt und der zur Verfügung stehende Zeitraum klar, empfiehlt es sich, die Lerninhalte in sinnvolle Bausteine zu *gliedern* und auf mehrere Lerneinheiten *aufzuteilen*. Bei der Gliederung ist darauf zu achten, dass der Gesamtzusammenhang nicht verloren geht und die Reihenfolge der Bausteine sinnvoll ist. Lerneinheiten sind eher klein und dafür zahlreich zu planen, da irgendwann der Punkt erreicht ist, an dem es nicht mehr lohnt, weitere Zeit zu investieren, und eher eine Pause angebracht ist. Auch regelmäßige Wiederholung ist wichtig.

Empfehlenswert ist es auch, „*Generalproben*" durchzuführen, d. h. eine frühere Klausur unter Prüfungsbedingungen (Zeitbegrenzung, unbekannte

Fragen, keine Hilfsmittel) zu bearbeiten oder sich von einem kompetenten Kommilitonen (gegebenenfalls höheren Semesters) befragen zu lassen. Zum einen können so Lücken in der eigenen Vorbereitung aufgedeckt werden, zum anderen wird mental die Prüfungssituation geübt, so dass im Ernstfall mit weniger Nervosität zu rechnen ist.

Es gibt immer wieder Studierende, die Monate vor einer Prüfung sämtliche sozialen Aktivitäten einstellen und sich vollkommen von der Welt abschotten. So wird Prüfungsvorbereitung zum Ausnahmezustand. Ein solches Verhalten ist weder notwendig noch empfehlenswert:

- Erstens gehören Prüfungen zum universitären Alltag und werden jedem Studenten so oft begegnen, dass sich eine gesunde Routine einstellen sollte; auch ist ein Nichtbestehen nur in den seltensten Fällen eine Katastrophe.
- Zweitens behindert der mentale Ausnahmezustand die Prüfungsvorbereitung; am besten lernt es sich entspannt, und Ausgleich ist genauso wichtig wie das Lernen selbst (vgl. Kap. 3.6). Ein verkrampfter, überlasteter Geist nimmt nichts auf.
- Außerdem ist das künstliche Beschwören von Krisensituationen bestens geeignet, Prüfungsangst entstehen zu lassen, die dann mühsam bekämpft werden muss (vgl. Kap. 4.4).
- Schließlich lässt sich Abschottung spätestens bei längeren Prüfungsphasen ohnehin nicht durchhalten.

Also: *Prüfungen sind kein Grund zur Panik und die Vorbereitung sollte kein Ausnahmezustand sein!*

4.3 Wenn es soweit ist

Ist der Tag der Prüfung gekommen, empfiehlt es sich, unmittelbar vorher Ablenkung zu suchen und z. B. auf einem kleinen Spaziergang Sauerstoff zu tanken. Eine tiefe Zwerchfellatmung, bei der sich der Bauch nach außen wölbt, hilft, ruhiger zu werden. So wird Nervosität abgebaut und der Kopf frei.

Bei *mündlichen Prüfungen* ist es ratsam, sich vorher eine halbe Stunde „einzusprechen", allein oder mit Freunden, um die körperlichen und geistigen Sprechwerkzeuge auf die Situation einzustellen. Die erste Antwort auf die Frage des Prüfers sollte nicht das Erste sein, was man an diesem Tag von sich gibt.

Bewährt hat sich bei mündlichen Prüfungen eine aktive Gesprächsführung. Man darf ruhig zeigen was man kann – ohne allerdings an der Frage vorbeizureden! Wer jede Frage nur mit zwei Sätzen beantwortet und dann auf die nächste Frage wartet, hinterlässt selten einen guten Eindruck. Allerdings ist Vorsicht angebracht: Nicht jeder Prüfer mag es, wenn der Prüfling das Gespräch an sich zieht. Es gilt die Reaktionen zu beobachten und das Antwortverhalten entsprechend anzupassen.

Bei *schriftlichen Prüfungen* (Klausuren) ist man sein eigener Herr. Ob die Zeit reicht und die richtigen Antworten zu Papier gebracht werden, liegt in eigener Verantwortung. Für das *Zeitmanagement* während einer Klausur kann die Punkteverteilung (wenn abgedruckt) eine wichtige Hilfe sein. In einer Klausur mit insgesamt 60 Punkten ist es ratsam, für die Beantwortung einer Frage mit 15 Punkten nicht viel mehr als ein Viertel der zur Verfügung stehenden Zeit aufzuwenden. So kann man vermeiden, sich zu lange mit Aufgaben aufzuhalten, bei denen wenig zu holen ist. Außerdem sollte mit den Fragen begonnen werden, die leicht zu beantworten sind. Aufgaben, zu denen einem gar nichts einfällt, können am Schluss bearbeitet werden, wenn noch Zeit ist. Häufig sind die Fragen einer Klausur allerdings in aufsteigender Schwierigkeit angeordnet.

Hat man sehr viel Zeit, um eine Frage zu beantworten (also mehr als eine Stunde), sollte man eine kurze Gliederung entwerfen und diese der Arbeit voranstellen. Die fünf Minuten vermeintlichen „Zeitverlusts" lohnen, da man seine eigenen Gedanken so ordnen kann (am besten zunächst mit einer Mind-Map) und der Korrektor einen Überblick gewinnt. Wird man nicht fertig, hat man zumindest signalisiert, dass man das Thema bei besserer Zeiteinteilung umfassend hätte bearbeiten können.

Man sollte sich um Werkzeug bemühen, mit dem man zügig, unverkrampft und lesbar (der Korrektor wird „gnädiger" gestimmt) schreiben kann. Besser als Kugel- oder Filzschreiber sind gut funktionierende Füllfederhalter oder Gelschreiber – allerdings nur für Rechtshänder. Schließlich vermeidet es unnötige Hektik am Ende der Arbeitszeit, wenn man schon zu Beginn seine Blätter nummeriert und Deckblätter ausfüllt.

Bei der Beantwortung der Fragen ist es das A und O, die Fragen genau zu lesen und präzise darauf einzugehen. Unabhängig von der Fragestellung einfach alles Gelernte herunterzurattern, kostet nur unnötig Zeit. Wichtige Hinweise auf die Erwartungen des Korrektors geben *Signalwörter*: etwa „definieren", „nennen", „erörtern", „beschreiben", „erläutern", „aufzählen",

(K)ein Grund zur Sorge?

„beurteilen". „Erörtern" wird auf jeden Fall eine ausführlichere Antwort verlangen als „nennen".

4.4 Prüfungsangst

Zunächst einmal: Ein gewisses Mindestmaß an Nervosität vor Prüfungen ist völlig normal; ein leicht erhöhter Adrenalinspiegel fördert sogar die Konzentrationsfähigkeit. Mehr Studierende, als man glaubt, verspüren jedoch beim Gedanken an Prüfungen statt Lampenfieber Angst und Beklemmung. Dann sollte etwas dagegen getan werden: Das Erkennen des Problems und das Eingeständnis, an Prüfungsangst zu leiden, ist dabei schon der erste und wichtigste Schritt zur Lösung. Es gibt Ratgeber, die wertvolle Tipps enthalten. So kann Autogenes Training bzw. Autosuggestion die eigene Psyche auf konkrete Prüfungssituationen vorbereiten und bei der Entspannung helfen.

Bekommt man das Problem allein nicht in den Griff, sollte man eine psychologische Beratungsstelle (gegebenenfalls an der Universität) aufsuchen. Mit falscher Scheu tut man sich hier keinen Gefallen. Vielmehr kann professionelle Hilfe Erfolg im Studium ermöglichen und das Leben generell beträchtlich erleichtern.

4.5 Literatur

Ceh, Johannes, 1993: Keine Angst vor Prüfungen, Augsburg.
Metzig, Werner / Schuster, Martin, [3]1996: Lernen zu lernen. Lernstrategien wirkungsvoll einsetzen, Berlin u. a. *[gutes praxisorientiertes und wissenschaftlich fundiertes Handbuch zum Thema Lerntechniken und Prüfungsvorbereitung].*
Rückriem, Georg / Stary, Joachim / Franck, Norbert, [10]1997: Die Technik wissenschaftlichen Arbeitens. Eine praktische Anleitung, Paderborn u. a.

5 Vom Umgang mit Texten

Studieren bedeutet, sich *selbständig* Kenntnisse anzueignen. Das ist der wesentliche Unterschied zur Schule. Studieren findet nur zu einem kleinen Teil in Lehrveranstaltungen statt, zum größeren Teil in Bibliothek und Studierstube. Die Haupttätigkeit dabei ist das *Lesen*. Denn für Referate, Hausarbeiten, die Vorbereitung auf Prüfungen, aber auch um einfach nur einer Vorlesung mit Gewinn folgen zu können, muss gelesen werden. Die Herausforderung dabei ist, große Mengen in begrenzter Zeit zu verarbeiten.

5.1 Textsorten

Die Studierenden müssen sich während des Studiums mit einer Vielzahl unterschiedlicher Textsorten auseinandersetzen. Eine Übersicht bietet die Tabelle 5.1. Sie erklärt, was die einzelnen Textsorten auszeichnet und welche bibliographischen Angaben für das korrekte Zitieren unerlässlich sind. In den nächsten Kapiteln wird erörtert, wie die einzelnen Textsorten konkret in Referaten (vgl. Kap. 8) und Hausarbeiten (vgl. Kap. 9) verwendet werden. Texte, die als sogenannte „Quellen" zu charakterisieren sind (z. B. Akteneditionen, Memoiren usw.), werden im Kapitel 7 vorgestellt.

Tab. 5.1: *Textsorten*		
Textsorte	Erläuterung	essentielle bibliographische Angaben
Monographie	Ein Thema / eine Fragestellung wird detailliert von einem Autor aus einem Guss behandelt; Spezialfälle: Dissertation, Habilitationsschrift	Autor; Titel; Untertitel; Ort; Jahr
Sammelband	Sammlung mehrerer Aufsätze verschiedener Autoren zu einem bestimmten Thema (das von den verschiedenen Aufsätzen in seinen Facetten ausgeleuchtet wird)	Herausgeber; Titel; Untertitel; Ort; Jahr

Tab. 5.1: *Textsorten (Fortsetzung)*

Festschrift	Sammelband zu einem bestimmten Ereignis (meist Geburtstag eines verdienten Wissenschaftlers)	Herausgeber; Titel; Untertitel; evtl. Geehrter; Ort; Jahr
Tagungsband	Sammelband mit auf einem wissenschaftlichen Kongress gehaltenen Beiträgen	Herausgeber; Titel; Untertitel; Ort; Jahr
Reader	Sammelband mit der Intention, besonders wichtige Literatur zu einem Thema leicht verfügbar zu machen	Herausgeber; Titel; Ort; Jahr
Beitrag in einem Sammelband	Eine eingegrenzte (relativ enge) Fragestellung wird bearbeitet und beantwortet; Vorbild für Hausarbeit	Autor; Titel; Herausgeber; Titel des Sammelbandes; Ort; Jahr; Seiten
Zeitschriftenaufsatz	Eine eingegrenzte (relativ enge) Fragestellung wird bearbeitet und beantwortet; Vorbild für Hausarbeit	Autor; Titel; Zeitschrift; Jahrgang; Jahr; Seiten; evtl. Heft (wenn Jahrgang nicht durchgehend paginiert)
Lexikon- bzw. Handbuchartikel	Kurzer Text zu einem Stichwort; meist mit Definition, Forschungsstand und weiterführenden Literaturhinweisen	Autor; Stichwort; Herausgeber des Lexikons; Titel des Lexikons; Ort; Jahr; Seiten
Rezension	Ein (meist neu erschienenes) Buch wird kritisch betrachtet; hauptsächlich werden zentrale Thesen (in Zeitschriften) referiert;	Autor; Titel; besprochenes Buch; Zeitschrift; Jahrgang; Jahr; Seiten
Literaturbericht (auch: Sammelrezension)	Zu einem Thema werden wichtige neuere Werke vorgestellt und kritisch betrachtet; soll den aktuellen Forschungsstand widerspiegeln	Autor; Titel; evtl. besprochene Bücher; Zeitschrift; Jahrgang; Jahr; Seiten
Zeitungsartikel	Beitrag in einer Tages- oder Wochenzeitung; Bericht oder Kommentar	Autor (falls bekannt); Titel; Zeitung; Datum; Seite(n)
„graue Literatur"	Nicht im Buchhandel erschienene Publikation, z. B. Broschüren von Forschungsinstituten oder Stiftungen	Autor / Herausgeber / Institution; Titel; Veröffentlichungsreihe (falls vorhanden), Ort; Jahr

5.2 Literaturauswahl

Bevor man sich mit Texten auseinandersetzt, muss die Frage beantwortet werden: *Welche Texte lesen?* Die Flut an wissenschaftlichen Publikationen hat längst Ausmaße angenommen, die eine vollständige Kenntnisnahme unmöglich macht – auch wenn nur eingegrenzte Themenbereiche in Frage stehen. Daher ist es zu einer Schlüsselkompetenz geworden, aus dieser Flut von Texten diejenigen herauszufinden, die eine nähere Betrachtung lohnen. Für die Literaturauswahl können folgende Tipps gegeben werden:

- Möglichst früh sollte Klarheit darüber gewonnen werden, was zum betreffenden Thema gehört und was nicht, d. h. die Fragestellung sollte eingegrenzt werden. Unter diesem Gesichtspunkt sind schon die Literaturrecherchen durchzuführen (vgl. Kap. 6) und deren Ergebnisse zu sichten.
- Wichtigstes Kriterium für die Auswahl ist selbstverständlich der *Titel*, wobei auf die meist ausführlicheren und aussagekräftigeren *Untertitel* besonderes Augenmerk zu richten ist.
- Manchmal stehen die Namen bestimmter Autoren für Qualität und können als Auswahlkriterium dienen. Grundsätzlich sollten die Publikationen von Autoren, die als maßgebliche Experten für das in Rede stehende Thema gelten, nicht ignoriert werden.
- Aktuelle Literatur ist älterer gegenüber vorzuziehen bzw. zuerst zu bearbeiten. Gleiches gilt für Überblicksdarstellungen im Verhältnis zu detaillierteren Studien.
- Die sicherste, aber auch zeitaufwendigere Methode für die Textauswahl ist das Gewinnen eines Überblicks über den Text, was bereits den ersten Schritt des Lesens darstellt (vgl. Kap. 5.3.2).

5.3 Viel lesen in wenig Zeit

Dass Ausführungen zum Lesen in einem Buch für Studierende zu finden sind, erscheint auf den ersten Blick befremdlich. Aber:

- Lesen ist nicht gleich Lesen; wenn man bestimmte Punkte berücksichtigt, kann nicht nur die Lesegeschwindigkeit gesteigert, sondern auch das Behalten des Gelesenen verbessert werden.

Vom Umgang mit Texten

- Es geht für den Studenten und Wissenschaftler nicht darum, einen Text nur durchzulesen, sondern die benötigten Informationen zu gewinnen; das ist nicht dasselbe.

Voraussetzung für effektives Lesen ist ein entspannter und ausgeruhter Zustand sowie ein ausreichend beleuchteter und störungsfreier Arbeitsplatz. Das fördert nicht nur die Konzentration, sondern auch die unterbewusste Aufnahmefähigkeit. Wer sich müde, unkonzentriert und nervös einem Text nähert, wird nur wenig davon haben. Sind diese Voraussetzungen erfüllt, empfiehlt sich ein Vorgehen in folgenden fünf Schritten.

5.3.1 Fragen formulieren

Wie bei allen anderen Tätigkeiten, sollte auch das Lesen zielgerichtet erfolgen. Dazu ist es hilfreich, sich über ein paar Fragen Gedanken zu machen, bevor man den Text zur Hand nimmt:

- *Warum gerade dieser Text?* Diese Frage soll verhindern, dass man seine Zeit mit Texten verschwendet, die man im Grunde gar nicht braucht.
- *Welche Informationen benötige ich?* Es sollte vermieden werden, lange Textpassagen oder Exkurse zu lesen, die nichts mit der eigenen Fragestellung zu tun haben. Vielmehr empfiehlt es sich, präzise Fragen an den Text zu formulieren, die dann während der Lektüre den Blick für das Wesentliche schärfen. Beispiel für eine solche Frage: Wie erklärt der Autor die Reformunfähigkeit der europäischen Agrarpolitik?

5.3.2 Überblick verschaffen

Ein erstes Durchblättern des Textes verschafft eine Erstorientierung. Besonderes Augenmerk ist dabei zu richten auf:

- das *Inhaltsverzeichnis*;
- *Überschriften* und *Zwischenüberschriften*;
- *Zusammenfassungen*: im Klappentext, in Einleitung und Schluss und im Idealfall am Ende eines jeden Kapitels;

- das *Stichwortverzeichnis*: die oft verwendeten Begriffe lassen Rückschlüsse auf den Inhalt zu; ist man sich schon im Klaren, welche Schlüsselwörter für die eigene Fragestellung zentral sind, können über das Stichwortverzeichnis direkt die relevanten Passagen ausfindig gemacht werden;
- *Schaubilder*, Tabellen und Grafiken: sie bringen oft seitenlange Ausführungen auf den Punkt;
- *Stil*: Ist der Stil des Autors verständlich oder liegt er mir überhaupt nicht? Im letzteren Falle ist zu überlegen, ob man nicht zuerst einen anderen Text bearbeitet.

Hat man so einen Überblick über den Text gewonnen, empfiehlt sich die nochmalige Frage, ob dieser Text wirklich die Erwartungen erfüllen kann und einer weiteren Beschäftigung wert ist. Eine ehrliche Auseinandersetzung mit dieser Frage kann im besten Falle viel Zeit sparen.

5.3.3 Thesen finden

Ist die Entscheidung für den vorliegenden Text gefallen, sollte man sich zunächst auf die Suche nach den zentralen Ergebnissen und Thesen des Autors machen – sofern diese nicht bereits im vorherigen Schritt ausfindig gemacht wurden. Die typischen Fundstellen hierfür sind die Schlusskapitel bzw. -abschnitte. Es kann also durchaus richtig sein, auch einmal ein Buch von hinten zu beginnen. Manchmal werden auch schon in den Einleitungen die Thesen formuliert, die im Laufe der Untersuchung gestützt oder überprüft werden sollen. Es ist auch ratsam, die letzten Absätze eines Kapitels genauer unter die Lupe zu nehmen; oft verbergen sich dort gute Zusammenfassungen. Bei der Suche nach Thesen lohnt es sich wiederum nach Schlüsselbegriffen Ausschau zu halten.

5.3.4 „Querlesen"

Beim sogenannten „Querlesen" oder „Überfliegen" wandert der Blick nicht von Wort zu Wort, sondern eilt zügig über eine Seite und nimmt nur auf, was ihm „ins Auge springt". Im Normalfall kann man sich so in ca. 20 bis 30 Sekunden einen Eindruck vom Inhalt einer Buchseite verschaffen. Besonderes Augenmerk ist hier wieder auf Schlüsselwörter, Grafiken, Hervorhebungen und Überschriften zu richten. Ist man auf eine interessante Textstelle gestoßen, kann die Lesegeschwindigkeit verringert werden, um tiefer und detaillierter in den Inhalt einzutauchen. Auch erste Markierungen können bei diesem Schritt angebracht werden – aber nur in eigenen Büchern oder auf Kopien!

Für das Querlesen gibt es verschiedene Strategien. Manche empfehlen, sich auf die Hauptwörter zu konzentrieren, andere raten zum Überspringen der Nebensätze. Hier ist es ratsam, Verschiedenes auszuprobieren und einen eigenen Weg zu finden. Querlesen ist Übungssache: Je länger es praktiziert wird, desto besser funktioniert es – irgendwann sogar bei fremdsprachigen Texten.

5.3.5 Intensiv lesen

Ist man beim Querlesen zu dem Schluss gekommen, dass der Text so gehaltvoll, dicht oder komplex ist, dass eine weitere Zeitinvestition nötig und lohnend ist, sollte man den Text intensiv lesen. Diese Form kommt dem herkömmlichen Lesen am Nächsten, ist aber im wissenschaftlichen Betrieb wie im Studium wegen der Literaturfülle und der begrenzten Zeit die Ausnahme.

Die Lesegeschwindigkeit ist von der Komplexität des Textes abhängig: Leichtere Stellen werden schneller, schwerere Stellen langsamer gelesen. Auch wenn beim intensiven Lesen der ganze Text in seinen Facetten betrachtet und aufgenommen wird, ist es nicht ratsam, beim ersten Wort auf der ersten Seite zu beginnen und erst mit dem letzten Wort auf der letzten Seite aufzuhören. Nichtssagende Vorworte und unwichtige Exkurse können getrost übersprungen werden. Da man bereits einen Überblick gewonnen und den Text quergelesen hat, ist es nicht mehr schwer, die zentralen Passagen herauszufinden.

Intensives Lesen ermüdet schnell. Es ist daher sehr wichtig, regelmäßig Pausen einzulegen und das Gelesene zu rekapitulieren. Spätestens nach jedem Kapitel sollte man versuchen, die zentralen Aussagen noch einmal für sich selbst knapp zu formulieren; das kann auch schriftlich oder in Form einer Mind-Map geschehen. Mit der Rekapitulation ist am besten auch gleich eine Zwischenbilanz zu verbinden, anhand der Frage: Inwieweit hat mich dieses Kapitel der Beantwortung meiner Frage(n) näher gebracht?

Auch wenn das intensive Lesen dem herkömmlichen gleicht, gibt es einige z. T. weit verbreitete Fehler, die möglichst vermieden werden sollten:

- *Nicht im Text rückwärts springen!* Das kostet meistens nur Zeit und ist fast immer unnötig.
- *Nicht innerlich vorlesen!* Dabei wird das Gelesene zusätzlich noch durch das Sprachzentrum geschleust; dieses arbeitet aber langsamer als die optische Informationsaufnahme und bremst nur das Lesetempo.
- *Nicht Wort für Wort lesen!* Alle Schnelllesetechniken beruhen darauf, größere Textbestandteile und mehrere Wörter auf einmal in ihrem Sinnzusammenhang aufzunehmen. Das ist in erster Linie Übungssache.
- *Keine Tabellen, Grafiken etc. auslassen!* Subjektiv mögen solche grafischen Elemente das Lesen unterbrechen und bremsen; aber sie erleichtern meist ungemein das Verständnis des Gelesenen.
- *Nicht unbeteiligt oder unkonzentriert lesen!* Wenn man am Ende einer Seite nicht mehr weiß, was am Anfang stand oder man sich bei gedanklichen Abschweifungen vom Thema des Textes ertappt – dann ist es höchste Zeit für eine Pause.

Zum Lesen noch ein letzter Hinweis: Es wurden mittlerweile zahlreiche Schnelllesetechniken entwickelt, die auf neueren Ergebnissen der Gehirnforschung und der Lernpsychologie basieren. Diese reichen bis hin zum intuitiven Aufnehmen ganzer Seiten direkt ins Unterbewusstsein (Scheele 2001) und sind z. T. umstritten. Hier soll keine dieser Techniken empfohlen, doch der Rat gegeben werden, sie kritisch zu prüfen und offen für Neues zu sein.

5.3.6 Markieren

Zur aktiven Beschäftigung mit einem Text gehört auch, die wichtigsten Stellen zu markieren. Das kann durch Striche am Rand oder durch Textmarker geschehen. Der Einsatz von Farbe ist sinnvoll, aber Geschmackssache. Grundsätzlich sollte eher wenig markiert werden, da wirklich nur die wichtigsten Stellen hervorzuheben sind; besser Schlüsselworte als ganze Sätze. Auch ist es nicht empfehlenswert, einfach drauf los zu markieren, noch bevor man einen Überblick über den Text hat – vielleicht kommt eine Seite später eine Stelle, die denselben Sachverhalt viel prägnanter ausdrückt. Die wichtigste Regel bezüglich des Markierens lautet jedoch (obwohl eigentlich selbstverständlich): *Niemals in Büchern markieren, die einem nicht gehören!*

5.4 Exzerpieren – das Wichtigste herausholen

„Exzerpieren" bedeutet, die wichtigen Inhalte eines Textes für sich herauszuziehen und aufzuschreiben. Auch hierbei gilt: *Zielgerichtet exzerpieren!* Exzerpt ist nicht gleich Exzerpt. Es wird völlig verschieden aussehen, je nachdem für welchen Zweck es angefertigt wurde und von wem. Wie beim Lesen ist es ratsam, nicht den Inhalt des ganzen Textes fixieren zu wollen, sondern sich gezielt das herauszupicken, was für die bearbeitete Fragestellung benötigt wird. Ähnlich wie in Lehrveranstaltungen ist es am besten, die Informationen in eigenen Worten aufzuschreiben, statt Formulierungen zu übernehmen.

Die zentrale Frage beim Exzerpieren lautet: *Was?* Ein Exzerpt beinhaltet idealerweise Folgendes (aber immer auf den konkreten Zweck zugeschnitten!):

- Thesen und Ergebnisse des Textes bzw. der Untersuchung;
- Argumentationsschritte, welche die Thesen stützen bzw. zu ihnen hinführen; die Begründung einer These ist ebenso wichtig wie die These selbst;
- vereinzelte Zitate: Wenn ein Autor einen Sachverhalt oder ein Argument so gut auf den Punkt bringt, dass es besser nicht ausgedrückt werden kann, empfiehlt es sich, diese Stelle wörtlich zu fixieren. Dann aber mit genauer Stellenangabe (Seitenzahl), damit das Zitat auch weiter verwendet werden kann. Bei Zitaten ist Vorsicht geboten: Zu sehr kann das Abschreiben von Textstellen zur Ersatzhandlung werden. Also nur abschreiben, was man später zitieren möchte!
- Daten, Tabellen und Schaubilder; umfangreichere können einfach kopiert und in das Exzerpt eingefügt werden („Abmalen" kostet unnötig viel Zeit).

Unbedingt zu empfehlen ist, beim Exzerpieren so viel wie möglich mit Visualisierung zu arbeiten. Sinnvoll kann es sein, Exzerpte mit dem Computer anzufertigen; sie können dann beliebig oft und leicht geändert und ausgedruckt werden. Nachteil des PC-gestützten Exzerpierens ist der erfahrungsgemäß höhere Zeitbedarf im Vergleich zu handschriftlichen Notizen. Wer besonders gut durch Schreiben mit der Hand lernt, sollte hier auf den PC verzichten.

5.5 ACM – „Advanced Copy Management"

Obwohl die studentische Texterfassung meist mit dem Kopieren beginnt, wird dieses aus guten Gründen erst am Ende dieses Kapitels behandelt, denn für das Kopieren gilt der Grundsatz: *Eher wenig kopieren, dafür das Wichtige und Richtige!* Da das Buch zum Kopieren sowieso in die Hand genommen werden muss, schadet es nicht, es erst einmal durchzuschauen, ob sich der Aufwand des Kopierens überhaupt lohnt (vgl. Tab. 5.2):

Tab. 5.2: *Kopieren: Pro und Contra*

Pro	Contra
• Was man schwarz auf weiß besitzt, kann man getrost nach Hause tragen. • In eigenen Kopien kann man unbeschränkt anstreichen, markieren und Randbemerkungen setzen. • Aus kopierten Texten kann man unbeschränkt wörtlich zitieren, ohne auf entsprechend detaillierte Exzerpte angewiesen zu sein.	• *Kapieren ist wichtiger als Kopieren!* • Kostet Zeit und Geld. • Kann zur Ersatzhandlung werden. Man täuscht sich selbst Aktivität vor, indem man lange am Kopierer steht und der Kopienstapel wächst. *Man hat dann aber noch nichts gelesen, geschweige denn kapiert.* • Kopierte Texte verleiten zum vollständigen Lesen, anstatt sich auf das Wesentliche zu konzentrieren. Man sollte aber aus Texten nur das herausholen, was man braucht, denn Zeit ist ein knappes Gut.

Ist der Entschluss zur Kopie gefasst, lautet die Maxime: *Vollständig und zitierfähig kopieren!* Das bedeutet, dass nicht nur der reine Text zu duplizieren ist, sondern auch die Seitenzahlen, die Anmerkungen (die manchmal erst am Ende eines Buches zusammengefasst sind) und das Literaturverzeichnis – wichtige Bestandteile eines wissenschaftlichen Textes. Oft wird vergessen, einen ausreichenden Lochrand einzukalkulieren, so dass im schlimmsten Falle der Sinn einzelner Sätze durch das Lochen verloren gehen kann. Mittlerweile verfügen fast alle Kopierer über eine Zoomfunktion, mit der die optimale Einstellung gewählt werden kann.

Das beste Zitat nützt nichts, wenn man die Quelle nicht nennen kann (z. B. in der Hausarbeit). Deshalb ist es unbedingt notwendig, die entsprechenden *bibliographischen Angaben* auf der Kopie zu notieren (vgl. Tab. 5.1). Oft finden sie sich auf der Titelseite eines Bandes, weshalb es ratsam ist, diese gleich mitzukopieren. Dann ist nur noch Weniges zu ergänzen. Zu den verschiedenen Zitierweisen und zum Zitieren später mehr (vgl. Kap. 9.6).

Es empfiehlt sich, einmal vorliegende Kopien aufzubewahren und zu archivieren – auch wenn man glaubt, sie nie mehr zu brauchen (oft wird man diesbezüglich eines Besseren belehrt). Als Ablagesystem dürften die üblichen Ordner nicht zu schlagen sein. Eine sinnvolle Ergänzung dazu ist eine alphabetische Liste der vorhandenen Kopien in Textverarbeitungs- oder Tabellenkalkulationsprogrammen (z. B. MS-Word oder -Excel). So findet man per Suchfunktion schnell die gewünschte Literatur. Was unauffindbar verschollen ist, kostet bei der erneuten Beschaffung nur wieder Geld und Zeit.

5.6 Literatur

Rückriem, Georg / Stary, Joachim / Franck, Norbert, [10]1997: Die Technik wissenschaftlichen Arbeitens. Eine praktische Anleitung, Paderborn u. a.
Scheele, Paul R., [4]2001: PhotoReading. Die neue Hochgeschwindigkeits-Lesemethode in der Praxis, Paderborn.
Zielke, Wolfgang, 1991: Handbuch der Lern-, Denk- und Arbeitstechniken, Bindlach.

6 Das Handwerk der Literaturrecherche[1]

6.1 Auf die Plätze, fertig, los? Notwendige Vorüberlegungen

Einer jeden Literaturrecherche liegt eine bestimmte Zielsetzung zu Grunde. Bevor man aber an verschiedene, einem spontan einfallende Material- und Literaturquellen herangeht, empfiehlt es sich, mit dem bereits vorhandenen Wissen eine *erste* Einordnung des Themas vorzunehmen. Zu einer solchen Reflexion gehören Überlegungen, inwieweit man den Gegenstand in bekannte thematische Zusammenhänge stellen kann, oder auch, welche unterschiedlichen Aspekte das Thema behandelt.

Dieser Schritt ist vor allem deshalb sinnvoll, um zunächst die möglichen Fragestellungen des Themas eingrenzen zu können. Geht man unüberlegt vor, besteht die Gefahr, unnötig viel Zeit in unbedeutenden Randbereichen zu verlieren. Weiß man zu einem Thema noch nichts, ist dies aber weniger ein Grund zum Verzweifeln, denn für die *erste Literaturrecherche*.

6.2 Grundlegende Recherchemethoden im Überblick

6.2.1 Das Schneeballprinzip als Erstzugang

Parallel zu den Vorüberlegungen über Thematik und Fragestellung sollte man die ersten Schritte wagen und den Gegenstand in Beziehung zur vorhandenen fachlichen Literatur setzen. Dabei wird das Thema nicht bis in feinste Details durchdrungen. Vielmehr ist herauszufinden:

- Welche Aspekte beinhaltet diese Thematik?
- Was liegt bereits an wissenschaftlicher Literatur vor?
- Wie ist der Stand der neuesten Diskussion?

Daher hat es sich bewährt, in diesem Stadium weniger durch das Wälzen der Klassiker oder auch bibliographischer Werke in die Tiefe zu gehen, als vielmehr die Breite des Gegenstandes abzutasten. Denn nur so bleibt der Blick

---

[1] Oder wie man in den Genuss sozialwissenschaftlichen Wissens gelangt.

Wie man in den Genuss sozialwissenschaftlichen Wissens gelangt

für Verästelungen, Seiten- und Nachbarthemen offen. Das kann auch die Auswahl einer machbaren Fragestellung erleichtern. (Kruse 1997: 197f.).

„Schneeballprinzip" bedeutet, dass man sich die Gründlichkeit des wissenschaftlichen Arbeitens anderer zunutze macht. Wenn man ein einzelnes Buch oder einen Aufsatz durcharbeitet, so kann man mit dessen Hilfe auf weitere Literatur stoßen, durch die sich wiederum andere erschließen lässt – man spricht also von der Methode der *konzentrischen Kreise*, von *pearl growing* oder eben vom *Schneeballsystem* (Peterßen 1987: 73-75).

Geeignete Medien

Welche Textsorten soll man beim Schneeballsystem heranziehen? Es bieten sich vor allem neuere *Übersichtsartikel in Nachschlagewerken* an, die etwa in Form von *Lexika* oder *Handbüchern* grundlegende Informationen, meist mit Definition, Forschungsstand und weiterführenden Literaturhinweisen liefern.

Zur ersten Orientierung sind auch *einschlägige Lehrbücher* hilfreich, wie auch diverse *Einführungen* in die Politikwissenschaft oder in ihre Teilbereiche. Eine weitere Informationsquelle stellen ferner *aktuelle Hefte der Fachzeitschriften* dar, die man zumindest stichprobenartig sichten sollte (vgl. Anhang 7).

Überdies geben gewöhnlich Dozenten in ihren Veranstaltungen Literaturlisten aus, in welchen sich die zentrale Literatur findet. Gegebenenfalls sind Gespräche mit Dozenten sinnvoll. Doch sollte man unbedingt vorher eine grobe Vorstellung von dem Thema haben, zumal ansonsten der Anschein erweckt werden könnte, man würde die eigene Arbeit auf andere abwälzen wollen.

Vorteilhafte Verzeichnisse

Der Sinn der Schneeballrecherche besteht neben der Sammlung grundlegender Kenntnisse zum eigentlichen Gegenstand vor allem darin, die wichtigste Literatur zu erfassen und zu überblicken. Dies kann grundsätzlich auf zweierlei Wegen erfolgen:

- *Literaturhinweise* zählen zu den wichtigsten Fundstellen, da der Verfasser die für sein Thema wichtigen Werke anführt. Ist das behandelte

Thema für die eigene Fragestellung bedeutsam, werden vermutlich auch die Literaturverweise relevant sein. Zudem wird die herangezogene Literatur bewertet. Daher liefern Literaturberichte, Fußnoten und Anmerkungsapparate wertvolle Hinweise (Sesink 1997: 54).

- Über *Personenverzeichnisse* lässt sich erschließen, welche Autoren besonders häufig zitiert wurden, diese sind wahrscheinlich einschlägig und sollten zur Kenntnis genommen werden. Dieses Recherchemittel mag auf den ersten Blick wenig effizient erscheinen, doch bietet es vor allem bei z. T. sehr umfassenden Literaturlisten in Monographien wertvolle Selektionskriterien.
- Mit *Sachregistern* kann man an thematisch relevanten Stellen direkt eintauchen, wo sich wiederum Verweise auf relevante Literatur finden.

Risiken, Möglichkeiten und Grenzen

Bei der Schneeballrecherche erreicht man schnell ein Stadium, in dem einem häufiger „alte Bekannte" begegnen – also Titel, die immer wieder von verschiedenen Autoren zitiert werden. Dies kann einerseits bedeuten, dass man erfolgreich wichtige Literatur, sogenannte „*Standardwerke*", ermittelt hat. Man kann sich aber auch in einem „*Zitierkartell*" verfangen haben: Autoren zitieren sich vorzugsweise gegenseitig, da sie ähnliche Positionen vertreten, einen bestimmten Ansatz favorisieren oder auf andere Weise zusammenhängen. Außerdem werden mit dieser Methode Quellen aus den Nachbarwissenschaften oft nicht gefunden. In beiden Fällen besteht das Risiko der Verengung des eigenen Blickwinkels (vgl. Kap. 2.1).

Einen weiteren Nachteil birgt das zwangsläufige Überhandnehmen älterer Literatur, denn ausgehend von einem bestimmten Titel kann man logischerweise nur zuvor erschienene Publikationen ermitteln. Deshalb gilt hier die Maxime, möglichst *neueste Literatur* und *Schlüsselveröffentlichungen* zu verwenden sowie bewusst *unterschiedliche* wissenschaftliche Schulen und Ansätze zu berücksichtigen. Das Schneeballprinzip sollte vor allem dann Anwendung finden,

- wenn es gilt, sich grundsätzlich einen ersten Überblick zu verschaffen;
- um die eigene Fragestellung zu konkretisieren oder
- wenn man sich einem Thema gegenüber hilflos fühlt.

Wie man in den Genuss sozialwissenschaftlichen Wissens gelangt 77

Dann hat diese Methode zwei gewaltige Vorteile: das schnelle Erschließen der ganzen Breite des Themas sowie einen ungefähren Literatur*überblick*. Sie ist aber auf keinen Fall ein Ersatz für weiteres, systematisches Recherchieren, sondern Voraussetzung für dieses.

Es sei aber schon an dieser Stelle betont, dass es nicht die Intention einer Grundkurs- oder Seminararbeit ist, einen vollständigen Überblick über die Literatur zu geben. Daher braucht man unter Umständen auch *Mut zum Aussortieren* (Peterßen 1987: 76). Bei „kleineren" wissenschaftlichen Arbeiten, wie etwa einem Kurzreferat, wird man mitunter mit der Schneeballrecherche auskommen – doch stellt dies im Studium eher eine Ausnahme dar.

6.2.2 Das systematische Bibliographieren

Zur *systematischen Literaturrecherche* sollte man übergehen, wenn folgende Fragen beantwortet werden können:

- Welche Aspekte deckt die Fragestellung ab?
- Wie viel Literatur gibt es zu dem zu behandelnden Gegenstand?
- Wie weit ist die Fragestellung überhaupt wissenschaftlich bearbeitet?
- Welche Diskussionen werden von wem geführt, welche Kontroversen ausgetragen?

Zum systematischen Bibliographieren nutzt man verschiedene Hilfsmittel, die es ermöglichen wirklich *zielgerichtet* zu recherchieren. Dazu muss man aber den Gegenstand nach treffenden Stichworten aufschlüsseln und geeignete Suchstrategien entwerfen können. Die Spezifika der Textsorten sind dabei zu beachten, da die Recherchemittel häufig auf eine bestimmte Literaturart zugeschnitten sind: Man muss also wissen, wonach man sucht und welche Mittel dazu geeignete Werkzeuge sind.

Die hier vorgestellten sozialwissenschaftlichen Recherchemethoden und -mittel sind deshalb angemessen zu verwenden – d. h. abhängig vom Ertrag der Schneeballrecherche, vom Studienabschnitt und den an die Arbeit gestellten Anforderungen.

Im Folgenden wird eine idealtypische Abfolge der unterschiedlichen Recherchemöglichkeiten und Hilfsmittel vorgestellt. Sie ist ein unverbindliches Angebot und sollte individuellen Anforderungen angepasst werden. Es ist aber sinnvoll, im Laufe eines Studiums alle Hilfsmittel kennenzulernen. Erst durch praktische Erfahrungen kann man Vor- und Nachteile richtig einschätzen.

Tab. 6.1: **Übersicht der Recherchemittel**

Recherchemethode			
Schneeballsystem			• Literaturlisten • Lehrbücher • Einführungen, Nachschlagewerke (Lexika, Handbücher, Wörterbücher) • aktuelle Fachzeitschriftenhefte
Systematisches Recherchieren	nach selbstständiger Literatur		• lokale Bibliothekskataloge • überregionale elektronische Kataloge • Aufstellungssystematik der Bibliothek • Fachbibliographien • CD-ROM- und Online-Datenbanken • Rezensionswerke • Hochschulschriftenverzeichnisse • Buchhändlerkataloge und Verlagsveröffentlichungen
	nach unselbstständiger Literatur		• (Aufsatz)Bibliographien • CD-ROM und Online-Datenbanken
	ergänzend		• Internet-(Meta)Suchmaschinen • Web-Kataloge, Indizes, thematische Listen

6.3 Die Suche nach Monographien und Sammelbänden

6.3.1 Lokale Bibliothekskataloge

Wissenschaftliche Bibliotheken, die an der Universität angesiedelt oder einem Institut angegliedert sind, bilden die Grundlage für Studium, Forschung und Lehre. Daher bietet es sich an, diese lokalen Möglichkeiten zur Recherche als erste auszuschöpfen.

Der vollständige Bestand einer jeden Bibliothek (nicht nur Schriften, sondern auch Mikrofiche oder elektronischen Datenbanken) ist in lokalen Bibliothekskatalogen verzeichnet. Sie geben Auskunft darüber, wo sich die entsprechende Literatur in der Bibliothek befindet und wie sie verfügbar gemacht wird (vgl. Kap. 6.6.1).

OPAC als Inbegriff des elektronischen Katalogs

Als erste Anlaufstelle für die Recherche nach aktueller Literatur bietet sich gewöhnlich der elektronische Katalog „*OPAC*" (*Online Public Access Catalogue*) an. Diese bibliographische Datenbank vereint mehrere verknüpfbare Unterkataloge, auf die über eine zentrale Suchmaske zugegriffen werden kann.

Tab. 6.2: *Typische Suchkriterien im OPAC*	
Unterkatalog:	Anmerkung:
Autor(en)	Verfasser oder Herausgeber (bei mehreren Autoren sei jedoch Vorsicht geboten, da im OPAC oft nur einer erfasst wird)
Titel	Titel bzw. in Form eines Stichwort-Katalogs einzelne Titelwörter
Schlagwörter	Normierte Wörter, die den Inhalt des Werkes beschreiben
Erscheinungsort	Sitz des Verlages
Erscheinungsjahr	Publikationsjahr der Werkes
Erscheinungsform	Grenzt die Erscheinungsform ein (z. B. Monographie, Zeitschriftenband oder Publikationsreihe)
Notation	Erlaubt eine Suche nach thematischer Systematik
Signatur	Inventarnummer, die auch den Standort des Werkes angibt

Obwohl diese Kataloge meistens *menügeführt* und selbsterklärend sind, sollte man – nachdem man eine gewisse Routine gewonnen hat – vor der fast immer angebotenen *Expertensuche* nicht zurückschrecken. Denn diese erlaubt eine effiziente Verknüpfung mehrerer Suchaspekte (vor allem unterstützt sie das Kriterium „und nicht") und ermöglicht ein zügigeres Vorgehen. Sie folgt dabei meist der „Boolschen Algebra" (vgl. Kap. 6.5.1). Daher lohnt es sich immer – auch wenn es vorerst mehr Zeit in Anspruch nimmt – sich in das System einzuarbeiten (Einführung der Bibliothek, Broschüren oder auch Hilfemenüs des Systems). Bei der Benutzung von OPAC helfen allgemein folgende Tipps weiter:

- Zentrale Begriffe und Aspekte sind zu isolieren und so eine *Wortliste* für die *Stich-* und vor allem *Schlagwortsuche* zu erstellen. Nach den ersten Suchergebnissen empfiehlt es sich, diese Liste zu überprüfen und gegebenenfalls zu modifizieren.
- Zwischen Stich- und Schlagwörtern sollte differenziert werden. Ein *Stichwort* taucht explizit im Titel oder Untertitel eines Buches auf. Stichwörter können aber thematisch sehr ungenau sein. Ein *Schlagwort* charakterisiert den Inhalt eines Buches. In der Regel wird es vom Verfasser selbst oder von Bibliothekaren bzw. Lektoren vergeben. Entstammt das Schlagwort einem normierten und fest definierten Wortschatz, spricht man auch von einem *Deskriptor*. Ein Nachteil der Schlagwortsuche besteht darin, dass sie oft sehr viele Treffer liefert – hier schafft aber das sogenannte Indexbrowsing Abhilfe.
- Die Vorteile des *Indexbrowsings* erkennen. Kataloge und Datenbanken ermöglichen es häufig, bei den einzelnen Suchkriterien einen Index bzw. ein Register aufzuschlagen und in diesem zu blättern.
- Die *Expertensuche* heranziehen, um alle Möglichkeiten der Suchsyntax sowie das gesamte Spektrum der Operatoren ausschöpfen zu können. Denn steckt man den Suchrahmen nicht richtig ab, kann man sehr viele oder sehr wenige Literaturangaben erhalten.

Back to the roots – klassische Zettelkataloge

Mitunter sind noch nicht alle Bestände einer Bibliothek in computergestützter Form erfasst. Dann wird man *klassische Zettelkataloge* zu Rate zu ziehen, die in Karteikästen oder in Form von Mikrofiche vorliegen. Auch hier findet man im Allgemeinen folgende Arten von Katalogen (Perterßen 1987: 56-59; Sesink 1997: 56-57):

- Der *alphabetische Katalog* enthält alle selbstständig erschienenen Publikationen. Werke sind üblicherweise über Verfasser, Sachtitel oder herausgebende Institution erfasst.
- Der *Sachkatalog* ist thematisch geordnet: Im *systematischen Katalog* wird die Literatur nach den einzelnen Wissenschaftsgebieten und deren jeweiligen Teilbereichen aufgeführt. Der *Schlagwortkatalog* ordnet die Literatur nach Begriffen, die den Inhalt des Werkes am treffendsten wiedergeben.

Auf diese Weise lassen sich allerdings nur selbstständige, d. h. unter einem eigenen Titel erschienene Werke finden (Monographien, Sammelbände oder ganze Zeitschriftenbände). Unselbstständig erschienene Literatur wird hingegen meist nicht in Bibliothekskataloge aufgenommen (Aufsätze in Fachzeitschriften, Beiträge in Sammelwerken, Handbucharktikel etc.). Auch wenn sie folglich über die Kataloge nicht zu erschließen sind, kann man sie beim wissenschaftlichen Arbeiten nicht außen vor lassen. Denn es sind gerade die Aufsätze, die Forschungsergebnisse in relativ kurzer und prägnanter Form darstellen (vgl. Kap. 6.4.1).

Aufstellungssystematiken nutzen

Viele Bibliotheken haben einen *Präsenzbestand*, der nicht entliehen werden darf. Dieser ist üblicherweise thematisch geordnet, d. h. Bücher zum gleichen Thema stehen räumlich zusammen. Mitunter sind auch die Freihandmagazine in dieser Weise geordnet. Dann lohnt es, am Standort des einschlägigen Titels die Regale durchzusehen. Die Chancen auf relevante Treffer sind beachtlich (Sesink 1997: 55).

Mitunter ermöglicht auch der OPAC mit dem Suchkriterium *Notation* die systematische Recherche. Die Notation ist der erste Teil der Signatur, der das jeweilige Fachgebiet und den Themenbereich charakterisiert. Gibt man diese ein, so wird die ganze einschlägige Literatur aufgelistet – ohne dass diese zwangsläufig am selben Ort aufgestellt sein muss.

6.3.2 Verbund- und Zentralkataloge

Bibliothekskataloge zeichnen nur solche selbstständig erschienenen Werke auf, über welche die jeweilige Institution wirklich verfügt. Sie listen deshalb nicht die ganze einschlägige Literatur auf. *Überregionale Bibliotheks-, Verbund- und Zentralkataloge* verknüpfen lokale Kataloge. So gibt es beispielsweise in Deutschland mehrere Bibliotheksverbünde, die die (neueren) Titel der größeren Bibliotheken in *einem* Katalog vereinigen. Für den Nutzer sind sie über die rein bibliographische Ermittlung hinaus wegen der angegebenen Standorte der verzeichneten Literatur wertvoll. Da die dort angeführte Literatur zu günstigen Konditionen per Fernleihe verfügbar ist, sollte man bei der Recherche mit dem Katalog des örtlichen Verbunds beginnen. Mittlerweile gibt es in jeder Bibliothek Computer mit direkten Zugängen zu diesen Katalogen, sie sind in der Regel aber auch von jedem Internetanschluss aus zugänglich.

Um eine Übersicht über elektronische überregionale Bibliothekskataloge zu bekommen, lohnt es sich, an der Homepage der eigenen (Universitäts-) Bibliothek vorbeizusurfen, die in der Regel auch gleich einen Link zur entsprechenden Datenbank anbietet. Hier einige Beispiele (Plieninger 2003).[2]

Regionale Bibliotheksverbünde[3]

- Bibliotheksverbund Bayern (BVB) (*http://www-opac.bib-bvb.de*);
- Südwestdeutscher Bibliotheksverbund (SWB) (*http://www.bsz-bw.de/*);
- Gemeinsamer Bibliotheksverbund (GBV) (*http://gso.gbv.de/*);
- Hochschulbibliothekszentrum des Landes Nordrhein-Westfalen (HBZ) (*http://www.hbz-nrw.de/*);
- Hessisches Bibliotheks-Informationssystem (HEBIS) (*http://www.hebis.de/index.html*);

---

2 Sollten die Informationen der Heimatbibliothek nicht ausreichend sein, so bietet das *Hochschulbibliothekszentrum Nordrhein-Westfalen* (HBZ) eine sehr hilfreiche Toolbox, einschließlich einer ausführlichen Liste deutscher und internationaler Bibliothekskataloge (*http://www.hbz-nrw.de/produkte_dienstl/toolbox/index.html*, Stand: 01.07.2003). Einen Direktzugriff auf Kataloge und bibliographische Datenbanken über fachlich geordnete Listen bietet die *DigiBib des HBZ* (*http://www4.digibib.net*), Anmeldung: „alle Standorte" → „extern" → „go!", Stand: 01.07.2003).
3 Alle angeführten Internet-Adressen beziehen sich auf den Stand vom 01.07.2003.

Wie man in den Genuss sozialwissenschaftlichen Wissens gelangt 83

- Kooperativer Bibliotheksverbund Berlin-Brandenburg (KOBV) (*http://www.kobv.de/*)

Kataloge für deutschsprachige Literatur

- Bei der Suche bietet sich auch der *Karlsruher Virtuelle Katalog* (KVK) an (*http://www.ubka.uni-karlsruhe.de/kvk.html*). Mit diesem Metakatalog kann man gleichzeitig in verschiedenen Verbundkatalogen, Nationalbibliotheken und auch in einigen ausländischen Bibliothekskatalogen recherchieren.
- Eine weitere Suchmöglichkeit bietet die *Deutsche Bibliothek Frankfurt am Main* (*http://dbf-opac.ddb.de*), die in ihrer Katalogdatenbank so gut wie jede deutsche Literatur seit 1945 umfasst. Überdies verzeichnet sie das deutschsprachige Schrifttum des Auslands bis zum Erscheinungsjahr 1996.

Kataloge für ausländische Literatur

Es empfehlen sich vor allem die amerikanische *Library of Congress* (*http://catalog.loc.gov*) und die *British Library* (*http://blpc.bl.uk*), die als Universalbibliotheken nicht nur englischsprachige Bücher aus allen Wissensgebieten sammeln. Auf sozialwissenschaftliche Titel ist etwa die *British Library of Political and Economic Science* (*http://www.blpes.lse.ac.uk*) ausgerichtet. Die Kataloge dieser Bibliotheken erscheinen auch in gedruckter Form: So gibt die *Library of Congress* in Washington fortlaufend den *National Union Catalog* (NUC) heraus. Seine elektronische Form hat sich aber, nicht nur wegen der größeren Aktualität, sondern auch durch die effizientere Recherche per Suchmaske als praktischer erwiesen.

6.3.3 Fachbibliographien

Zum Standardinventar einer jeden wissenschaftlichen Bibliothek gehören Fachbibliographien. Diese geben im Unterschied zu den Katalogen nicht bloß Auskunft über jene Literatur, die in der Bibliothek vorhanden ist, sondern darüber, welche es überhaupt gibt. Sie machen zwar keine Aussagen, wo die ermittelte Literatur konkret zu finden ist, liefern jedoch alle notwendigen bibliographischen Angaben, um sinnvolle Eigeninitiative zu entwickeln. Überdies geben sie *vereinzelt* auch Informationen über den Inhalt in Form von sogenannten *Abstracts* – also kurzen Inhaltsangaben, welche die zentralen Thesen erschließen lassen. So lässt sich schnell beurteilen, ob die gefundenen Werke für die eigene Fragestellung bedeutsam sind (vgl. Tab. 6.3).

Tab. 6.3: *Abstract-Bibliographien der Sozialwissenschaften*

Bibliographie:	Berichtszeitraum:
• Dissertation Abstracts International	seit 1861
• International Political Science Abstracts (IPSA): wichtigster englischsprachiger Titel	seit 1950
• Politische Dokumentation (PolDok): obwohl die Politische Dokumentation längst ihr Erscheinen eingestellt hat, ist sie im Internet als Datenbank verfügbar (*http://ibil3.ib.hu-berlin.de/~usawal*)	1965-1988
• Sociological Abstracts (SA)	seit 1952

Ein Vorteil von Bibliographien besteht darin, dass sie teilweise *auch unselbstständig erschienene Publikationen*, sprich Aufsätze, verzeichnen. Abgesehen von umfassenden *allgemeinen Bibliographien* werden Fachbibliographien häufig *auf bestimmte Gebiete beschränkt* – sei es auf ein bestimmtes Fachgebiet (etwa Politikwissenschaft), auf ein Teilgebiet einer Wissenschaft oder Wissenschaftsrichtung (politische Soziologie), auf geographische Regionen (amerikanische volkswirtschaftliche Fachliteratur) oder fächerübergreifend auf bestimmte Erscheinungsformen (Zeitschriftenliteratur). Zudem kann zwischen *dauerhaften Bibliographien*, die in regelmäßigen Abständen aktualisiert werden und Verzeichnissen, die einmalig erscheinen, unterschieden werden.

Zusätzlich zu den selbständig erscheinenden Bibliographien beinhalten auch bestimmte Zeitschriften thematisch eingegrenzte Bibliographien, so etwa die *ZPol-Bibliographie* in der *Zeitschrift für Politikwissenschaft* (vgl. Anhang 6.1).

6.3.4 Online- und CD-ROM-Datenbanken

Bibliographien sind neben der *Printform*, die meistens im Präsenzbestand der Bibliothek zur Verfügung steht, zunehmend auch als *CD-ROM-* oder *Online-*

Datenbanken verfügbar und können in der Regel von einem PC-Pool der Bibliothek, häufig auch im gesamten Universitätsnetz, abgerufen werden. Viele dieser Datenbanken bieten über alle bibliographischen Angaben hinaus Abstracts an.

Gegenüber der klassischen Bibliographieform bieten Datenbanken – die in ihrer Funktionsweise übrigens dem OPAC ähneln – eine komfortablere Handhabe. Von einer zentralen Suchmaske aus ermöglichen sie die Recherche über Schlagworte und kombinierte Suchkriterien, oft sogar ein Indexbrowsing. Abstracts sind in der Regel über die *Freitext-* bzw. *Volltextfunktion* durchsuchbar.

Tab. 6.4: *Beispiele für elektronische Datenbanken*
• *Bibliographie zu den Wirtschafts- und Sozialwissenschaften* (WISO-NET): bietet mit ihren Teilbibliographien Verzeichnisse von Monographien, Aufsätzen sowie „grauer Literatur" inklusive Abstracts an: • *WISO III – Sozialwissenschaftliche Literatur und Forschungsprojekte*; Berichtszeitraum: seit 1980, z. T. auch früher • *WISO II – Volkswirtschaftliche Literatur* (mit zahlreichen landeskundlichen Verweisen); Berichtszeitraum: v. a. seit Mitte der 80er Jahre • *WISO-WAO – World Affairs Online* (Schwerpunkt: Internationale Politik, internationale Organisationen, Dritte Welt, int. Konflikte, Sicherheitsfragen, politische und sozioökonomische Aspekte einzelner Länder); Berichtszeitraum: seit 1974
• *Public Affairs Information Service* (PAIS): enthält internationale Literaturnachweise zu Aufsätzen und Monographien aus Politik- und Sozialwissenschaften inklusive Abstracts; Berichtszeitraum: seit 1972
• *SocioFile*: enthält die *Sociological Abstracts* (SA) sowie die *Social Planning / Policy and Development Abstracts* (SOPODA) – ausgewählt aus amerikanischer Perspektive, beinhaltet trotzdem Quellen in über 30 Sprachen; Berichtszeitraum: seit 1974
• *Social Sciences Citation Index* (SSCI): wertet sozialwissenschaftliche Zeitschriftenliteratur aus und verzeichnet darüber hinaus zu jedem recherchierten Aufsatz die *gesamte* dort verwendete Literatur; Berichtszeitraum: seit 1956
• *Deutsche Nationalbibliographie* (DNB): verzeichnet als Allgemeinbibliographie die gesamte in Deutschland innerhalb und außerhalb des Buchhandels seit 1945 erschienene Literatur; daneben gibt es die DNB auch in gedruckter Fassung

Da sich die Sozialwissenschaften in vielen Bereichen mit anderen Disziplinen überschneiden, kann man oft in wirtschaftswissenschaftlichen, juristischen und geographischen Datenbanken relevante Literatur finden. Das Bibliothekspersonal gibt Auskunft, welche Bibliographien in welcher Form in der jeweiligen wissenschaftlichen Bibliothek verfügbar sind und wie auf sie zugegriffen werden kann. Bei Datenbanken kommt es besonders auf die Auswertungsbreite, den Auswertungszeitraum sowie die Qualität der inhaltlichen Erschließung an.

6.3.5 Rezensionen

Überdies lohnt stets ein Blick in sogenannte *Rezensionen*. Dies sind Artikel bzw. kurze Aufsätze, in denen in (meist) *kritischer Form* neu erschienene Literatur besprochen und die zentralen Thesen referiert werden. Fast alle Fachzeitschriften haben einen Rezensionsteil, der den thematischen Schwerpunkt der jeweiligen Zeitschrift abdeckt. Überdies gibt es spezielle Zeitschriften, die sich ausschließlich Rezensionen widmen – etwa die *Soziologische Revue* oder *Neue politische Literatur* (NPL) (vgl. Anhang 6.1).

Eine Sonderform stellen sogenannte *Sammelrezensionen* dar, die auf einen Schlag die neueste Literatur zu einem Thema analysieren – also stets mehrere Bücher vergleichend und kritisch gegenüberstellen und somit einen komplexeren Überblick anbieten.

Ein praktisches Hilfsmittel bei der Suche nach Rezensionen über Monographien stellt die *Internationale Bibliographie der Rezensionen wissenschaftlicher Literatur* (IBR) (Berichtszeitraum: v. a. seit 1971) dar. Neben der Druckversion ist die IBR auch über viele Hochschulrechner im Internet aufrufbar (*http://gso.gbv.de/LNG=DU/DB=2.14/*).

Stets gilt es die Kompetenz der Rezensenten zu beachten. Diese wird im Allgemeinen bei Fachzeitschriften höher sein, während bei internetbasierten Rezensionsdiensten die Qualität der einzelnen Beiträge schwer abzuschätzen ist.

6.3.6 Hochschulschriftenverzeichnisse

Mit Hochschulschriften, insbesondere Dissertationen und Habilitationen, sollen die Verfasser ihre wissenschaftliche Qualifikation dokumentieren. Dazu müssen sie den Forschungsstand in ihrem Fachgebiet erfasst, ja vertieft und erweitert haben. Dieser Anspruch spiegelt sich idealiter auch in Umfang und Qualität der Literaturverzeichnisse wider – die man sich daher zunutze machen sollte. Hochschulschriften werden – abgesehen von einer möglichen Aufnahme in entsprechende Fachbibliographien – konsequent in gesonderten Verzeichnissen erfasst (Rossig / Prätsch 2002: 52f.):

- *Deutsche* (National-)*Bibliographie*, Reihe H: *Hochschulschriftenverzeichnis* (Berichtszeitraum: seit 1971).
- *Forschungsarbeiten ... in den Sozialwissenschaften* (Berichtszeitraum: 1969 bis 1996): erfassen zusätzlich laufende und geplante Projekte; ab 1996 vollends durch die Datenbank *Forschungsinformationssystem Sozialwissenschaften* (FORIS) abgelöst, die einerseits als Teildatenbank von WISO III und anderseits direkt im Internet (*http://www.gesis.org/ Information/FORIS/Recherche/index.htm*) zugänglich ist.
- *Dissertation Abstracts International* (Berichtszeitraum: seit 1861): verzeichnen Dissertationen v. a. aus dem angelsächsischen Raum; neben der Printform werden sie oft in Bibliotheken als CD-ROM Datenbanken bereitgestellt.

6.3.7 Buchhandelskataloge und Verlagsveröffentlichungen

Bei umfassenderen Recherchearbeiten lohnt zusätzlich ein Blick in Buchhandels- und Verlagskataloge. Publikationen werden nämlich erst dann in Bibliographien und Bibliothekskatalogen verzeichnet, wenn sie zur Titelaufnahme vorgelegen haben, so dass diese immer einer gewissen „Verzögerung" unterliegen. Anderseits geben die Verzeichnisse des Buchhandels ausschließlich über die aktuell lieferbaren Publikationen Auskunft.

Für die neueste Literatur kann das *Verzeichnis lieferbarer Bücher* (VLB) als Ergänzung zu den bereits benannten Hilfsmitteln verwendet werden. In Bibliotheken findet man es in aktualisierter Buchform oder als CD-ROM, darüber hinaus ist es im Internet zugänglich (*http://www.buchhandel.de* oder auch über die Websites der meisten Buchhandlungen). Die Pendants für hauptsächlich englischsprachigen Literatur sind:

- *British Books in Print* (BBIP). The Reference Catalogue of Current Literature: Berichtszeitraum: seit 1965. Neuerdings in die CD-ROM-Datenbank *Global Books in Print* (GBIP) integriert, die seit 1997 weltweit alle englischsprachige Literatur verzeichnet.

- *The Cumulative Book Index* (CBI). A World List of Books in the English Language: Für Bestände von 1898 bis 1998/1999 in Printfassung, seit 1982 als CD-ROM-Datenbank.
- *The British Library General Catalogue of Printed Books*, Berichtszeitraum: seit 1931.

Eine weitere Möglichkeit, sich über die Neuerscheinungen zu informieren, stellen Verlagsveröffentlichungen dar. Für Sozialwissenschaftler sind vor allem folgende deutsche Verlage interessant:

- Nomos (*http://www.nomos.de*);
- Oldenbourg (*http://www.oldenbourg.de*);
- UTB für Wissenschaft (*http://www.utb.de*);
- Westdeutscher Verlag (*http://www.westdeutscher-verlag.de*).

Einen weiteren lohnenden Anlaufpunkt bietet die *Bundeszentrale für politische Bildung*. Unter ihrer Ägide werden Schriften auch zu politikwissenschaftlichen Themen herausgegeben, die gegen einen geringfügigen Obolus bezogen werden können. Informationen wie auch die aktuellen Angebote finden sich auf ihrer Homepage (*http://www.bpb.de*). Über die Seite sind auch die entsprechenden Landeszentralen mit ihren Publikationsangeboten erreichbar.

6.4 Die Suche nach Aufsätzen und „grauer Literatur"

Bisher ging es darum, Methoden aufzuzeigen, wie nach Monographien, Sammelbänden oder auch Zeitschriften*titeln* – also nach stets selbstständig erschienener Literatur – recherchiert werden kann. Eine Ausnahme bildeten die erwähnten Zeitschriftenbibliographien. Für die Erstellung wissenschaftlicher Arbeiten an Universität und Hochschule zählt aber die *Aufsatzliteratur* zu den wichtigsten Informationsquellen.

6.4.1 Aufsätze – unverzichtbar für das wissenschaftliche Arbeiten

Aufsätze werden vor allem in Fachzeitschriften und Sammelbänden publiziert. Ihr großer Vorteil gegenüber Monographien besteht darin, dass eine

Wie man in den Genuss sozialwissenschaftlichen Wissens gelangt 89

relativ enge Fragestellung bearbeitet wird – insofern können sie als Vorbild für die eigenen anzufertigenden Grundkurs- und Seminararbeiten gelten. In Aufsätzen wird ein Thema auf relativ wenigen Seiten abgehandelt und die zentralen Erkenntnisse werden oft auf den Punkt gebracht. In der Zeit, die man zum Lesen einer Monographie benötigt, kann man sich also gleich mehrere Aufsätze zu Gemüte führen und damit multiperspektivisch informieren. Außerdem werden Aufsätze – manche Sammelbände bilden hier allerdings eine Ausnahme – schneller publiziert als ganze Bücher.

Die benannten Vorteile der Aufsatzliteratur bedeuten allerdings nicht, dass man Monographien außen vor lassen sollte, zumal wenn sie thematisch zum eigenen Gegenstand beitragen. Denn nur diese können einen umfassenden Blick auf die Materie gewährleisten. Es gilt also stets ein Gleichgewicht zwischen selbständiger und unselbständiger Literatur für sich und die konkrete Arbeit zu finden.

Findet man bei der Literaturrecherche eine Monographie, die den eigenen Gegenstand intensiv behandelt, so lohnt sich vor ihrer Lektüre nichtsdestotrotz eine weitere, gezielte Aufsatzrecherche. Denn oft publizieren Autoren zusätzlich zum Buch Aufsätze, die das Thema kurz und bündig abhandeln. Ist dies der Fall, kann man sich mitunter viel Zeit sparen – man kennt die zentralen Thesen und weiß, an welchen Stellen gegebenenfalls in die Monographie eingetaucht werden sollte.

Fachzeitschriften

Da jährlich neue Fachzeitschriften auf den Markt drängen, empfiehlt es sich zu prüfen, welche Zeitschriften in den Sozialwissenschaften als „einschlägig" gelten (vgl. Anhang 7). Eine Hilfe können auch Rankings wie etwa die *Journal Quality Lists* (*http://www.harzing.com/download/jql_ journal.pdf*) bieten.

Das gesamte Spektrum an deutschen Fachzeitschriften erfasst die *Zeitschriftendatenbank* (ZDB) (*http://zdb-opac.de*), die Zeitschriften nach ihrem Titel (aber *nicht* nach einzelnen Aufsätzen und Beiträgen) für alle Bibliotheken mit Standort und Umfang des jeweiligen Bestandes auflistet. Zudem lassen sich mit der ZDB auch *Abkürzungen von Zeitschriftentiteln* entschlüsseln, mit denen man in Literaturlisten mitunter konfrontiert ist. Hier leistet die ZDB eine willkommene Dechiffrierhilfe: Es reicht, die Abkürzung in das Suchfeld einzutippen, den Suchaspekt „*Stichwort allgemein*" einzugeben und schließlich auf „*Suchen*" zu klicken. Zum selben Zweck kann auch die *Inter-*

nationale Titelabkürzungen von Zeitschriften, Zeitungen, wichtigen Handbüchern, Wörterbüchern, Gesetzen, Institutionen usw. (ITA) konsultiert werden, die neben der gedruckten Fassung oft auch als CD-ROM-Datenbank verfügbar ist.

Aufsatzbibliographien

Zeitschriften- bzw. Aufsatzbibliographien stellen eine Sonderform der bereits beschriebenen Fachbibliographien dar. Sie verzeichnen die Titel und die bibliographische Angaben erschienener Aufsätze. Man kann generell zwischen zwei Formen unterscheiden: allgemeinen Zeitschriftenbibliographien und Fachbibliographien, die oft auch Abstracts einschließen.

Tab. 6.5: *Zeitschriftenbibliographien*

Allgemeine Zeitschriftenbibliographien:	Berichtszeitraum:
• *Internationale Bibliographie der Zeitschriftenliteratur* (IBZ): Trotz ihres interdisziplinären Charakters berücksichtigt die IBZ vornehmlich geistes- und sozialwissenschaftliche Zeitschriftenliteratur. In der Regel wird diese Bibliographie sowohl auf CD-ROM-Datenbanken in Bibliotheken als auch direkt im Internet (*http://gso.gbv.de/LNG=DU/DB=2.4/*, nur von Hochschulrechnern zugänglich) angeboten	seit 1861 (für deutschsprachige Aufsätze, für fremdsprachige seit 1911)
Fachbibliographien mit Abstracts:	
• *International Political Science Abstracts* (IPSA): gilt als der wichtigste englischsprachige Titel, dessen Wert nicht überschätzt werden kann. Neben der gängigen Printform ist diese Bibliographie vereinzelt auch als Datenbank in Bibliotheken verfügbar	seit 1951
• *Bibliographie zu den Wirtschafts- und Sozialwissenschaften* (WISO-NET, CD ROM-Datenbank): bietet mit ihren Teilbibliographien auch Verzeichnisse von deutsch- und fremdsprachigen Aufsätzen mit Abstracts an	seit ca. 1985 (WISO II); seit 1980, z. T. auch früher (WISO III); seit 1974 (WISO-WAO)
• *Politische Dokumentation* (PolDok): obwohl seit 1988 eingestellt, ist sie im Internet als Datenbank verfügbar (*http://ibil3.ib.hu-berlin.de/~usawa/*)	1965 bis 1988
• *Sociological Abstracts* (SA)	seit 1952

Inhaltsverzeichnisse – unscheinbar, aber nicht zu unterschätzen

Ein Blick in *Inhaltsverzeichnisse* lohnt immer. Denn einzelne Nummern von Fachzeitschriften widmen sich oft Themenschwerpunkten. Wenn man einen interessanten Aufsatz ermittelt hat, sollte man daher das Verzeichnis des entsprechenden Hefts heranziehen, da es nicht unwahrscheinlich ist, weitere brauchbare Beiträge zu finden.

Da Bibliographien stets dem Berichtszeitraum „hinterherhinken", ist es immer sinnvoll, die Inhaltsverzeichnisse der jüngsten Jahrgänge relevanter Fachzeitschriften zu durchforsten. Bei Zeitschriften, die nicht in der eigenen Bibliothek verfügbar sind, kann man diverse Verzeichnisse für Zeitschrifteninhalte heranziehen. Darüber hinaus kann man mittels Internet-Suchmaschinen (vgl. Kap. 6.5.1) nach der Homepage der Zeitschrift suchen. Dort finden sich oft auch Inhaltsverzeichnisse.

Einen besonderen Service bieten schließlich Verzeichnisse von Inhaltsverzeichnissen wie *Current Contents*.

Tab. 6.6: *Verzeichnisse für Zeitschrifteninhalte – eine Auswahl*
Bibliographien der Inhaltsverzeichnisse
• *Current Contents* (Social and Behavioral Sciences; Clinical Medicine; Agriculture, Biology & Environmental Sciences; Life Sciences; Physical, Chemical & Earth Sciences), Philadelphia, PA 1974ff.; seit 1990 auch als CD-ROM-Datenbank
• *Contents of Recent Economics Journals* (COREJ), London 1971 bis 1998: Inhaltsverzeichnisse internationaler volkswirtschaftlicher Fachzeitschriften; Erscheinen jedoch eingestellt
Internetbasierte Datenbanken mit Table of Contents
• *Infotrieve* (http://www.infotrieve.com/journals/toc_main.asp)
• *Ingenta* (http://www.ingenta.com, Menü „Browse Publications")
• *Zeitschriftenfreihandmagazin* (http://www.erlangerhistorikerseite.de/zfhm/zfhm.html): Inhaltsverzeichnisse vor allem deutscher geschichtswissenschaftlicher Zeitschriften; Berichtszeit in der Regel seit dem ersten Jahrgang der jeweiligen Zeitschrift

Online verfügbare Zeitschriften: E-Journals

Da bei weiten nicht alle Zeitschriften in der eigenen Bibliothek verfügbar sind, wird man mitunter Aufsätze per Fernleihe oder Dokumentenlieferdienst anfordern (lassen) müssen (vgl. Kap. 6.6.2). Vor einem solchen Schritt sollte man prüfen, ob eine Zugangsmöglichkeit zu elektronischen Volltextausgaben von Fachzeitschriften besteht – also zu den sogenannten E-Journals. Solche Informationen gibt es in der Regel auf der Bibliothekshomepage. Eine sehr gute Übersicht über diese Fachzeitschriften bieten:

- die *Elektronische Zeitschriftenbibliothek* (EZB) der Universität Regensburg (*http://www.bibliothek.uni-regensburg.de/ezeit/ezb.phtml*), welche die Literatur dann auch gleich per Link abrufbar macht;
- die Zeitschriftendatenbank (ZDB) der Staatsbibliothek Berlin (*http://www.zeitschriftendatenbank.de/recherche/faecher.html*) sowie
- das von *Elsevier* bereitgestellte *ScienceDirect* (*http://www.sciencedirect.com*).

Internetbasierte Aufsatzdienste

Wissenschaftliche Zeitschriftenaufsätze lassen sich ebenfalls übers Internet suchen und dann per Post, E-Mail oder Fax bestellen, doch sind diese Dienste in aller Regel kostenpflichtig. Empfehlenswert sind folgende Datenbanken (Plieninger 2003):

- die von der British Library betreute *JADE-Datenbank* ist aus Deutschland über die Universitätsbibliothek Bielefeld (*http://www.ub.uni-bielefeld.de/library/databases/dbf/jade.htm*) zugänglich;
- die amerikanische Datenbank *Ingenta* (*http://www.ingenta.com*) verzeichnet hauptsächlich englischsprachige Literatur;
- einen ähnlichen Umfang stellt auch der *Infotrieve. Article Finder* (*http://www.infotrieve.com/search/databases/newsearch.asp*) zur Verfügung, ist jedoch in der Expertensuche besser konfigurierbar als Ingenta;
- die Datenbank *FindArticles* (*http://www.findarticles.com/PI/index.jhtml*) verzeichnet schließlich Aufsätze, welche dann direkt online und *kostenlos* erhältlich sind.

6.4.2 „Graue Literatur"

Bei der Recherche sollte die sogenannte „*graue Literatur*" nicht übersehen werden. Dabei handelt es sich um meist selbstständig erschienene Schriften, die nicht über den Buchhandel vertrieben werden und somit nicht allgemein zugänglich sind. Als Beispiel mögen hier etwa diverse Studien der politischen Stiftungen angeführt werden. Sie erscheinen oft in Form von Geheften bzw. Broschüren, häufig in einer niedrigen Auflagenzahl und sind in der Regel Teile umfassenderer Publikationsreihen. Zunehmend wird graue Literatur von der jeweiligen Institution im Internet, hauptsächlich in Form von PDF-Dokumenten[4], zugänglich gemacht.

Recherchierbar ist diese Literatursorte insbesondere über *Bibliographien* – hier vordergründig über die *DNB* und *WISO* (vgl. Kap. 6.3.4 und 6.4.1), über Internet-Suchmaschinen (vgl. Kap. 6.5.1) und, wenn die herausgebende Institution bekannt ist, über ihre Internetpräsenz oder ihre Veröffentlichungslisten.

Beachte: Zieht man „graue Literatur" für das wissenschaftliche Arbeiten heran, so sollten in Anbetracht der begrenzten und sozusagen inoffiziellen Veröffentlichungspraxis unbedingt erschöpfende bibliographische Angaben gemacht werden – auf jeden Fall sollten diese die Publikations*reihe* (so weit vorhanden) dokumentieren. Nur so kann gewährleistet werden, dass diese Literatur von jedem Interessierten nachvollzogen und nachrecherchiert werden kann. Ein Beispiel:

Hinrichs, Jutta, 2003: Ministerium für Wirtschaft und Arbeit – ein sinnvolles Reformkonzept, St. Augustin [= Arbeitspapiere der Konrad-Adenauer-Stiftung, Nr. 108].

---

[4] PDF steht für *Portable Document Format*. Es ist ein Format, das u. a. von dem kostenlos vertriebenen und gewöhnlich auf Computern vorinstallierten Programm *Adobe Acrobat Reader* gelesen werden kann. Falls der PC nicht über den Acrobat Reader verfügen sollte, kann dieser im Internet gratis geladen werden (*http://www.adobe.de/products/acrobat readstep2.html*).

6.4.3 Artikel in Tages- und Wochenzeitungen

Mitunter wird man auch auf Artikel, Beiträge und Kommentare aus Tages- und Wochenzeitungen zurückgreifen müssen. Mit dem *Zeitungs-Index-Verzeichnis wichtiger Aufsätze aus deutschsprachigen Zeitungen* kann mit Hilfe von Stich- bzw. Schlagwörtern in rund zwanzig bedeutenden deutschsprachigen Zeitungen recherchiert werden. Doch muss beachtet werden, dass der Zeitungs-Index mit einem ungefähr dreijährigen Berichtsverzug erscheint. Aus Bibliotheken ist oft die Online-Datenbank *Genios* zugänglich. Sie ermöglicht es, von einem zentralen Suchfenster mit kombinierbaren Kriterien eine Meta-Suche über mehrere Medien gleichzeitig auszuführen.

Last but not least besteht die Möglichkeit, über die Suchfenster auf den Homepages der einzelnen Medien zu recherchieren. Allerdings ist die Nutzung der Archivbestände meist kostenpflichtig. Abhilfe schaffen einige Bibliotheken, indem sie zurückliegende Jahrgänge einzelner Zeitungen über CD-ROM-Volltextdatenbanken zugänglich machen.

Will man nicht allgemein zu einem Thema recherchieren, sondern einen konkreten Text finden (z. B. um ein Zitat zu überprüfen), gibt es folgende Möglichkeiten:

- Der Abruf des Artikels aus einer Datenbank ist komfortabel, aber mitunter teuer.
- Umfangreiche Zeitungsbestände – gerade auch ältere Jahrgänge – liegen in den Bibliotheken auf Mikrofiche vor; es erleichtert die Benutzung ungemein, wenn die Seitenzahl bekannt ist.[5]
- Gebundene Jahrgänge finden sich nur noch selten – vor allem in älteren Bibliotheken. Gerade wenn keine präzise Fundstelle vorliegt, kommt man mit ihnen aber schneller als mit dem Mikrofiche ans Ziel.

6.4.4 Angaben über Persönlichkeiten

Benötigt man Angaben über Lebensläufe, bieten sich neben den allgemeinen Enzyklopädien (vgl. Anhang 1.1) weiterführend auch *biographische Archive* an. Zu den Klassikern, die z. T. auch als CD-ROM vorliegen, zählen u. a.:

---

[5] Deshalb sollte man sie auch in eigenen Arbeiten unter dem Gesichtspunkt der Benutzerfreundlichkeit angeben.

Wie man in den Genuss sozialwissenschaftlichen Wissens gelangt 95

- das *Internationale biographische Archiv*;
- das *Munzinger-Archiv*;
- die auf verschiedene Fachbereiche und Regionen zugeschnittenen Ausgaben von *Who's Who* bzw. *Wer ist's*;
- Auskünfte zu Wissenschaftlern gibt *Kürschners Deutscher Gelehrtenkalender*.

Eine andere Möglichkeit sind Online-Datenbanken, bei denen die Informationen aber oft recht knapp ausfallen:

- *Biographical Dictionary* (*http://www.s9.com/biography/*);
- *Internationaler Biographischer Index* (*http://www.biblio.tu-bs.de/acwww25u/wbi*);
- *Munzinger-Archiv* (*http://www.munzinger.de*, Menü „Personen").[6]

Häufig werden auch Internet-Suchmaschinen für die Ermittlung von Personeninformationen herangezogen – mit allen Vor- und Nachteilen dieses Suchwerkzeugs (vgl. Kap. 6.5).

6.5 Die Recherche im *World Wide Web*

Das *World Wide Web* ist beim wissenschaftlichen Arbeiten nicht mehr zu ignorieren. Zahlreiche Informationen finden sich nur noch dort – oder zumindest einfacher. Deshalb sollte man es *parallel* zu gedruckten Medien heranziehen. Eine Einführung in den Umgang mit dem Internet kann hier nicht gegeben werden, statt dessen soll auf einige Einstiegsmöglichkeiten hingewiesen werden (vgl. Tab. 6.7).

6.5.1 Digitale "Trüffelschweine"[7] – allgemeine Suchwerkzeuge

Das Internet ist unüberschaubar groß, offen, grundsätzlich jedem als Nachfrager und Anbieter zugänglich, unstrukturiert, ja sogar anarchisch. Um eine

---

6 Gibt nach Abfrage nur die Lebensdaten an. Alle übrigen Daten sind kostenpflichtig. Daher empfehlen sich Druckfassung, Mikrofiche oder CD-ROM.
7 So Rossig / Prätsch (2002: 35).

Tab. 6.7: **Einführungen in die Internetnutzung**
• *EFF's Guide to the Internet* (*http://www.eff.org*): eines der Standardwerke für Internet*einsteiger*, kann kostenlos aus dem Internet heruntergeladen werden
• Ó Dochartaigh, Niall 2002: The Internet Research Handbook. A Practical Guide for Students in the Social Sciences, London / Thousand Oaks / New Delhi: sehr umfangreiche auf Sozialwissenschaftler ausgerichtete Einführung, die jede Menge praktische Tipps bietet
• Rossig, Wolfram E. / Prätsch, Joachim ^{4}2002: Wissenschaftliche Arbeiten. Ein Leitfaden für Haus-, Seminar-, Examens- und Diplomarbeiten sowie Präsentationen. Mit PC- und Internet-Nutzung, Bremen: qualitativ wertvolle, knappe Einführung
• *@web Suchmaschinen-Informationsdienst* (*http://www.at-web.de*)
• *Searchenginewatch* (*http://www.searchenginewatch.com*)
• *Suchfibel* (*http://www.suchfibel.de*)

spezifische Information aus diesem Datenmeer herauszufiltern, bedarf es besonderer Suchformen und Suchwerkzeuge:

- *Suchmaschinen*;
- *Meta-Suchmaschinen* (Bündelung von mehreren Suchmaschinen);
- *Web-Kataloge, thematische Linklisten*, sowie *Indizes*.

Einige Worte zu Suchstrategien

Gibt man beispielsweise in eine Suchmaschine einen einzelnen Begriff (z. B. „Golfkrieg") ein, erhält man Hunderte von Treffern, unter denen man die wenigen wichtigen kaum finden kann. Deshalb verbindet man mehrere Begriffe durch „Suchoperatoren" miteinander (z. B. „Golfkrieg" und „2003"). Die Regeln, wie diese Operatoren verknüpft werden können, bilden die „Recherchesyntax" (vgl. Tab. 6.8). Weitere Tipps für Suchmaschinen und elektronische Datenbanken:

- Suchaspekte immer in Kleinbuchstaben eingeben, denn dann unterscheiden die Suchmaschinen nicht zwischen Groß- und Kleinschreibung (huntington sucht nach Huntington, huntington und HUNTINGTON). Bei Großschreibung entfällt aber in aller Regel diese Option.

Tab. 6.8: *Recherchesyntax und Suchoperatoren*		
Boolesche Algebra		
Funktion:		bietet einen „Baukasten" zum logischen Verbinden oder Ausschließen von Suchbegriffen
Operatoren:	AND	bildet eine Schnittmenge mehrerer Suchaspekte: z. B. platon AND aristoteles
	OR	einer der Suchbegriffe muss im Dokument vorkommen: z. B. staatsraison OR staatsräson
	NOT	der Begriff hinter dem Operator darf nicht im Dokument vorkommen: z. B. scharpf NOT politikverflechtungsfalle
	NEAR	beide Begriffe müssen im Dokument enthalten sein und in unmittelbarer Nähe zusammenstehen (üblicherweise im Abstand von max. 10 Worten): z. B. machiavelli NEAR principe
	(…)	kennzeichnet genau wie in der Mathematik die Suchpräferenz: z. B. (sozialismus OR kommunismus) AND lenin
Phrasensuche		
Funktion:		Suche nach zusammengesetzten Begriffen, die unmittelbar nacheinander in der vorgegebenen Reihenfolge vorkommen müssen
Operator:	"…"	z. B. "statistisches bundesamt"
Joker, Trunkierung oder Wild Card		
Funktion:		Recherche nach Suchaspekten, ohne diese genau angeben zu müssen (v. a. bei unterschiedlichen Schreibweisen, Endungen etc. interessant)
übliche Zeichen:	*	ersetzt in der Regel am Wortende beliebig viele Zeichen: z. B.: partei* sucht sowohl nach Partei, Parteien, Parteiendemokratie etc.
	?, $	ersetzt in der Regel ein Zeichen: z. B. organi?ation sucht sowohl nach Organisation als auch nach organization
<u>Beachte</u>: Einige Suchmaschinen benutzen andere Suchoperatoren oder Verknüpfungen (wie etwa UND, ODER, +, -, / etc.). Darüber geben die entsprechenden Hilfeseiten Aufschluss – die Funktionslogik bleibt aber immer die gleiche.		

- Am besten die Expertensuche heranziehen und Suchkriterien immer verbinden. Die Qualität der Suchergebnisse ist stets eine Belohnung ("max weber" OR "hugo preuß") AND (verfassung NEAR weimar*).
- Gegebenenfalls von Möglichkeiten der regionalen oder sprachlichen Begrenzung der Ergebnisse Gebrauch machen.
- Stets lokale Hilfestellungen auf den Zielhomepages benutzen. Unter *Suche* findet sich meist eine lokale Suchmaschine für die betreffende Ho-

mepage; unter *Index* findet sich ein Register von Stichworten, die *Sitemap* ist eine Darstellung der Homepagestruktur.
- Keine Scheu vor Hilfetexten!

Suchmaschinen

Suchmaschinen erschließen jeweils einen Teil des *World Wide Webs*, indem sie 24 Stunden am Tag das Netz durchwühlen (*crawl*) und die jeweiligen Internetadressen (URLs: *Uniform Resource Locators*), Überschriften sowie Stichworte in großen Datenbanken speichern, die dann alle Online-Angebote zu einer Suchanfrage auflisten.

Tab. 6.9: *Relevante Suchmaschinen*		
Für vorwiegend deutschsprachige Seiten:		
Suchmaschine:	URL:	Anmerkung:
• All the Web	*http://www.alltheweb.de*	
• Crawler	*http://www.crawler.de*	
• Fireball	*http://www.fireball.de*	
• Google	*http://www.google.de*	schnell, relevant, besonders empfehlenswert
Internationale Suchmaschinen:		
Suchmaschine:	URL:	Anmerkung:
• Alta Vista	*http://www.altavista.com*	weniger aktuell, flexible Suchoptionen
• Euroseek	*http://www.euroseek.net*	mit europäischem Schwerpunkt
• Excite	*http://www.excite.com*	schnell, relevant, sucht auch nach sinnverwandten Begriffen
• Google	*http://www.google.com*	schnell, relevant, besonders empfehlenswert
• HotBot	*http://www.hotbot.com*	differenziert, Funktion *search within results*
• Scirus	*http://www.scirus.com*	an wissenschaftlichen Internetseiten ausgerichtet
• Webcrawler	*http://www.webcrawler.com*	keine Verknüpfungen möglich

Der größte *Vorteil* der Suchmaschinen besteht in der schnellen Bereitstellung der Ergebnisse. Dies wird allerdings mit einer Reihe von *Nachteilen* erkauft:

Wie man in den Genuss sozialwissenschaftlichen Wissens gelangt 99

- die meisten Abfragen liefern zu viele unbrauchbare Treffer;
- die Treffer werden unstrukturiert wiedergegeben, auch wenn eine Prozentzahl manchmal eine *mutmaßliche* Treffsicherheit angibt;
- Suchmaschinen sind zudem unterschiedlich aktuell;
- sie bilden jeweils nur einen Ausschnitt des Internets ab.

Deshalb sollte man, wenn möglich, die *Expertensuche* (auch *Advanced Search*) mit ihren zahlreichen Möglichkeiten zur Verknüpfung von Suchbegriffen und -kriterien nutzen. Bei einer *seriösen* Recherche sind unbedingt mehr als eine Suchmaschine und zusätzlich Metasuchmaschinen heranzuziehen (Plieninger 2003, Rossig / Prätsch 2002: 36).

Meta-Suchmaschinen

Mit *Meta-Suchmaschinen* bzw. *Multisuchern* kann gleichzeitig auf mehrere Suchmaschinen zugegriffen und somit ein riesiger Datenbestand durchsucht werden. Allerdings steigt die Wahrscheinlichkeit zu vieler unbrauchbarer Treffer, da die Suchsyntax oft eingeschränkt ist. In jedem Fall sollte daher der gesuchte Gegenstand durch möglichst viele präzise Begriffe eingegrenzt werden. *Meta-Suchmaschinen* nützen vor allem dann, wenn hochspezifische, über Suchmaschinen kaum zu erschließende Informationen benötigt werden (vgl. Tab. 6.10).

Tab. 6.10: *Empfehlenswerte Meta-Suchmaschinen*		
Meta-Suchmaschine:	URL:	Anmerkung:
• Apollo 7	http://www.apollo7.de	vor allem für deutsche Suchmaschinen
• Highway 61	http://www.highway61.com	
• Infind	http://www.infind.com	
• Metacrawler	http://www.metacrawler.com	für amerikanische Suchmaschinen, schnell
• MetaGer	http://www.metager.de	qualitativ wertvoll, deutschsprachig
• Profusion	http://www.profusion.com	
• Savysearch	http://www.savysearch.com	
• Vivisimo	http://vivisimo.com	für Suche nach ähnlichen Quellen

Web-Kataloge, thematische Linklisten, Indizes

Web-Kataloge unterscheiden sich von Suchmaschinen dadurch, dass *Menschen* Websites durchsuchen und den einzelnen Seiten Schlagwörter zuordnen und hierarchisch strukturierte Datenbanken erstellen. Im Endergebnis werden auf diese Weise Linksammlungen erstellt, mit dem Vorteil, dass nahezu jeder Treffer relevant ist. Sie erschließen allerdings primär den kommerziellen sowie den Infotainment-Teil des Internets (beispielsweise *http://www.dino-online.de*, *http://www.yahoo.com* oder *http://www.web.de*). Zudem beeinflusst der Faktor Mensch Auswahl und Qualität, so ist nicht auszuschließen, dass wichtige Dokumente unter den Tisch fallen. Die Tabelle 6.11 berücksichtigt deshalb jene Listen, die für eine wissenschaftliche Recherche sinnvoll sind (Plieninger 2003).

Tab. 6.11: *Für wissenschaftliche Recherche relevante Indizes*

Index:	URL:	Anmerkung:
• Argus Clearinghouse	http://www.clearinghouse.net	
• BUBL	http://bubl.ac.uk	erfasst sämtliche Wissensgebiete
• CIOS –ComWeb Megasearch	http://www.cios.org/www/comweb.htm	auf Kommunikationswissenschaften ausgerichtet, kostenpflichtig
• DMOZ	http://www.dmoz.org	Kollektivleistung vieler Beitragenden
• GESIS Socio Guide	http://www.social-science-gesis.de/socioguide	umfassende sozialwissenschaftliche Linklisten
• Social Science Information Gateway (SOSIG)	http://www.sosig.ac.uk	umfassender sozialwissenschaftlicher Katalog
• WWW Virtual Library	http://vlib.org/overview.html	

Für die Internetrecherche nach konkreten sozialwissenschaftlichen Themen lohnt sich darüber hinaus immer ein Blick auf die umfassende Linksammlung der Universität Tübingen (*http://www.uni-tuebingen.de/uni/spi/urlpool.htm*). Diese gibt eine qualifizierte und stets auf den neuesten Stand gebrachte umfassende Übersicht für die Suche nach: ·

Wie man in den Genuss sozialwissenschaftlichen Wissens gelangt 101

- *thematischen Listen*;
- den *sozialwissenschaftlichen* und *benachbarten Fächern* (Geschichte, Jura, Politikwissenschaft mit ihren Teilbereichen, Soziologie und Wirtschaftswissenschaften);
- Texten von *Gesetzen, Verträgen* und *Urteilen*;
- Informationen über *Staaten* und (Welt-)Regionen;
- Informationen von bzw. über *Organisationen* sowie
- *statistischen Angaben*.

6.5.2 Das Finden sozialwissenschaftlicher Volltexte im Internet

Universitäten, Institute, Lehrstühle und Dozenten stellen auf ihren Homepages immer häufiger diverse Reader, Arbeitspapiere und andere wissenschaftliche Materialien bereit. Auch mancher Klassiker ist schon digitalisiert. Leider gibt es aber bis heute keine Seite, die solche Publikationen systematisieren würde (Plieninger 2003). Immerhin ermöglicht etwa der *Karlsruher Virtuelle Volltextkatalog* (KVVK) (*http://www.ubka.uni-karlsruhe.de/kvvk.html*) eine Metasuche über einige im Aufbau befindliche universitäre Textserver.

Darüber hinaus kann auch hier auf klassische Suchmaschinen zurückgriffen werden, die auch Textdokumente finden. Dabei empfiehlt es sich – insbesondere bei *Alta Vista* – die Suchkriterien im Suchfeld zusätzlich noch mit *url:pdf* oder *url:doc* zu verknüpfen: So kann man entsprechende Textdateien aus der gesamten Treffermenge schnell und bequem „herausfischen".

6.5.3 Probleme und Gefahren der Internetrecherche

So komfortabel die Internetrecherche auch ist, gerade der Anfänger im Wissenschaftsbetrieb sollte einige Probleme dieses Mediums nicht übersehen.

„Schwarz auf weiß!" – und doch der Kritik bedürftig?

„Was ich schwarz auf weiß habe, stimmt und bedeutet stets einen gut verwertbaren Erkenntniszugewinn." Diese Weisheit, die schon zuvor nicht immer zutreffend war, ist seit Einführung des Internets endgültig veraltet. *De facto* kann jeder Informationen und Inhalte kostengünstig ins weltweit zugängliche Netz stellen. Die „Veröffentlichungsschwelle" liegt damit weitaus niedriger als bei Printmedien, daher ist der Anteil unseriöser Informationen höher. Intensive *wissenschaftliche Kritik* – schon bei Gedrucktem mit Nachdruck zu empfehlen – ist hier oberstes Gebot. Die *Plausibilität* ist unbedingt zu prüfen. Unerlässlich ist ein *ständiger Vergleich* mit anderen Informationsquellen (vgl. Kap. 7.3). Hilfreiche Kriterien zur Quellenkritik im Internet sind:

- Welchen *Eindruck* hinterlässt der Text? Handelt es sich um eine wissenschaftliche Studie, eine tendenziöse Abhandlung oder gar um ein Pamphlet? Beschäftigt sich der Text *vollständig* und *konsequent* mit seiner Materie? Aus welchen Perspektiven betrachtet er diese? Diese Fragen können selbstverständlich nur mit einem gewissen Vorwissen beantwortet werden. *Daher nicht im Internet mit der Recherche beginnen!*
- Wie *aktuell* ist die Internetseite? Scheint sie eher amateurhaft gestaltet zu sein oder zeugt ihr Erscheinungsbild von Qualität?
- Wer ist der *Homepageinhaber*? Ist es eine unbekannte Person, die beim Provider kostenlos eine Internetseite eingerichtet hat? Handelt es sich um die Internetpräsenz eines Instituts oder einer wissenschaftlichen Zeitschrift? Renommierte Adressen lassen in der Regel einen Rückschluss auf die Qualität der vorliegenden Informationen zu. Trotzdem kann man sich nicht immer sicher sein, dass die Website tatsächlich von jenem betrieben wird, der als Urheber vorgegeben wird.
- Ist der *Autor* des konkreten Textes festzustellen? Liegt eine Kontaktmöglichkeit vor? Ist er anhand der Daten professionell einzuordnen (z. B. als wissenschaftlicher Mitarbeiter, Professor, Journalist)?

Außerdem ist auf *Vollständigkeit* zu achten, denn nicht alles wird ins Internet gestellt. Einerseits werden Archivbestände nicht vollständig digitalisiert (ältere Publikationen gibt es folglich nicht im Netz), andererseits sind vor allem bei Zeitungen, Magazinen oder Fachzeitschriften, aber auch Datenbanken, nicht immer alle Inhalte online verfügbar (man will schließlich auch seine gedruckten bzw. kostenpflichtigen Angebote verkaufen). Daher ist auch bei qualifizierten Internetangeboten der Berichtszeitraum und die Reichweite des Angebots zu prüfen. *Der Griff zu anderen Recherchemitteln bleibt also nicht erspart!*

Wie man in den Genuss sozialwissenschaftlichen Wissens gelangt

Nicht von langer Dauer: das Internet als flüchtiges Medium

Das Internet ist bekanntlich ein virtuelles – und damit flüchtiges Medium: Eine Information, die man gerade noch auf dem Monitor hatte, kann unter Umständen im nächsten Moment nicht mehr oder nicht mehr in gleicher Form abgerufen werden. Sie kann mittlerweile geändert, gelöscht, an eine andere Stelle verschoben oder gar durch einen fremden, unbefugten Zugriff verfälscht bzw. verändert worden sein.

Da man aber ohne dieses Medium nicht mehr auskommt, sollte man beim *Zitieren* von Internetinhalten folgendermaßen vorgehen:

- neben der möglichst präzisen Internetadresse (URL) auch das Abrufdatum angeben;
- den Titel der zitierten Seite nennen;
- Angaben zum Autor bzw. Herausgeber machen (soweit vorhanden).

Einen sehr guten Aufschluss hierzu gibt etwa der *Electronic Style Guide* (*http://www.mediensprache.net/de/publishing*).

Beispiel für das Zitieren von Internet-Dokumenten:

Plieninger, Jürgen, 2003: Politologie FAQ. Tutorial für die politikwissenschaftliche Recherche im Netz (Ausgabe vom 11.06.2003), *http://homepages.uni-tuebingen.de/juergen.plieninger/polfaq/polfaq.html* (Stand: 01.07.2003).

Handelt es sich um „gespiegelte Inhalte" (etwa Online-Versionen von Zeitungsartikeln), oder liegen Inhalte faktisch in Publikationsform vor (z. B. „graue Literatur" als PDF-Dokument), empfiehlt sich die Zitation nach der Druckfassung, da sie damit auch in Bibliothekskatalogen recherchierbar sind. Als Service kann man zusätzlich noch die URL mit Abrufdatum angeben.

Internetinhalte, die für eine Arbeit *zentral* sind, können in ausgedruckter Form archiviert werden. Sollten sich Interessierte später nach der Quelle des Zitats erkundigen, kann man deren Wissbegierde stillen – auch wenn die Seite schon lange nicht mehr existiert.

6.5.4 Internet: für den Erstzugriff ungeeignet

Stellt man die Frage nach dem Stellenwert der Internetrecherche für das wissenschaftliche Arbeiten, kann man feststellen, dass sie höchstens einen *ergänzenden Charakter* haben kann: *Es gibt auch andere Recherchemethoden, die durchaus schneller zum Ziel führen können.* Die Qualität der eigenen Arbeit hängt stets von der Professionalität der verwendeten Literatur ab.

Vor der Internetrecherche sollte man bereits ein erstes Bild vom Gegenstand haben und den Forschungsstand zumindest in Ansätzen überblicken. Denn die Ergebnisse einer Suche im *World Wide Web* sind nur verwendbar, wenn sie in einen sinnvollen Kontext eingebunden werden. Daher das Recherchieren stets mit der Schneeballmethode unter Zuhilfenahme von Nachschlagewerken, Einführungen, Lehrbüchern und aktuellen Zeitschriftenausgaben beginnen. Mittels systematischen Bibliographierens kann man sich einen umfassenderen Überblick über die Literatur verschaffen und bereits relevante Informationen sammeln.

Alternative Recherchemethoden, wie die Netzrecherche, sollten später zum Zuge kommen. Ihr Sinn besteht darin, den eigenen Horizont zu erweitern, d. h. die bereits anderweitig gesammelten Informationen auszubauen und womöglich neue Perspektiven zu entdecken. Die neuen Erkenntnisse sollten dann aber, soweit möglich, auf dem „klassischen" Weg verifiziert werden.

6.6 Beschaffung der recherchierten Literatur

6.6.1 Bestand der lokalen Bibliothek(en)

Hat man die relevante Literatur ausfindig gemacht, steht man vor der Herausforderung, die entsprechenden Schriften zu beschaffen. Literatur, die in lokalen Bibliothekskatalogen verzeichnet ist, gehört zum Bestand der jeweiligen Einrichtung. Mit der Signatur geben die Kataloge Auskunft darüber, wo sich der entsprechende Titel befindet und wie er zugänglich ist.

Bei Literaturbeständen, die in den Lesesälen frei zugänglich sind, spricht man vom *Freihandbestand*. Er umfasst neben dem nicht entleihbaren *Präsenzbestand* (meist vielbenutzte Standardwerke) gegebenenfalls auch einen *Ausleihbestand*. Eine Sonderform des Präsenzbestandes sind *Semesterapparate*, die für die Dauer einer Veranstaltung eingerichtet werden und zentrale Literatur beinhalten. Darüber hinaus werden Lehrbücher gleich in mehreren

Exemplaren in sogenannten *Lehrbuchsammlungen* zum längerfristigen Entleihen bereitgestellt. Manchmal ist die Universitäts- bzw. Hochschulbibliothek in mehrere *Zweig- oder Institutsbibliotheken* aufgeteilt, die wiederum der beschriebenen Ausdifferenzierung folgen. Ferner gibt es sogenannte *Handapparate*, die an Lehrstühlen, Instituten oder anderen Einrichtungen stehen und nicht immer zugänglich sind.

Ein Großteil der Bücher, Zeitschriften(bände), Mikrofiches und anderer Datenträger ist aber in geschlossenen, für den Benutzer nicht zugänglichen *Magazinen* untergebracht und muss über OPAC bestellt werden. Bei Verfügbarkeit des Titels beträgt die Lieferfrist mitunter mehrere Werktage. Ist das Buch entliehen, so ist eine Vormerkung möglich – man stellt sich sozusagen in die Warteschlange, in der man ab und an mehrere Wochen verharren muss. Manchmal verzeichnen lokale Kataloge auch die Literatur anderer am Hochschulort ansässiger Bibliotheken. Diese kann dann entweder direkt vor Ort entliehen oder wie Magazinbestände bestellt werden.

Über die konkreten Verhältnisse liegen Informationen aus oder stehen auf der Homepage der Bibliothek zur Verfügung. Einführungen in die Bibliotheksbenutzung, oft zu Semesterbeginn angeboten, sind gut investierte Zeit.

6.6.2 Externe Literaturbestände

Mitunter ist eine recherchierte Monographie, ein Sammelband oder eine Zeitschrift nicht vor Ort vorhanden. Man kann dann der Bibliothek den Vorschlag unterbreiten, das Buch zu erwerben. Möchte man nicht so lange warten, kann man auf Bestände anderer Einrichtungen zugreifen. Dies kann über Fernleihe und Dokumentenlieferdienste geschehen.

Fernleihe

Wissenschaftliche Bibliotheken haben ein System gegenseitiger Unterstützung etabliert. Fehlt ein Titel, kann er mittels des jeweiligen Verbund-OPAC aus einer anderen Bibliothek angefordert werden. Fernleihe ist aber immer recht zeitaufwändig: Es dauert in der Regel zwei bis drei Wochen, bis der Titel in der eigenen Bibliothek abgeholt werden kann – vereinzelt wartet man auch Monate.

Sind Zeitschriften am Ort nicht vorhanden, kann man Kopien einzelner Aufsätze bestellen. Exakte bibliographische Angaben sind erforderlich, die Kopien erhält man im Durchschnitt nach ein bis zwei Wochen. Allerdings fallen Gebühren an, daher lohnt es sich zu überprüfen, ob der Text nicht günstiger online verfügbar ist, z. B. als E-Journal (vgl. Kap. 6.4.1). Auch bei Aufsätzen in Sammelwerken besteht grundsätzlich die Möglichkeit, Kopien zu bestellen. Inzwischen erfolgt auch die Kopienbestellung vielfach über den Verbund-OPAC.

Dokumentlieferdienste

Ähnlich wie die Fernleihe funktioniert der kostenpflichtige Dokumentlieferdienst *SUBITO* (*http://www.subito-doc.de*), der aus Beständen aller großen deutschen Bibliotheken schöpft. Er liefert sicher und schnell: *Aufsätze* werden meist innerhalb einer Woche geliefert (Eillieferungen sind möglich), wobei die Optionen Post, Fax und E-Mail offen stehen. Die Gebühren bewegen sich bei ca. € 3 pro 10 Seiten (die Fernleihe ist gewöhnlich günstiger). Bei einer Buchlieferung fallen doch erhebliche Gebühren um € 8 an. Ein weiterer, vergleichbarer Dokumentlieferdienst für Zeitschriftenaufsätze ist *JASON* (*http://www.ub.uni-bielefeld.de/databases/jason*), der allerdings auf Bibliotheken in Nordrhein-Westfalen beschränkt ist.

Schließlich gibt es noch die internetbasierten Dienste, die Aufsätze aus ihrem *eigenen* Datenbankbestand gegen Gebühren zur Verfügung stellen (vgl. Kap. 6.4.1). Diese sollte man aber erst in Anspruch nehmen, wenn der Aufsatz nicht von einem der obigen Dokumentlieferdienste zu beziehen ist, was bei fremdsprachigen Titeln vereinzelt der Fall sein kann.

6.6.3 Bücherkauf – nur ausnahmsweise

Bücher sind nicht zum Kaufen da, sondern zum Lesen. Man sollte sich genau überlegen, was man kauft: Der Bücherkauf kann wie das Kopieren schnell zur Ersatzhandlung, ja zu einem Alibi werden. Wird ein Titel aber für besonders wichtig erachtet oder will man ihn dauerhaft verfügbar halten, so kann dies seine Anschaffung rechtfertigen. Bücher, die im Handel angeboten werden, also im VLB verzeichnet sind, kann man über jede Buchhandlung, einen Verlagsbuchhandel oder auch per Online-Buchhandel beziehen.

Ist das gewünschte Medium vergriffen, lohnt sich ein Blick in das *Zentrale Verzeichnis antiquarischer Bücher* (*http://www.zvab.com*) oder auch auf *Abebooks* (*http://www.abebooks.de*), die antiquarische, gebrauchte und vergriffene Bücher anbieten. Auch manch noch lieferbares Buch lässt sich hier preisgünstig finden. Wichtige Werke werden mitunter auch fast gratis von den Bundes- und Landeszentralen für politische Bildung vertrieben (vgl. Kap. 6.3.7).

6.7 Literatur- und Materialordnung

Nicht jeder recherchierte Titel kann den Erwartungen gerecht werden. Die Literatur, mit der man etwas anfangen kann, sollte aber in einem geeigneten Verzeichnis aufgeführt werden. Dies kann auf Karteikarten oder auch mit dem PC erfolgen. So schafft man sich eine Basis für das spätere Literaturverzeichnis (vgl. Kap. 9.7).

Außerdem kann nicht ausgeschlossen werden, dass man sich später wieder mit einem ähnlichen Thema beschäftigt, für das eine vorhandene Literaturdokumentation einen Grundstock liefert. Neben den notwendigen bibliographischen Angaben sollten deshalb kommentierende Anmerkungen zu Inhalt, wissenschaftlichem Ansatz, Relevanz etc. verzeichnet werden. Bei einer erneuten Lektüre weiß man bereits, welchen Zugewinn der entsprechende Titel bringt, und an welchen Stellen man gegebenenfalls tiefer eintauchen soll. Der erneute Arbeitsaufwand wird dadurch verringert.

6.8 Die Literaturrecherche – ein Prozess ständiger Reflexion

6.8.1 Kontinuität der Recherche

Die Literaturrecherche steht am Anfang der wissenschaftlichen Arbeit, da sie deren Grundlagen liefert. Mit ihrer Hilfe kann man sich differenziert mit der Fragestellung auseinandersetzen und die Arbeit konzeptualisieren. Gleichwohl ist sie damit nicht abgeschlossen, sondern wird den Arbeitsfortschritt begleiten. Späteres Nachrecherchieren ist nicht allein niemals ausgeschlossen, sondern bildet vielmehr einen festen Bestandteil wissenschaftlichen Arbeitens und ist für das Gelingen unerlässlich.

6.8.2 Notwendigkeit der Zieldefinition

Stets ist zu beachten, dass Recherche *niemals Selbstzweck* ist. Ihr Sinn besteht darin, Materialien zu finden und zu sammeln, um eine wissenschaftliche Arbeit zu verfertigen. Aus ihr lassen sich grundlegende Informationen, aber auch neue Perspektiven gewinnen. Daher geht es nicht um Vollständigkeit. Der Umfang wird sich an der Art der vorzulegenden Arbeit, ihrer Fragestellung und der Güte der bereits recherchierten Literatur ausrichten.

Deshalb sollte man sich stets fragen, was das konkrete Recherchemittel zur Bewältigung der Aufgabe beitragen kann. Dann wird der Aufwand in moderaten Grenzen gehalten. Mut zu einer gewissen Unvollständigkeit ist gefragt, denn auch hier gilt das *Erste Gossensche Gesetz* (das Gesetz des abnehmenden Grenznutzens): Mit jedem zusätzlich ausgewerteten Titel erhält man zwar zusätzliche Informationen, der jeweilige Zugewinn sinkt aber stetig. Wenn der Ertrag der Recherche also deutlich abnimmt, sollte der Abbruch des (Recherche-)Verfahrens erwogen werden. Sollte später die eine oder andere Information fehlen, kann man zielgerecht nachrecherchieren.

6.8.3 Beachtung des Faktors Zeit

Bei der Wahl der Rechercheinstrumente, der Reihenfolge ihrer Anwendung sowie ihrer Kombination ist der Faktor Zeit zu berücksichtigen:

- Wer bzw. welche Institution hat die Literatur? Ist sie in der eigenen Bibliothek vorhanden oder muss sie außerhalb beschafft werden? Wie schnell ist sie verfügbar?
- Kann in der vorgesehenen Zeit all die recherchierte Literatur bearbeitet werden, oder ist eine Auswahl zu treffen?
- In welcher Reihenfolge sollten die einzelnen Recherchemittel herangezogen werden?

6.8.4 Literaturrecherche als ständiger Umgang mit Lücken

Eine sinnvolle Literaturrecherche bedeutet auch, Lücken zu akzeptieren (Plieninger 2003). Im Arbeitsprozess sollte die Fragestellung deshalb immer wieder überprüft werden:

- Gibt es noch wichtige Aspekte, die bisher noch nicht aufgefallen sind?
- Welche Themenbereiche sollten noch berücksichtigt werden?
- Beschäftigen sich nicht auch Nachbarwissenschaften mit diesem Gegenstand, beleuchten sie ihn aus anderen relevanten Perspektiven?
- Stellen die bisher recherchierten Materialien alle Sichtweisen erschöpfend dar?

Damit geht eine Kontrolle der angewandten Recherchemittel sowie der formulierten Suchkriterien einher:

- Sind die angewandten Recherchestrategien wirklich geeignet, den ganzen Gegenstand zu erfassen?
- Müssen sie modifiziert werden?

Lücken sollten allerdings nicht vernachlässigt oder gar verschwiegen werden, sondern sie sind zu kennzeichnen und zu begründen. Jeder wissenschaftliche Text enthält zwangsläufig Lücken; wichtig ist, dass sie nicht in den zentralen Gegenständen zutage treten.

6.9 Literatur

Burchardt, Michael, ³2000: Leichter Studieren: Wegweiser für effektives wissenschaftliches Arbeiten, Berlin.
Gash, Sarah, ²2000: Effective Literature Searching for Research, Brookfield, VT.
Hart, Chris, 2001: Doing a Literature Search. A Comprehensive Guide for the Social Sciences, London u. a.
Kruse, Otto, ⁵1997: Keine Angst vor dem leeren Blatt. Ohne Schreibblockade durch das Studium, Frankfurt a. M. / New York.
Ó Dochartaigh, Niall, 2002: The Internet Research Handbook. A Practical Guide for Students in the Social Sciences, London u. a.
Peterßen, Wilhelm H., 1987: Wissenschaftliches Arbeiten: nicht leicht, aber erlernbar. Eine Einführung für Schüler und Studenten, München.
Plieninger, Jürgen, 2003: Politologie FAQ. Tutorial für die politikwissenschaftliche Recherche im Netz (Ausgabe von 16.06.2003), *http://homepages.uni-tuebingen.de/ juergen.plieninger/polfaq/polfaq.html* (Stand: 01.07.2003).
Rossig, Wolfram E. / Prätsch, Joachim, ⁴2002: Wissenschaftliche Arbeiten. Ein Leitfaden für Haus-, Seminar-, Examens- und Diplomarbeiten sowie Präsentationen. Mit PC- und Internet-Nutzung, Bremen.

Sesink, Werner, ³1997: Einführung in das wissenschaftliche Arbeiten. Ohne und mit PC, München / Wien.
Stern, Jürgen, 2002: www.mehr-demokratie.ade: Das Internet und die Zukunft der deutschen Politik, in: Gesellschaft – Wirtschaft – Politik 51, 245-270.

7 Daten, Quellen und Analysen – Grundzüge einer Methodenkunde

Angehende Sozialwissenschaftler werden zu Beginn ihres Studiums vor allem mit Lehrbüchern und wissenschaftlichen Texten konfrontiert. Bald werden sie aber selbst Wissenschaft betreiben, indem sie Aussagen produzieren und überprüfen. Dazu muss empirisch gearbeitet werden, d. h. es werden beispielsweise Parlamentsreden analysiert, Umfragedaten ausgewertet oder politische Akteure befragt.

Was bei der Auswertung einer Originalquelle zu beachten ist und welche weiteren Methoden angehende Sozialwissenschaftler zumindest kennen sollten, wird auf den folgenden Seiten knapp dargestellt.[1] Zunächst soll aber kurz problematisiert werden, was bei der Analyse von Dokumenten und Daten eigentlich passiert.

7.1 Primärquellen und Sekundärquellen

Sozialwissenschaftliche „Daten" sind zunächst alle Phänomene, die in irgendeiner Weise Auskunft über soziale Realität geben können. Dabei kann es sich um Dokumente bzw. Texte handeln oder auch um Ereignisse oder Gegenstände. Insofern entspricht der sozialwissenschaftliche Begriff „Daten" dem Begriff „Quellen" der Geschichtswissenschaft.[2] Eine erste wesentliche Unterscheidung ist dabei zwischen Primär- und Sekundärquellen notwendig:

- *Primärquellen* sind einerseits Originalquellen, die von Akteuren produziert und hinterlassen wurden, z. B. Akten oder Protokolle. Andererseits können aber auch Daten Gegenstand einer Primäranalyse sein, bei deren „Produktion" Forscher durch Befragung oder Beobachtung „mitwirken" (z. B. indem sie Interviews führen).

---

1 Dabei kann dieses Kapitel selbstverständlich keine Einführung in die empirische Sozialforschung (z. B. Atteslander 2003; Friedrichs 1985; Kromrey 2002; Schnell / Hill / Esser 1999) ersetzen. Eine nützliche Kurzeinführung, die sich allerdings primär an Wirtschaftswissenschaftler richtet, findet sich bei Ebster / Stalzer (2002: 157-234).
2 Folglich werden die beiden Begriffe im Folgenden synonym verwandt.

- *Sekundärquellen* sind alle Datensätze, in denen bereits Primärquellen verarbeitet wurden. Gegenstände einer Sekundäranalyse sind z. B. wissenschaftliche Texte, aber auch empirische Daten anderer Forscher, die erneut ausgewertet werden – also die Sekundäranalyse empirischer Sozialforschung (Friedrichs 1985: 353-365; Kromrey 2002: 526f.).

7.2 Hermeneutik: das Erkennen von „Sinn"

Was passiert nun, wenn sich Forscher mit Quellen beschäftigen? Ziel ist offensichtlich, ihren „Sinn" zu erfassen – bzw. den Sinn zu erschließen, den diese in der jeweiligen Forschungsperspektive haben. Dazu wird eine Quelle in ihre (nicht nur historischen) Zusammenhänge eingeordnet. Dieser Versuch der Sinnerfassung erfolgt in einem Verfahren, das als *„hermeneutischer Zirkel"* bezeichnet wird (Patzelt 2003: 164-166).

Man beginnt jeweils mit einem gewissen „Vorverständnis", welches bereits die Auswahl der Daten leitet (so erwartet man beispielsweise, dass in einer Parlamentsdebatte zur Regierungserklärung des Bundeskanzlers die Oppositionsführerin die Position der Opposition verdeutlicht). Mit Hilfe des Vorverständnisses und des bereits vorhandenen Kontextwissens lässt sich die Quelle gegebenenfalls schon einer befriedigenden *Interpretation* unterziehen, oft wird man aber feststellen, dass ein Verständnis noch nicht möglich ist (*Verständniskontrolle*).

Aufgrund eines solchen Misserfolgs wird indessen deutlich, wo nun seinerseits das Vorverständnis ergänzt, korrigiert oder verbessert werden muss, bzw. wo es sich bewährt hat. Je nach Sachlage wird man daraufhin zusätzliche Informationen zur Verbesserung seines Vorverständnisses einholen. Diese Informationen können durch ergänzende Lektüre, durch weitere Datenerhebung, durch erneute Durchsicht der gesammelten Daten, durch Gespräche mit Kollegen oder durch kreative Umorganisation des Vorwissens gewonnen werden (Patzelt 2003: 165).

Mit verbessertem Vorwissen tritt man erneut in die Interpretation der Quelle ein und wiederholt diesen *„Schraubvorgang"*, bis der Sinn befriedigend erkannt ist. Selbstverständlich dient beim Verständnis jedes Textes (d. h. auch von Lehr- oder wissenschaftlichen Texten) der hermeneutische Zirkel als Erkenntnisinstrument.

Abb. 7.1: **Der hermeneutische Zirkel**

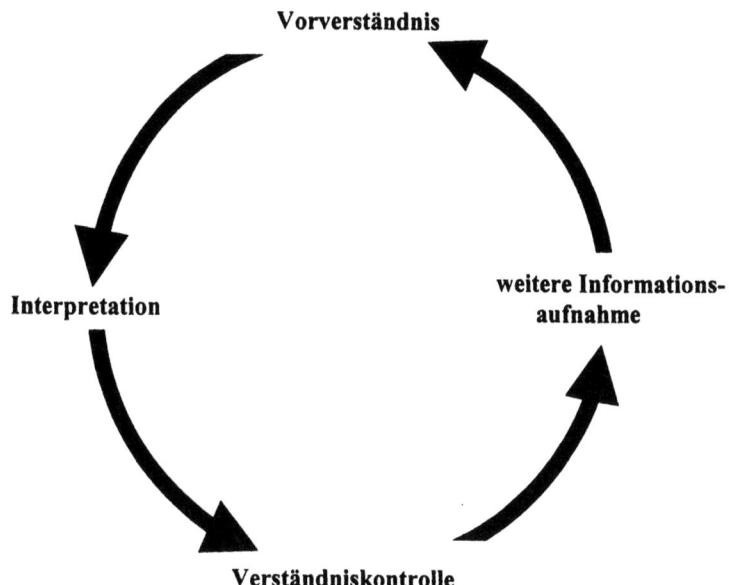

7.3 Quellenkritik

Um den Sinn angemessen zu erfassen, ist aber *Quellenkritik* unumgänglich, da alles menschliche Handeln kontextbezogen ist und meist auch eine Absicht verfolgt. Eine gute Sensibilisierung für quellenkritische Probleme ist über die sogenannten „*W-Fragen*" möglich:

- *Wer* hat das Dokument hinterlassen? Es macht einen Unterschied, ob Regierungschefs, Beamte oder politische Beobachter *Verfasser* sind.
- *Wann* wurden die Daten produziert? In welchem *Kontext* entstand das Dokument und was konnten die Akteure zu diesem *Zeitpunkt* über den Vorgang überhaupt wissen?
- *Wem* wurde durch die Quelle etwas mitgeteilt, wer sind also die *Adressaten*? Handelt es sich um eine Rede an die Öffentlichkeit, um eine in-

terne Lagebeurteilung einer politischen Partei oder um einen offiziellen Schriftwechsel zwischen zwei Regierungen kurz vor Kriegsausbruch?
- *Wozu?* Diese Frage hängt eng mit der letzten zusammen und fragt nach den *Intentionen* einer Äußerung. So werden *elder statesmen* in ihren Memoiren ihre eigene Bedeutung mitunter überbetonen oder aktive Politiker ein Problem so darstellen, dass sie Unterstützung für ihre Position gewinnen können.

Selbstverständlich ist Quellenkritik nicht nur bei der Primäranalyse angezeigt, sondern auch bei der Sekundäranalyse von wissenschaftlichen Texten erforderlich. Neben der schon angesprochenen Zeitbezogenheit jeder Studie – der Frage, was die Forscher überhaupt wissen konnten (waren einschlägige Daten zugänglich?) – ist besonders auf mögliche „Blindstellen" jeder Untersuchung hinzuweisen.

So bestimmt das Forschungsinteresse das Ergebnis einer Untersuchung immer ein wenig mit: Eine Abhandlung, die nach den politischen Kontinuitäten zwischen NS-Zeit und dem Nachkriegsdeutschland fragt, wird solche meist entdecken und herausstellen, während eine Untersuchung über die gegenteiligen Diskontinuitäten sicher ebenso Belege für ihren Gegenstand finden wird. Solche systematischen Verzerrungen durch das Forschungsinteresse können auch selbstkritische Forscher nur minimieren, aber niemals ganz vermeiden. Um so wichtiger ist für Nachfolgestudien das Bemühen um *Multiperspektivität* (vgl. Kap. 2). So werden auch Verzerrungen vermieden, die aus der Forschungsperspektive (also den verwandten Theorien und Methoden) erwachsen können, da bestimmte Theorien bestimmte Phänomene stärker oder schwächer bewerten oder auch ganz vernachlässigen.[3]

Wesentlich problematischer sind *„ideologische" Verzerrungen*: Da Sozialwissenschaftler meist politisch interessierte Menschen sind, besteht immer die Gefahr, dass sie (unbewusst) versuchen, durch ihre Forschung lediglich die von ihnen als richtig erkannte weltanschauliche Positionen zu bestätigen. Deshalb sollten auch bei der Analyse wissenschaftlicher Texte die quellenkritischen Fragen „Wer?" und „Wozu?" nicht vernachlässigt werden. Denn es ist etwas nicht schon deshalb zutreffend, weil es zwischen zwei Buchdeckeln steckt.

---

3 So wird in der Theorie des rationalen Wählens vorausgesetzt, dass jeder Wähler gemäß seiner Präferenzen „sinnvoll" abstimmt. Irrationale Wähler, die z. B. aufgrund einer Krankheit desorientiert sind und ihr Kreuz deshalb „sinnlos" setzen, kommen in dieser Theorie nicht vor.

Gründzüge einer Methodenkunde

7.4 Gegenstände der „klassischen" Inhaltsanalyse

Gegenstände der „klassischen" Inhaltsanalyse sind Dokumente, die dem hermeneutischen Zirkel direkt zugänglich sind, also nicht erst durch die Forscher „erzeugt" werden müssen:

- Für die *Inhaltsanalyse wissenschaftlicher Texte* sei zunächst auf die Lesetechniken verwiesen (vgl. Kap. 5.3). Wie eben erörtert, ist aber auch bei diesem Texttyp ein Mindestmaß an Quellenkritik erforderlich.
- Unerlässlich ist Quellenkritik bei der *Analyse von Primärquellen*, wobei Eigenheiten des jeweiligen Dokumententyps hinzukommen.

Welche Originalquellen mit welchen Besonderheiten sind zu unterscheiden?

- *Akten* sind die typischen Primärquellen der Historiker, aber auch für Politikwissenschaftler unerlässlich. Sie dienten dem internen Gebrauch einer Administration und unterliegen deshalb üblicherweise einer jahrzehntelangen Geheimhaltungsfrist.[4] Nach Ablauf dieser Frist werden wichtige Akten üblicherweise in *Akteneditionen* veröffentlicht und damit auch außerhalb der Archive der Forschung zugänglich gemacht. Auch wenn Akten wegen ihres vertraulichen Charakters insgesamt als zuverlässig gelten können, so ist Quellenkritik doch unbedingt erforderlich: Was konnte die Dienststelle überhaupt wissen und inwiefern kann die Quelle durch Intentionen verzerrt sein? Ein Beispiel: Es ist zumindest nicht auszuschließen, dass ein Führungsoffizier der Stasi die „Auskunftsbereitschaft" einer Kontaktperson positiver als zutreffend darstellte, um seine eigene Leistung gegenüber seinen Vorgesetzten zu betonen.
- *Protokolle* sind amtliche Gesprächsaufzeichnungen und unterliegen mitunter ebenfalls der Geheimhaltung, teils sind sie aber wie Parlamentsprotokolle (inkl. der parlamentarischen Drucksachen) zur unmittelbaren Veröffentlichung bestimmt. Da in repräsentativen Demokratien faktisch jedes Thema von einiger Bedeutung parlamentarisch behandelt wird, sind sie eine wahre Fundgrube,[5] weil sie aber auf die Öffentlichkeit zie-

---

4 Zu den wenigen Ausnahmen gehören die Aktenbestände der beiden deutschen Diktaturen, die jeweils im Rahmen der „Geschichtsaufarbeitung" der Forschung zugänglich gemacht wurden.
5 Vor allem wenn sie über ein gutes Sachregister erschlossen sind.

len und damit einer bestimmten Intention folgen, sind sie wie alle derartigen Dokumente immer intensiver Quellenkritik zu unterziehen.
- Gleiches gilt für *offizielle Publikationen* wie Amtsblätter, regierungsamtliche Informationen oder auch Wahlprogramme, die selbstverständlich immer ein Ziel verfolgen.
- Eine wichtige Quelle für Politikwissenschaftler ist angesichts der Verschlussfristen für Aktenbestände auch die *Publizistik*, also Zeitungen, Zeitschriften und Magazine. Da gut informierten Journalisten umfangreiche Hintergrundinformationen vorliegen, ist die seriöse Tagespresse insgesamt sehr zuverlässig.[6] Andererseits liefert sie auch aufschlussreiche Einblicke in die Lageeinschätzungen politischer Beobachter und Akteure.
- *Briefe* und *Tagebücher* sind insbesondere darauf zu prüfen, ob es sich um private Aufzeichnungen handelt oder schon bei ihrer Abfassung (wie z. B. bei den meisten Jahrgängen der Goebbels-Tagebücher) eine Publikation vorgesehen war. Sie sind dann entsprechend kritisch auszuwerten.
- Gleiches gilt für *Memoiren*, die zwar Einblick in die Motivation und die Einschätzungen der politischen Akteure geben, gleichwohl aber Erinnerungslücken aufweisen können. Ebenso ist die Möglichkeit zur Rechtfertigung eigenen Handelns wie auch der Herausstellung der eigenen Rolle in Erwägung zu ziehen.
- Bei der Analyse von *Tondokumenten* und *Gesprächsaufzeichnungen* ist gleichfalls die Entstehungssituation in Rechnung zu stellen,[7] wobei Tonaufzeichnungen wertvolle Zusatzinformationen (Beifall, Störungen) oder auch nichtverbale Informationen enthalten können. Gleiches gilt für *Film-* und *Fernsehaufzeichnungen* sowie *Bilder*.
- Schließlich können auch *Gegenstände*, wie z. B. Wahlplakate, Objekt einer Inhaltsanalyse sein.

---

6 Dies stellte zumindest Arnulf Baring (1982: 15f.) fest, der für seine Studie über die Regierung Brandt die Presseberichterstattung auch an einschlägigen Aktenbeständen überprüfen konnte.

7 Bei vom Forscher selbst geführten Interviews kann diese zumindest teilweise „kontrolliert" werden.

Gründzüge einer Methodenkunde 117

7.5 Die Sekundäranalyse empirischer Sozialforschung

Auch wenn der Begriff „Sekundäranalyse" zunächst sehr hochgestochen klingt, werden auch Studienanfänger oft zu dieser Methode greifen. Um nichts anderes handelt es sich nämlich, wenn bereits erhobene Daten neu ausgewertet werden – dies geschieht etwa bei einer Neuinterpretation bereits publizierter Umfragedaten.

7.5.1 Exkurs: Tabellen richtig gelesen

Die korrekte Interpretation von Tabellen ist nicht einfach. Die Daten können je nach Tabellentyp nämlich verschiedenartig erscheinen und unterschiedliche Schlüsse nahe legen. Ein Beispiel soll das verdeutlichen:

Mitte der 80er Jahre ermittelte die sogenannte SINUS-Studie, welchen Zuspruch die Bundestagsparteien in verschiedenen sozialen Gruppen (sogenannten „Milieus") fanden. Die Anteile verteilten sich wie in Tabelle 7.1 angegeben.

Tab. 7.1: *Milieu und Parteiidentifikation 1984 (Anteil in %)*

Milieu	SPD	Union	Grüne	FDP	k. A.	Summe
konservativ gehoben	1,7	5,9	0,1	1,3	1,0	**10,0**
kleinbürgerlich	8,4	16,0	0,3	1,1	3,2	**29,0**
Arbeiter, traditionell	4,7	3,1	0,1	0,1	1,0	**9,0**
Arbeiter, traditionslos	4,0	2,5	0,5	0,1	0,9	**8,0**
aufstiegsorientiert	8,4	8,4	0,8	1,3	2,1	**21,0**
technokratisch	4,3	4,0	0,8	1,1	0,8	**11,0**
hedonistisch	3,4	1,3	2,2	0,1	1,0	**8,0**
alternativ / links	1,8	0,5	1,3	0,1	0,3	**4,0**
Summe	**36,7**	**41,7**	**6,1**	**5,2**	**10,3**	**100,0**

Quelle: Alemann 1992: 104 (Tab. 3).

Zur Interpretation der Daten ist es unerlässlich, sich zu verdeutlichen, auf was sie sich jeweils beziehen. Was bedeutet „1,7" im Zahlenfeld oben links? Es handelt sich um den Anteil von SPD-Sympathisanten innerhalb des konservativ gehobenen Milieus bezogen auf die Gesamtbevölkerung (Summe 100 % in der Zelle unten rechts). Die Angabe „1,7" ist also folgendermaßen zu lesen: *Innerhalb der Gesamtbevölkerung macht die Gruppe der sich mit der SPD identifizierenden Angehörigen des konservativ gehobenen Milieus knapp 2 % aus.* Dabei umfassen die Angehörigen des konservativ gehobenen Milieus insgesamt 10 % der Gesamtbevölkerung (Zelle oben rechts) und die SPD-Sympathisanten knapp 37 % der Gesamtbevölkerung (Zelle unten links).

Nicht unmittelbar ist der Tabelle aber zu entnehmen, wie sich die Parteiidentifikationen innerhalb der Milieus verteilen. Ein Blick auf die Anteile in der Gesamtbevölkerung gibt zwar einen ersten Hinweis (so sympathisieren knapp doppelt so viele Angehörige des kleinbürgerlichen Milieus mit der Union als mit der SPD), deutlicher ist jedoch eine Tabelle mit Zeilenprozenten (d. h. die Prozentanteile in einer Zeile addieren sich jeweils zu 100 %). Tabelle 7.2 zeigt dieselben Daten deshalb mit Angaben in Zeilenprozenten.

Tab. 7.2: *Parteiidentifikation nach Milieus 1984 (Zeilen-%)*

Milieu	SPD	Union	Grüne	FDP	k. A.	Summe
konservativ gehoben	17,0	59,0	1,0	13,0	10,0	100,0
kleinbürgerlich	29,0	55,2	1,0	3,8	11,0	100,0
Arbeiter, traditionell	52,2	34,4	1,1	1,1	11,1	100,0
Arbeiter, traditionslos	50,0	31,3	6,3	1,3	11,3	100,0
aufstiegsorientiert	40,0	40,0	3,8	6,2	10,0	100,0
technokratisch	39,1	36,4	7,3	10,0	7,3	100,0
hedonistisch	42,5	16,3	27,5	1,3	12,5	100,0
alternativ / links	45,0	12,5	32,5	2,5	7,5	100,0
Summe	**36,7**	**41,7**	**6,1**	**5,2**	**10,3**	**100,0**

Quelle: Alemann 1992: 104 (Tab. 3). Umrechnung durch die Verf.

Gründzüge einer Methodenkunde 119

Diese Darstellungsform bestätigt nun nicht allein, dass etwa doppelt so viele Angehörige des kleinbürgerlichen Milieus mit der Union als mit der SPD sympathisieren, sondern verdeutlicht auch die Anteile innerhalb dieses Milieus (so wird z. B. die geringe Anhängerschaft für die kleinen Parteien in dieser Gruppe deutlich).

Trotz der besseren Lesbarkeit geht bei dieser Darstellungsform aber Information verloren, da die Anteile der Milieus in der Gesamtbevölkerung nicht mitgeteilt werden.[8] Betrachten wir nur die höchsten Werte der beiden größten Parteien: Mit der SPD identifizieren sich gut 52 % des traditionellen Arbeitermilieus, mit der Union sogar 59 % des konservativ gehobenen Milieus. Sind diese Gruppen aber jeweils ein starker Faktor für einen Wahlerfolg der betreffenden Parteien? Die Antwort geben dieselben Daten in der Darstellungsform von Tabelle 7.3, die Angaben in Spaltenprozenten macht (d. h. die Prozentanteile in einer Spalte addieren sich jeweils zu 100 %).

Tab. 7.3: *Milieus nach Parteiidentifikation 1984 (Spalten-%)*

Milieu	SPD	Union	Grüne	FDP	k. A.	Summe
konservativ gehoben	4,6	14,1	1,6	25,0	9,7	10,0
kleinbürgerlich	22,9	38,4	4,9	21,2	31,1	29,0
Arbeiter, traditionell	12,8	7,4	1,6	1,9	9,7	9,0
Arbeiter, traditionslos	10,9	6,0	8,2	1,9	8,7	8,0
aufstiegsorientiert	22,9	20,1	13,1	25,0	20,4	21,0
technokratisch	11,7	9,6	13,1	21,2	7,8	11,0
hedonistisch	9,3	3,1	36,1	1,9	9,7	8,0
alternativ / links	4,9	1,2	21,3	1,9	2,9	4,0
Summe	**100,0**	**100,0**	**100,0**	**100,0**	**100,0**	**100,0**

Quelle: Alemann 1992: 104 (Tab. 3). Umrechnung durch die Verf.

---

8 Um dies zu verhindern, könnte man z. B. auf die Summenspalte verzichten (da sich die Zeilen definitionsgemäß auf 100 % summieren), sondern stattdessen – selbstverständlich mit geeigneter Spaltenüberschrift – die Anteile der Milieus in der Gesamtbevölkerung angeben.

Diese Darstellungsform relativiert die Bedeutung der angesprochenen Gruppen doch deutlich. Die Unionssympathisanten des konservativen Milieus machen nur gut 14 % aller sich mit der CDU / CSU identifizierenden Bürger aus, ebenso bilden die mit der SPD verbundenen Mitglieder des traditionellen Arbeitermilieus nur knapp 13 % der SPD-Sympathisanten.

Bei dieser Darstellung gehen nun aber wiederum andere Informationen verloren: Das Verhältnis der Anhängerschaften zwischen den Parteien ist nun weder in der Gesamtbevölkerung noch in den Milieus zu erkennen.[9] Die Vor- und Nachteile der Darstellungsformen liegen auf der Hand:

- Die Tabelle 7.2 macht deutlich, dass die einzelnen Milieus sehr unterschiedliche parteipolitische Sympathien hegen, vernachlässigt aber den unterschiedlichen Umfang der Milieus.
- Dagegen zeigt Tabelle 7.3 das Gewicht der einzelnen Milieus in den Parteianhängerschaften an, erlaubt aber nicht, die Verteilung der Parteiidentifikationen innerhalb der Milieus nachzuvollziehen.
- Vollständige Informationen bietet dagegen Tabelle 7.1, dafür ist sie aber unanschaulich. So ist zu erkennen, dass sich ebenso viele Mitglieder des hedonistischen Milieus mit der Union identifizieren wie solche des alternativ-linken Milieus mit den Grünen. Doch hat diese Tatsache kaum Aussagekraft, da sich sowohl die Milieus als auch die Parteianhängerschaften in der Größe deutlich unterscheiden.

Für die eigene Datenaufbereitung in Tabellen sollte man daraus den Schluss ziehen, jeweils jene Darstellungsform zu wählen, die die eigene Argumentationslinie deutlich macht; es sind aber alle erforderlichen Angaben aufzuführen, damit Leser die Daten „zurückrechnen" können.[10]

7.5.2 Sekundäranalysen kritisch hinterfragen

Das Beispiel macht deutlich, dass auch bei der Sekundäranalyse von Ergebnissen empirischer Sozialforschung „*Quellenkritik*" gefordert ist: So suggeriert die Aussage „52 % der traditionellen Arbeiter wählen SPD" eine we-

---

9 Dazu müssten in der untersten Zeile die Anteile der Parteien in der Gesamtbevölkerung angegeben werden.
10 Aus diesem Grunde sollten – wie in den Fußnoten vorgeschlagen – statt der 100 %-Summen die jeweiligen Anteile in der Grundgesamtheit angegeben werden.

Gründzüge einer Methodenkunde 121

sentlich größere Bedeutung dieser Wählergruppe für die Partei als „13 % der SPD-Wähler sind traditionelle Arbeiter" – und mitunter mag die Intention des Autors auch die Darstellungsweise beeinflussen.

Außerdem sollte bei der Analyse publizierter Daten auch den folgenden Gesichtspunkten Aufmerksamkeit geschenkt werden:

- Ist die *Repräsentativität* der Stichprobe gewahrt, d. h. sind in ihr die Untersuchungsmerkmale tatsächlich genauso verteilt wie in der Grundgesamtheit?
- Dies gilt nicht nur für die gesamte *Stichprobengröße* (wobei für eine repräsentative Bevölkerungsumfrage nach allgemeiner Meinung eine vierstellige Zahl von Personen befragt werden muss), sondern auch für einzelne Bezugseinheiten. Aussagen über die Motivation von NPD-Wählern anhand einer eigentlich repräsentativen Bevölkerungsumfrage von 1.000 Personen sind höchst fragwürdig: Die NPD erreichte bei der letzten Bundestagswahl 0,4 % der Stimmen, d. h. die Befunde stützten sich auf etwa vier (!) Befragte! In seriösen Studien wird deshalb die Stichprobengröße stets mitangegeben.
- Andererseits ist auch die *Erhebungsmethode* zu berücksichtigen. Anfang 1990 konnte eine Telefonumfrage in der DDR kaum repräsentative Ergebnisse liefern, da die Anschlüsse nicht gleichmäßig über die Bevölkerung verteilt waren. Ebenso sind am frühen Nachmittag in einer Fußgängerzone durchgeführte Befragungen kaum repräsentativ für die Gesamtbevölkerung – durchaus aber für die nachmittäglichen Einkaufsbummler. Mit größter Vorsicht sind deshalb auch Internetumfragen zu behandeln (Faas 2003: 7f.), sofern sich die Aussagen nicht allein auf Internetnutzer beschränken sollen.[11]
- Umfragewerte sind mitunter durch *Frageformulierungen* beeinflusst. Auf die Frage „Sollten wir nicht alles tun, um unseren Nachkommen eine lebenswerte Umwelt zu hinterlassen?" wird man mehr „umweltfreundliche" Antworten erhalten als auf „Muss, wenn es um Arbeitsplätze geht, der Umweltschutz nicht auch einmal zurückstehen?" Seriöse Studien geben deshalb stets die Frageformulierung an.
- Schließlich ist die Problematik des *ökologischen Fehlschlusses* zu beachten. So wurde für den Wahlerfolg rechtsextremer Parteien bei der

---

11 Für die Methoden, mit denen man die Güte einer Stichprobe überprüfen und gegebenenfalls „nachjustieren" kann, wird auf die einschlägige Literatur zur Methodenlehre verwiesen.

schleswig-holsteinischen Landtagswahl 1992 ein starker Zusammenhang mit dem Ausländeranteil der betreffenden Gemeinden ermittelt (Falter 1994: 47 [Abb. 3.2]). Nicht nur weil Ausländer kein Wahlrecht haben, käme niemand auf die Idee, daraus eine rechtsextreme Wahlentscheidung der Ausländer zu folgern. Nichts Anderes passiert aber, wenn – ohne ergänzende Daten auf der Individualebene – aus gleichzeitigem Rückgang des Stimmanteils der Partei A und Zunahme der Stimmen der Partei B auf entsprechende Wählerwanderungen geschlossen wird.[12]

7.6 Weitere sozialwissenschaftliche Methoden

Die sozialwissenschaftlichen Methoden erschöpfen sich aber nicht in der Analyse bereits vorliegender Quellen. Mitunter sind Sozialwissenschaftler vor einer Analyse gezwungen, ihre Daten zunächst einmal zu produzieren bzw. eine Situation herzustellen, in der diese Daten erfasst werden können. Diese Methoden können hier nur kurz dargestellt werden, wobei man sie grob in *Befragungen* und *Beobachtungen* unterscheiden kann.

7.6.1 Befragungen

Bei den Befragungen kann man erneut danach differenzieren, ob die Personen *individuell* oder *kollektiv* befragt werden. Bei den kollektiven Befragungsmethoden unterscheidet man das *Gruppeninterview* und die *Gruppendiskussion*, wobei beim Interview die Forscher den Gesprächsverlauf stärker strukturieren, während sie sich bei der Diskussion stärker zurücknehmen, den Ablauf vor allem beobachten und nur von Zeit zu Zeit steuernd eingreifen.

Bei den individuellen Befragungen wird üblicherweise nach *mündlicher* und *schriftlicher* Erhebungsmethode unterschieden:

- Das *Interview* ist eine mündliche Befragung, die mit Hilfe eines Fragebogens durchgeführt wird und (mitunter auch durch feste Antwortvorgaben) stark vorstrukturiert ist.

---

12 Es wäre z. B. auch möglich, dass sich bisherige Wähler der Partei A enthalten haben und Partei B Wähler mobilisieren konnte, die sich zuvor enthielten.

- Dienen die Fragen vor allem als Stimuli (d. h. Anreize) für längere Statements des Befragten, welche dann auch in geeigneter Form aufgezeichnet werden, spricht man vom *Leitfadeninterview*.
- „Alle Formen der mündlichen Befragung, die mit nicht-standardisierten Fragen und einem geringen Maß an Strukturierung der Frageanordnung vorgehen, lassen sich vergröbernd zur Gruppe der *Intensivinterviews* rechnen." (Friedrichs 1985: 224; Hervorhebung der Verf.)[13]

In ähnlicher Weise lassen sich die schriftlichen Befragungen unterscheiden:

- Ein *teilstandardisierter Fragebogen* arbeitet vorwiegend mit offenen Fragen, sie dienen also vor allem als Stimuli.
- Bei einem *standardisierten Fragebogen* sind dagegen auch die Antwortmöglichkeiten weitgehend vorgegeben.

Zur Frage, was bei den einzelnen Befragungsmethoden zu beachten ist, sei auf die einschlägige Literatur verwiesen, hier nur einige Anmerkungen zu den möglichen Problemen verschiedener Befragungsmethoden. Insgesamt gilt:

- *Schriftliche Befragungen erfordern mehr Vorwissen als mündliche.* Das liegt schon daran, dass weder Befragte bei Unverständnis, noch Befrager bei Missverständnissen nachfragen können. Der Stimulus muss bei schriftlichen Befragungen „sitzen"!
- *Standardisierte Befragungen erfordern mehr Vorwissen als weniger standardisierte.* Dies gilt für die Frageformulierungen, insbesondere aber für die Antwortvorgaben. Fast jeder, der schon mal einen Fragebogen ausfüllte, hatte dabei wohl den Eindruck, dass bei einigen Fragen keine der Antwortvorgaben wirklich passte.
- Beim Interview besteht gegenüber dem Fragebogen zumindest die Möglichkeit, auftretende Probleme zu registrieren (was in der Realität aber wohl eher selten geschieht).

Zumindest sollten sich angehende Sozialwissenschaftler klar sein, dass die Durchführung einer Befragung mit einem standardisierten Fragebogen ein

---

13 Die *Realkontaktbefragung*, in der den Kontaktpersonen der Befragungscharakter nicht deutlich wird (z. B. indem der Forscher als ratsuchender Bürger eine Behörde kontaktiert), ließe sich auch den Beobachtungsmethoden zurechnen.

sehr schwieriges Unterfangen ist, für das methodisches Rüstzeug und umfangreiches Hintergrundwissen über den Gegenstand benötigt wird, um die Gefahr zu minimieren, „Datenmüll" zu produzieren.[14] Deshalb sollte, bevor man mit der Examensarbeit beginnt, kein Gedanken auf die Anwendung dieses Instruments verschwendet werden. Denn Befragte, die mit aus ihrer Sicht „sinnfreien" Fragebögen konfrontiert wurden, werden folgenden Interviewanfragen eher skeptisch gegenüberstehen.

7.6.2 Beobachtungen

Auch wenn Sozialwissenschaftler ihre Daten oft mit Hilfe von Befragungsmethoden erheben, darf die Bedeutung von Beobachtungsmethoden nicht unterschätzt werden. Zur Unterscheidung der einzelnen Arten von Beobachtungen sind vor allem zwei Kriterien heranzuziehen:

- Ist für die beobachteten Individuen die Beobachtungssituation als solche erkennbar? So kann ein Forscher bei der Beobachtung einer Wahlkampfveranstaltung *offen* (als Forscher) oder *verdeckt* (als Veranstaltungsteilnehmer) agieren.
- Beteiligt sich der Beobachter an der Situation? Je nach Fall ist die Beobachtung *teilnehmend* oder *nicht teilnehmend*.[15]

In gewissem Sinne lassen sich als *Beobachtung* (verdeckt und nicht teilnehmend) auch inhaltsanalytische Auswertungen von Fernsehaufzeichnungen (etwa Wahlkampfauftritte von Politikern) charakterisieren.

In einem weiter gesteckten Rahmen zählt man zu den Beobachtungen auch noch die Methoden des *Experiments*, in dem Probanden mit einer mehr oder minder „künstlichen" Situation konfrontiert werden, und der *Simulation*, bei der „aufgrund vorhandener Daten [...] soziale Prozesse reproduziert" werden (Friedrichs 1985: 341).

---

14 Unerlässlich ist bei standardisierten Befragungen deswegen die Durchführung eines *Pretests* (d. h. der Fragebogen wird in einem Teil der Stichprobe getestet und danach verbessert).
15 Gerade die offene und teilnehmende Beobachtung ist nicht völlig unproblematisch, da das Eingreifen der Forscher die Situation verzerren kann.

7.7 Literatur

Alemann, Ulrich von, ²1992: Parteien und Gesellschaft in der Bundesrepublik. Rekrutierung, Konkurrenz und Responsivität, in: Mintzel, Alf / Oberreuter, Heinrich (Hrsg.), Parteien in der Bundesrepublik Deutschland, Opladen, 89-130.

Atteslander, Peter, ¹⁰2003: Methoden der empirischen Sozialforschung, Berlin / New York *[Lehrbuch]*.

Baring, Arnulf, 1982: Machtwechsel. Die Ära Brandt-Scheel, Stuttgart.

Ebster, Claus / Stalzer, Lieselotte, 2002: Wissenschaftliches Arbeiten für Wirtschafts- und Sozialwissenschaftler, Wien *[nützliche Kurzübersicht zur Methodik empirischer Sozialforschung]*.

Faas, Thorsten, 2003: www.wahlumfrage2002.de – Analysen und Ergebnisse, Univ. Bamberg [= Bamberger Beiträge zur Politikwissenschaft II-11] [*www.dvpw.de/ wahlumfrage2002/download.pdf*].

Falter, Jürgen W., 1994: Wer wählt rechts? Die Wähler und Anhänger rechtsextremistischer Parteien im vereinigten Deutschland, München.

Friedrichs, Jürgen, ¹³1985: Methoden empirischer Sozialforschung, Opladen *[klassisches Lehrbuch]*.

Kromrey, Helmut, ¹⁰2002: Empirische Sozialforschung. Modelle und Methoden der Datenerhebung und Datenauswertung, Opladen *[Lehrbuch]*.

Patzelt, Werner J., ⁵2003: Einführung in die Politikwissenschaft. Grundriss des Faches und studiumbegleitende Orientierung, Passau.

Schnell, Rainer / Hill, Paul B. / Esser, Elke, ⁶1999: Methoden der empirischen Sozialforschung, München / Wien *[Lehrbuch]*.

8 Ergebnisse präsentieren – das Referat

Aus welchen Gründen wird von Studierenden verlangt, Referate zu halten? Zum einen ist ein Seminar arbeitsteilig aufgebaut. Im Gegensatz zur Vorlesung, in der Dozenten meist ohne Diskussion Sachverhalte darstellen, ist das Seminar eine diskursive Lehrveranstaltung. Seine Teilnehmer (Dozent und Studenten) verstehen sich als Arbeitsgemeinschaft. Beide Seiten tragen gemeinsam zum Gelingen bei. Der Stoff des Seminars wird geteilt, und jeder Student bearbeitet einen anderen Aspekt des Seminarthemas.

Für Studierende bietet Referieren zudem die Gelegenheit, das Sprechen vor Anderen und das Präsentieren eines Sachverhalts zu erlernen und einzuüben. Im Laufe des Studentenlebens verbessert man das Vortragen, vermeidet immer mehr Fehler und bereitet sich in dieser Hinsicht auf den Beruf vor. Denn im Berufsleben besitzt mündliches Präsentieren einen hohen Stellenwert.

8.1 Womit anfangen?

Treffend formulierte Kirchenvater Augustinus: „Wenn du entzünden willst, musst du selbst brennen". Wer über ein Thema sprechen muss, ohne dafür selbst Interesse zu haben, wird schwerlich andere Menschen begeistern, geschweige denn überzeugen. Dies gilt auch für wissenschaftliche Themen und Referate an der Universität. In der römischen Antike prägte Cato einen bedenkenswerten zweiten Leitsatz: *„Rem tene, verba sequentur"*. Der Redner möge sich an die Sache halten, die dazu gehörigen Worte folgten dann von selber. Ist der Referent besonders motiviert und hat er sein Thema durchdrungen und verstanden, so fallen verständliche Darlegung und sprachliche Gestaltung nicht mehr schwer. Einzige Hindernis sind dann noch das völlig normale Lampenfieber (Kap. 8.5.2) und die Gefahr, alles was man weiß, mit Gewalt in das Referat packen zu wollen. Von daher kommt der Themenwahl eine besondere Bedeutung zu.

Das Referat

8.1.1 Abgrenzung und Fragestellung

Das Referat ist ebenso wie die Hausarbeit eine wissenschaftliche Leistung. Insofern sind auch hier – wie bei der Hausarbeit – vier zentrale Schritte bis zur Erstellung zu beachten (Patzelt 2003: 505-511; vgl. auch Kap. 9): die *Vorarbeiten*, die *Materialsammlung*, seine *Auswertung* sowie die *konzeptionelle Ausarbeitung*.

Nach dem *systematischen Einlesen* anhand von Überblicksartikeln in Lexika folgen erste strukturelle Überlegungen:

- Welche zentralen Aspekte hat das Thema?
- Welchen Ausschnitt davon sollte man besonders beleuchten?
- Am Ende der Einlesephase sollte die *Fragestellung* des Referates (vorläufig) formuliert werden können.

Auf der Basis dieses Vorwissens erfolgt die konkrete Abstimmung mit dem Dozenten. Dabei werden auch die inhaltlichen Grenzen des Vortrages abgesteckt. Dieser Besprechungstermin sollte frühzeitig, mindestens zwei Wochen vor dem Referat liegen, da ansonsten kaum noch Raum für die Berücksichtigung der Vorgaben, Anregungen oder Änderungsvorschläge des Dozenten bleibt. Eine Woche vor dem Termin ist ein weiterer Besuch in der Sprechstunde nützlich, um die Feingliederung des mündlichen Vortrags zu besprechen.

Es folgt die auf Fragestellung und Anforderungen zugeschnittene *Recherche* mit den bekannten Instrumenten (vgl. Kap. 6). Das so gewonnene Material wird dementsprechend *geordnet und ausgewertet*. Im Anschluss daran kann eine erste konzeptionelle Ausarbeitung erfolgen. Dabei sollte versucht werden, ohne Verwendung der Literatur mit eigenen Gedanken und Argumentationssträngen zu arbeiten. So kann man prüfen, ob die Frage anhand des bisher gesammelten Wissens beantwortet werden kann. Wenn dies gelingt, ist das Thema ausreichend durchdrungen und verstanden.

Vor der endgültigen Ausarbeitung empfiehlt es sich, das bisherige Produkt einige Tage ruhen zu lassen. Meist gewinnt man nach dieser kurzen Pause Übersicht und kann noch kleinere Verbesserungen einfließen lassen.

8.1.2 Länge des Referats

Es ist ratsam, sich frühzeitig zu erkundigen, wie viel Zeit für den Vortrag zur Verfügung steht. Innerhalb der meisten Lehrveranstaltungen ist sie auf etwa zwanzig Minuten beschränkt. Diese Zeitvorgabe trifft besonders auf Grundkurse und Proseminare zu. In Haupt- oder Oberseminaren kann ein Referat auch einmal länger dauern. In der Regel sehen es Dozenten nicht gerne, wenn die vereinbarte Zeit überschritten wird. Die maximale Aufmerksamkeitsdauer der Zuhörer liegt ohnehin bei ungefähr zwanzig Minuten. Daher sollte der Vortrag nicht sehr viel länger sein, auch um der sich anschließenden Diskussion ausreichend Raum zu lassen. Um ein Überziehen zu vermeiden, empfiehlt es sich, die Länge des Referates mit einem vorherigen Probedurchgang zu testen.

8.2 Der Aufbau

Ebenso wie die schriftliche Hausarbeit folgt das Referat einem *dreiteiligen Aufbau*, der in sich schlüssig sein soll:

- in der *Einleitung* wird das Thema des Referats benannt und eingeordnet;
- im *Hauptteil* erfolgt eine Darstellung des Gegenstands;
- der *Schluss* fasst die zentralen Thesen zusammen und dient der Ergebnissicherung.

8.2.1 Am Anfang

In der Einleitung führt der Referent an die Thematik heran, z. B. durch einen Verweis auf die in der Sitzung zuvor besprochenen Inhalte. Dazu gehört auch die Beantwortung der Frage, wieso das Referatsthema für den Seminarzusammenhang von Bedeutung ist. Wie die Fragestellung genau lautet, sollte pointiert formuliert werden, etwa als direkte Frage. In der Einleitung sollte bereits eine Vorschau auf den Hauptteil und die weitere Vorgehensweise enthalten sein.

Um bei den Zuhörern Interesse zu wecken, bieten sich unorthodoxe Einführungssätze oder die direkte Ansprache des Publikums an. Zudem ist es ratsam, *den ersten Satz auszuformulieren*. Dies dient der eigenen Beruhigung. Ein ausformulierter und eloquenter Einstieg verschafft gleichzeitig

Tab. 8.1: *Typische Formulierungen in der Einleitung*
• *In diesem Referat wird folgende Frage beantwortet ...*
• *Diese Frage steht in folgendem Zusammenhang: ...*
• *Ihre Beantwortung ist aus folgendem Grund wichtig ...*
• *Bei der Antwort auf diese Frage werde ich in folgenden Schritten vorgehen ...*

Aufmerksamkeit und hilft über die ersten schweren Minuten hinweg, bis sich die Anfangsnervosität gelegt hat.

8.2.2 Hauptteil

Der Hauptteil ist der Kern des Referates, der den zeitlichen Löwenanteil des Vortrages in Anspruch nimmt. Darin werden die zentralen Thesen und Argumente steigernd dargestellt. So wird ein Spannungsbogen aufgebaut, d. h. der wichtigste Aspekt steht am Ende dieses Abschnittes.

Es hat sich bewährt, den Hauptteil nach dem sogenannten Baukastenprinzip zu konzipieren. Das bedeutet, dass die einzelnen Argumente in sich stimmige Module darstellen, die während des Vortrages nach Bedarf in der Rethenfolge verschoben oder ausgelassen werden können. So ist es möglich, flexibel auf mögliche Unterbrechungen oder Zwischenfragen zu reagieren.

8.2.3 Schluss

Zeitlich sollte dem Schluss in etwa der gleiche Umfang eingeräumt werden wie der Einleitung. Hier werden die zentralen Ergebnisse des Hauptteils zusammengefasst und es erfolgt, soweit möglich, die Beantwortung der Fragestellung. Dazu bietet sich die sogenannte *Fünf-Satz-Regel* an: Der Schlussteil sollte aus nicht mehr als fünf Sätzen bestehen, die prägnant das Resultat der vorherigen Ausführungen zusammenfassen (die Zahl der Sätze ist nicht zu wörtlich zu nehmen). Der Schluss kann auch Einschätzungen und Bewertungen beinhalten. Auch offen gebliebene (Teil-)Fragen sollten für die nachfolgende Diskussion benannt werden. Um ihr einen Anfangsimpuls zu geben, kann, wer sich dies zutraut, ein absichtliches provokantes Statement in den Raum stellen.

Tab. 8.2: *Typische Formulierungen am Beginn des Schlussteils*

- *Zusammenfassend ist also festzuhalten: Erstens: ... Zweitens: ... Drittens: ...*
- *Zurückgehend auf die anfängliche Frage muss also gesagt werden: ...*
- *Ist angesichts dieser Beobachtungen nicht davon zu sprechen, dass ... ?*
- *Folgende Tendenzen sind also zu beobachten: ...*
- *Wie lautet also die Quintessenz aus den getroffenen Erkenntnissen?*

Damit das Referat nicht wegen mangelnder Vorbereitung mit dem unbeholfenen Satz „Ja, das war's dann eigentlich..." endet, empfiehlt es sich, den *Schlusssatz ebenfalls auszuformulieren*. Dieser sollte (mit einer pointierten Bemerkung) das gesamte Referat abrunden.

8.3 Das Arbeitspapier – ein Service für die Zuhörer

8.3.1 Sinn, Funktionen und Inhalt

Zu einem Referat gehört auch ein Arbeitspapier, das auf Basis der eigenen Vorbereitung erstellt wird (Jele 2003: 27-40). Dieses wird meist – je nach den Vorgaben des Dozenten – entweder in der Sitzung, in der das Referat gehalten wird, oder eine Woche zuvor im Seminar verteilt.

Das Arbeitspapier erfüllt zwei wesentliche Funktionen: Es begleitet ergänzend den Vortrag und ist Gedächtnisstütze für die Kommilitonen nach dem Referat. Insofern kann das Arbeitspapier kein Ersatz des mündlichen Vortrages sein und ist schon gar keine Kurzfassung der Hausarbeit! Im Gegenteil, es hat nur stichwortartigen Charakter, ist jedoch gleichzeitig mehr als nur eine Gliederung. Der Mittelweg des Arbeitspapiers lässt sich daher als eine Kurzzusammenfassung des Referates beschreiben. Es soll den Vortrag unterstützen und deshalb klar und verständlich formuliert sein. Ein Arbeitspapier enthält folgende Komponenten:

- die Gliederung des Referates zur Orientierung für die Zuhörer;
- die wichtigsten Kerngedanken und zentralen Aussagen zu den einzelnen Gliederungspunkten sowie Thesen als Diskussionsgrundlage;
- zentrale Zitate unter Angabe der Quelle;
- präsentierte Grafiken und Tabellen mit Angabe der Quelle sowie
- Literaturhinweise.

8.3.2 Formale Gestaltung

Oben auf dem Arbeitspapier findet sich der Kopf mit folgenden Angaben:

- Name, eventuell auch der Studiengang des Referenten
- Bezeichnung der Lehrveranstaltung
- Name des Dozenten
- Datum

Beispiel für den Kopf eines Arbeitspapiers:

Proseminar: Politik in der *Science Fiction* (Sommersemester 2003)
Dozent: Prof. Dr. Peter Gutlehr
Referent: Max Musterstudent

Datum: 1. Juli 2003

Thema: *Der Orden der Jedi-Ritter – eine klerikal-faschistische Sekte?*

Um Lesbarkeit und Übersichtlichkeit zu gewährleisten, sollte Folgendes beachtet werden:

- Schriftgröße: 12 Punkt; wenn zwei DIN A4-Seiten auf eine kopiert werden: 14 Punkt;
- Zeilenabstand: 1,5;
- ausreichender Rand, um Platz sowohl für die Lochung als auch für Notizen der Zuhörer zu bieten (insbesondere bei Verkleinerung);
- Tabellen und Grafiken sollten auch nach dem Kopieren noch lesbar und verständlich sein.

Der Umfang des Arbeitspapiers ist zwar vom Thema abhängig, sollte aber vier Seiten nicht überschreiten. Sind wichtige und umfangreiche Tabellen oder Grafiken enthalten, kann man ausnahmsweise darüber hinaus gehen. Schließlich sollte darauf geachtet werden, dass das Arbeitspapier in ausreichender Anzahl vorhanden ist, um alle Zuhörer versorgen zu können.

8.4 Präsentation

8.4.1 Learning by doing!

Gutes Präsentieren muss und kann erlernt werden (Karmasin / Ribing 2002: 90). „*Learning by doing!*" ist die Maxime. An der Universität bestehen dazu zahlreiche Möglichkeiten, z. B. in Studenteninitiativen, Debattierclubs und selbstverständlich im Rahmen von Seminaren. Jede Chance zur Übung sollte genutzt werden. Mit zunehmender Praxis verbessern sich die Präsentationen und man wird einen eigenen Stil entwickeln.

8.4.2 Sprechtechnik

Jeder kennt das Phänomen des Lampenfiebers. Es ist, in Maßen, auch bei Referaten an der Universität völlig normal und kein Grund zur Panik. Selbst Profis sind nicht frei davon. Es kann sogar positive Effekte, wie z. B. erhöhte Aufmerksamkeit, mit sich bringen. Einige Grundregeln und Tipps:

- Im Stehen sprechen. Das Zwerchfell kann so besser arbeiten, und es sieht auch souveräner aus als im Sitzen.
- Möglichst frei sprechen, niemals einen komplett ausformulierten Text ablesen! Die Fähigkeit zur freien Rede wird so geübt.
- Satzbau: Hauptsätze, Hauptsätze, Hauptsätze! Komplizierte Schachtelsätze sind für die Zuhörer schwer verständlich und kosten den Referenten unnötig Konzentration. Freies Sprechen fördert klare Sätze und Gedankengänge.
- Klare und verständliche Sprache. Nur so viele Fremdwörter wie unbedingt nötig, so wenige wie möglich.
- Stimmmodulationen (Wechsel der Betonungen) erhalten die Aufmerksamkeit des Publikums.
- Blickkontakt mit den Zuhörern halten. Es empfiehlt sich, einige im hinteren Drittel des Raumes sitzende Personen immer wieder bewusst anzuschauen. Wer sich vom Auditorium nicht irritieren lassen möchte, kann sich an eine imaginäre letzte Reihe wenden.
- Trockenüben: Ein Probedurchgang vor dem Spiegel, vor Freunden oder vor der Familie gibt Sicherheit und zeigt eventuelle Probleme auf.

Das Referat 133

- Systematisches Vorgehen Schritt für Schritt erleichtert es den Zuhörern und dem Vortragenden selbst, den roten Faden zu behalten.
- Einen ähnlichen Effekt haben Zwischenzusammenfassungen nach längeren Abschnitten.
- Die Verwendung von *Karteikarten* ist sehr sinnvoll: Auf ihnen werden die wichtigsten Stichpunkte notiert. Sie sollten einseitig, groß und übersichtlich beschriftet sowie durchnummeriert sein, damit man nicht den Überblick verliert. Auf diese Weise unterstützen sie auch den modularen Aufbau des Referats. Das Format DIN A6 ist empfehlenswert.

8.4.3 Haltung

Die Körpersprache entscheidet größtenteils über die Wirkung des Vortrages beim Publikum. Eine souveräne, sichere Haltung unterstützt den Inhalt und fördert die Glaubwürdigkeit des Referenten. Hier einige Tipps:

- Aufrecht mit beiden Beinen auf dem Boden stehen, wobei das Gewicht gleich verteilt ist („Der Fels in der Brandung").
- Auf souveräne und offene Körperhaltung achten.
- Hektische Gesten und das Verstecken der Hände in den Hosentaschen vermeiden, z. B. durch Karteikarten in der Hand.
- Sowohl im Stehen als auch im Sitzen sollte man seine Beine ruhig und unter Kontrolle halten (keine *„restless-legs"*).
- Rastloses Umherwandern vermeiden („Wanderreferat").
- Die Arme nicht verschränken.
- Nicht gegen die Wand sprechen oder dem Publikum den Rücken kehren.
- Nicht an Tische, Wände u. ä. anlehnen (vermittelt unterschwellig Langeweile oder Unsicherheit).

8.4.4 Medieneinsatz

Folgende Hilfsmittel können zur Visualisierung eingesetzt werden und stehen im Unibetrieb meist zur Verfügung (Karmasin / Ribing 2002: 94):

- Tafel;
- Flip-Chart;

- Tageslichtprojektor (Overhead-Projektor);
- Diaprojektor;
- Kassetten oder CD-Player;
- Videorecorder bzw. DVD-Player sowie
- Videobeamer.

Bei ihrer Nutzung ist allerdings Vorsicht angebracht! Als Faustregel gilt: Der Medieneinsatz sollte angemessen und sinnvoll erfolgen. Eine Power-Point-Präsentation ausschließlich zur Untermauerung der eigenen Computerkenntnisse ist nicht nur fruchtlos, sondern kann zur Peinlichkeit werden, denn vor technischen Problemen ist man nie sicher. Zudem ist die Gefahr der Ablenkung bei manchem Medieneinsatz sehr hoch, da die Form der Visualisierung Aufmerksamkeit vom Inhalt des Gesagten abzieht.

Relativ risikolos und effektiv lassen sich Overheadfolien verwenden. Sie dürfen aber nicht zu kompliziert und überladen sein. Faustregel: Nicht mehr als sieben Informationen auf einer Folie (gilt genauso für PowerPoint-Präsentationen)! Auf gute Les- und Erkennbarkeit auch noch auf dem Projektor ist zu achten.

Auch die herkömmliche Tafel liefert gute Dienste. Sie kann flexibel für spontane Grafiken oder zum Anschreiben zentraler Begriffe genutzt werden.

Gefährlich können sogenannte *haptische Quellen* sein. Dies sind Gegenstände im weitesten Sinne, die durch Berühren oder Anfassen erfahren werden können. Sie sind vor ihrem Einsatz besonders auf Sinnhaftigkeit und mögliches Ablenkungspotential zu prüfen. So mag die Verteilung einer Runde *Cuba-Libre* zu Beginn eines Referats über die Politik der Zuckerinsel die Stimmung der Seminarteilnehmer zwar heben, letztlich wirkt sie aber unseriös.

Es empfiehlt sich, beim Einsatz von Hilfsmitteln frühzeitig zu klären, ob diese vorhanden und funktionsfähig sind. Grundsätzlich ist damit zu rechnen, dass mehr schief gehen kann, als vorstellbar ist – und meistens im unpassendsten Moment. Für solche Fälle sollte eine Alternative vorbereitet werden.

8.5 Verbesserung durch Feedback

Niemand erreicht jemals den Zustand der Perfektion, in dem man nichts mehr dazulernen kann. Das gilt ebenso für Referate. Um sich zu verbessern, muss man allerdings offen für (konstruktive) Kritik sein. Sie sollte nicht als persönlicher Angriff oder Unverschämtheit verstanden werden, sondern als Feedback, aus dem man Wertvolles lernen kann. Gerade die eigenen Schwächen erkennt man selbst oft schwer. Deswegen lohnt es sich, andere nach ihren Eindrücken zu fragen und konstruktive Kritik einzufordern. Wird man selbst zur Kritik aufgefordert, sollte man den sogenannten „Feedback-Burger" verwenden:

- Zuerst werden als positiv empfundene Details konkret angesprochen, z. B. aufrechte Körperhaltung, gute Stimmmodulation, aussagekräftiges und klares Arbeitspapier usw.
- Es folgen die als ungünstig oder störend empfundenen Aspekte, z. B. *„restless-legs"*, zu leises Sprechen, kein Blickkontakt, unleserliche Tabelle etc.
- Zuletzt werden noch einmal global die positiven Aspekte des Vortrags gewürdigt.
- In der Formulierung der Kritik soll sich ihr subjektiver Charakter widerspiegeln, z. B. „Ich habe Dich als ... empfunden", anstatt „Du bist ...".

Durch diese Art der konstruktiven Kritik wird sie für den Empfänger leichter verdaulich und es steigt die Chance, dass sie als positive Anregung verstanden und angenommen wird. Vielleicht wird man auch selbst zukünftig auf diese schonende Art behandelt, wenn man sie vorlebt.

8.6 Literatur

Bänsch, Axel, [3]1994: Wissenschaftliches Arbeiten, München.
Hammer, Gerhard, 1977: Erfolgreich studieren – Praxis des wissenschaftlichen Arbeitens im Studium der Erziehungs- und Sozialwissenschaften, Freiburg i. Br.
Hansen, Georg / Nyssen, Elke / Rützel, Josef, 1978: Einführung in wissenschaftliches Arbeiten. Grundlagen, Techniken, Verfahren, München.
Jele, Harald [2]2003: Wissenschaftliches Arbeiten in Bibliotheken. Einführung für Studierende, München / Wien.
Karmasin, Matthias / Ribing, Rainer [3]2002: Die Gestaltung wissenschaftlicher Arbeiten. Ein Leitfaden für Haus-, Seminar- und Diplomarbeiten sowie Dissertationen, Wien.
Kutzner, Oskar, 1994: Allgemeine Methodik des Studiums, Heidelberg.
Nitsch, Jürgen, 1994: Der rote Faden. Eine Einführung in die Technik wissenschaftlichen Arbeitens, Köln.
Patzelt, Werner J., [5]2003: Einführung in die Politikwissenschaft. Grundriss des Faches und studiumbegleitende Orientierung, Passau.

8.7 Checkliste

Die folgenden Vorgaben sollte der Referent vor seinem Vortrag noch einmal prüfen:

Tab. 8.3: *„Checkliste" für Referate*
- Ist das Referat ausreichend mit dem Dozenten abgesprochen?
- Wie lange dauert das Referat?
- Wurden Trockenübungen durchgeführt?
- Ist die Sprache im Referat klar und verständlich?
- Ist das Arbeitspapier klar strukturiert und verständlich formuliert?
- Sind der erste und der letzte Satz ausformuliert?
- Sind die Karteikarten klar beschriftet und geordnet?
- Ist das Referat nach dem Baukastenprinzip strukturiert?
- Sind die formalen Kriterien des Arbeitspapiers erfüllt?
- Ist das Arbeitspapier in ausreichender Zahl vorhanden?
- Sind benötigte Hilfsmittel im Vortragsraum vorhanden und funktionsfähig?
- Ist eine Ausweichstrategie beim Ausfall von Hilfsmitteln vorhanden?

9 Die Hausarbeit – Gedanken zu Papier gebracht

Die Textproduktion ist ein wichtiger Teil des Studiums; eine Hausarbeit ist oft ein Teil der Prüfung. Auch im späteren (Berufs-)Leben ist es nützlich, seine Gedanken auf den Punkt bringen zu können. Im Folgenden wird versucht, die Kompetenzen zu vermitteln, welche die Voraussetzungen für eine gute schriftliche Arbeit sind. Unter anderem gibt dieser Abschnitt eine Antwort auf folgende Fragen: Was muss man tun, bevor man anfängt zu schreiben? Welche Teile hat eine Hausarbeit? Welche Regeln gilt es zu beachten? Wie wird aus der Rohfassung ein gediegenes Werk? Welche Kriterien entscheiden beim Dozenten über hopp oder topp? Allerdings: Dies ist kein Gesetzbuch, sondern eine Handreichung. Letztlich entscheidet jeder Autor selbst über Form und Inhalt seiner Arbeit. Für den Erfolg ist dabei maßgebend, dass es den Dozenten und Korrektor überzeugt. Seine Anforderungen brechen folglich jeden Ratschlag, der hier gegeben wird.

9.1 Mehr als Scheinerwerb

Eine Hausarbeit ist oft der zentrale *Leistungsnachweis* in einer Lehrveranstaltung. Allerdings geht es nicht nur darum, einen Schein zu bekommen. Die Hausarbeit dient in erster Linie dazu, *wichtige wissenschaftliche Kompetenzen* zu erwerben: die inhaltlich stichhaltige Argumentation und das formal richtige Vorgehen. Dies auch noch in einer stilistisch ansprechenden Weise zu tun, ist nicht einfach. Das macht die schriftliche Darstellung zur Königsdisziplin im Wissenschaftsbetrieb. Wichtig wird sie auch dadurch, dass ein Gutteil des wissenschaftlichen Diskurses in schriftlicher Form abläuft (Eco 1988: 12-14).

Wer sie beherrscht, ist auch im späteren *Berufsleben* in der Lage, seine Gedanken klar und geordnet in Form zu bringen. Es hat sich gezeigt, dass diese Fähigkeit am besten durch das Anfertigen von mehreren Hausarbeiten geschult wird. Mit der Dauer des Studiums wachsen die Anforderungen an Form und Inhalt. So kann jede Hausarbeit auch als Übung für die nächste Schwierigkeitsstufe angesehen werden: vom Grundkurs zum Seminar, vom

Hauptseminar zur Abschlussarbeit und von dort vielleicht sogar zur Doktorarbeit.

Während des Studiums steht die Bearbeitung sozialwissenschaftlicher Probleme im Vordergrund. Neben den oben genannten Aspekten bietet das oft den Vorteil, dass man sich in Themen, die einen schon lange interessierten, gründlich einarbeiten kann.

9.2 Ferien sind zum Schreiben da

Bevor auf die nähere Vorgehensweise eingegangen wird, steht die zeitliche *Planung* einer Hausarbeit im Mittelpunkt der Betrachtung. Grundsätzlich sollten Hausarbeiten am besten in den *Semesterferien* angefertigt werden. Am Beginn der folgenden Vorlesungszeit erfolgt dann die Abgabe. Die Erfahrung hat vielfach gezeigt, dass sich Arbeiten, die nicht unmittelbar in den folgenden Semesterferien angegangen werden, über Jahre hinziehen können. Wenn man dann, meist kurz vor einer Prüfung, den Leistungsnachweis braucht, muss man einerseits wieder völlig neu in das Thema einsteigen und andererseits unter großem zeitlichen Druck arbeiten. Beides ist einer guten Note und der Prüfungsvorbereitung nicht förderlich.

Der zweite – wenn auch seltenere – Grund für Verzögerungen ist Perfektionismus. Wer jede Seminararbeit zu einer Doktorarbeit ausbauen will und in jeden Schriftsatz ein halbes Jahr investiert, wird im Studium zwangsläufig nur langsam vorankommen.

Der goldene Mittelweg sollte also das Ziel sein. Zuerst gilt es zu klären, ob es einen festen *Abgabetermin* gibt. Ist dies der Fall, so hat die Selbstdisziplin einen festen Anhaltspunkt. Den Termin zu halten, sollte eine Selbstverständlichkeit sein. Wenn kein Datum festgelegt ist, so sollte man sich selbst einen „virtuellen Abgabetermin" setzen, mit dem eine Bearbeitungszeit von vier Wochen angepeilt wird. Allerdings muss dabei klar sein, dass das Anfertigen einer Hausarbeit nicht auf die leichte Schulter zu nehmen ist: Fünf Tage pro Woche à sechs Stunden sind dabei durchaus anzusetzen und auch einzuhalten. Deswegen müssen die sozialen Kontakte nicht verkümmern. Aber eine Seminararbeit lässt sich auch nur schwer mit einem Urlaub verbinden. Dagegen ist eine kleine, fest gebuchte Reise nach dem selbst gesetzten Abgabetermin ein vorzüglicher Anreiz, um die Vorgabe einzuhalten.

Kehren wir zu den vier Wochen Bearbeitungszeit zurück: Es hat sich bewährt, die Zeit zweizuteilen. In den ersten vierzehn Tagen wird Literatur und anderes Material gesucht, gesichtet und geordnet. Die verbleibenden

Wochen sind dem Schreiben gewidmet. Da sich bei der Niederschrift mitunter neue Probleme ergeben, zu deren Lösung die Literatur erneut befragt werden muss, wird man nicht zwei Wochen ausnahmslos am Schreibtisch verbringen. Den ganzen Prozess begleitet die *Strukturierung* des Themas, deren Qualität mit der geistigen Durchdringung des Gegenstands zunimmt.

Wer bei der Arbeit mit dem Computer die frisch geschriebenen Texte regelmäßig abspeichert und *Sicherheitskopien* anlegt, kann sich viel Ärger ersparen. Je wichtiger die Arbeit, desto öfter sollte sie gesichert werden – mindestens täglich! Die Kopien an verschiedenen Orten zu hinterlegen, verhindert den Totalverlust selbst bei einem Zimmerbrand.

9.3 Von der Idee zur Fragestellung

Auch wenn der Zeitraum feststeht, weiß man leider noch nichts über den Gegenstand der Arbeit. Im Folgenden sollen Tipps zur Wahl eines passenden Themas und zu den ersten Schritten gegeben werden.

9.3.1 Worüber schreiben?

Woher ein Thema nehmen? Diese Frage löst sich problemlos, wenn das Thema vom Dozenten vorgegeben wird. Dies ist besonders häufig bei Seminaren der Fall, die einem thematischen Leitfaden folgen.

Darf man seinen Gegenstand selbst wählen, so hat man nicht nur die Chance, sich ein Thema gründlich zu erarbeiten, sondern kann auch noch den eigenen Vorlieben nachgehen. Dabei ist allerdings darauf zu achten, dass man sich nicht schon durch die Themenstellung überfordert: So übersteigt es beispielsweise 'etwas' den Rahmen einer 15seitigen Hausarbeit, die deutsch-französischen Beziehungen seit Karl dem Großen bis in die Gegenwart angemessen zu schildern und zu bewerten.

Es gilt also, einen Aspekt des Themas herauszugreifen, der einerseits wichtig und andererseits im doppelten Sinne angemessen ist: Die Aufgabe sollte zum Studienniveau passen und gleichzeitig nicht so breit angelegt sein, dass sie den vorgegebenen Umfang sprengt. So würde es zu einem einführenden Kurs über Internationale Politik mit 15-seitiger Hausarbeit angemessen sein, die kulturpolitischen Beziehungen zwischen Deutschland und Frankreich während der Regierungszeit von Bundeskanzler Kohl zu analysieren. Damit ist das Thema wohl ausreichend umrissen (Kruse 1997: 200-202).

Auf keinen Fall sollte man vergessen, sich auch über die *vorhandenen* bzw. leicht verfügbaren *Quellen* Gedanken zu machen. Dieses Problem stellt sich besonders bei top-aktuellen oder sehr ausgefallenen Themen. Wer sich mit Entwicklungen beschäftigt, die gerade ablaufen, wird wahrscheinlich kaum Sekundärliteratur zu seinem Thema vorfinden. Beispielsweise kann gegenwärtig (Mitte 2003) noch wenig über den Erfolg oder Misserfolg der EU-Mission in Mazedonien bzw. im Kongo ausgesagt werden. Wer hierüber schreiben will, kann sich höchstens auf einige dünne Zeitungsartikel und (geschönte) Verlautbarungen der EU stützen – sofern keine eigene Recherche vor Ort durchgeführt wird.

Ähnlich sieht es mit ausgefalleneren Themen aus. Man mag es beklagen, aber Entwicklungen in Afrika werden in Europa kaum wahrgenommen. Wer beispielsweise die Umweltpolitik des Sudan analysieren will, steht, sofern sie denn existiert, unter Umständen vor dem Problem, dass es weder neuere Aufsätze noch verlässliche Internetquellen dazu gibt.

Noch ein Problem: Wer sich mit einem Thema aus dem Ausland beschäftigt, sollte darauf achten, die jeweilige Sprache zu beherrschen. Das bietet den Vorteil, Originalquellen studieren zu können. Sich nur auf englischsprachige Sekundärliteratur zu stützen, ist für bestimmte Fragestellungen nicht ausreichend (Ausnahme sind selbstverständlich die englischsprachigen Länder).

Die Verfügbarkeit der Quellen ist ein Faktor, der die Möglichkeiten der Arbeit, ihre Güte und die Schnelligkeit ihrer Anfertigung entscheidend beeinflusst. Er sollte daher bei der Themenwahl angemessen berücksichtigt werden (Eco 1988: 16-27).

9.3.2 Notwendige Vorarbeiten

Meistens betritt man mit Arbeiten im Studium kein absolutes Neuland. Ist nach sorgfältiger Überlegung ein Thema gewählt, so gibt es *drei Schemata*, mit denen man herausfinden kann, was man über ein Thema oder einen Prozess schon weiß und welche Lücken noch bestehen. Das MINK-Schema weist auf *Macht, Ideologie, Normen* und *Kommunikation* hin (vgl. Patzelt 2003: 38-46). Die verschiedenen Dimensionen eines Prozesses macht dagegen das PPP-Schema deutlich: *polity, policy, politics*. Die Begriffe klingen so, als wären sie nur für die Politikwissenschaft geprägt. Dem ist aber nicht so, da mit ihnen nach nahezu immer auffindbaren Zusammenhängen gefragt wird.

Tab. 9.1: Das „PPP-Schema"

polity	Form	beispielsweise die Verfassung
policy	Inhalte	etwa Gesundheits- oder Verteidigungspolitik
politics	Prozesse	z. B. die konkreten Prozesse des Aushandelns

Da jedes Element des gesellschaftlichen und politischen Lebens als eigenständiges System betrachtet werden kann, ist auch das AGIL-Schema, das aus der Systemtheorie kommt, ein hilfreiches Finderaster für Wissenslücken (vgl. Tab. 9.2).

Tab. 9.2: Das AGIL-Schema

Funktion:	Erklärung:	Beispiel (spezialisiertes Teilsystem der Gesellschaft):
Adaption	Anpassung	Wirtschaft
Goal Attainment	Festlegen von Zielen	Politik
Integration	Sicherung des Zusammenhalts	Massenmedien, Verbände
Latency	Absicherung der Struktur	Bildungseinrichtungen und Kirchen

Quelle: Patzelt 2003: 50-53.

Mit Hilfe des anschließenden Literaturstudiums können die Lücken gefüllt werden (vgl. Kap. 6). Der erste Zugang dazu sind die einschlägigen Lexika und Handbücher (vgl. die Listen im Anhang). Sich dort in ein Thema einzulesen, hilft, dieses in seiner ganzen Breite und gleichzeitig den Stand der Forschung zu erfassen: Zentrale Begriffe und wichtige Aspekte werden so aufgezeigt. Nicht zuletzt finden sich dort erste weiterführende Literaturhinweise.

Es ist sehr vorteilhaft, die gewonnenen Erkenntnisse selbst zu strukturieren. Dies hilft, die Gedanken zu ordnen und kann in verschiedenen Formen geschehen, beispielsweise in einer Mind-Map (vgl. Kapitel 3.2.3). Für eine Gliederung ist es dagegen noch zu früh.

Wenn man sich einen Überblick verschafft hat, ist es an der Zeit, das Thema näher abzustecken: Aus einem unscharfen Bereich den Gegenstand herauszuarbeiten und die *eigentliche Fragestellung* zu formulieren. Sie bildet den Dreh- und Angelpunkt der Arbeit. Sie ist als direkte Frage zu formulieren. An ihr orientiert sich eine erste skizzenhafte Arbeitsgliederung, die nun schriftlich festgehalten wird. Von ihr ausgehend kann ein vorläufiger *Arbeitsplan* erstellt werden, der sich an der folgenden Frage ausrichtet: Worüber muss ich noch etwas wissen?

In diesem Stadium ist es an der Zeit, den Rat des Dozenten zu suchen, bevor sich die Arbeit unter Umständen in eine falsche Richtung entwickelt. In der Sprechstunde wird der Arbeitsplan vorgestellt und mit dem Dozenten abgestimmt. Eventuelle Probleme sollten hier auf den Tisch. Handelt es sich um eine umfangreichere (Abschluss-)Arbeit, ist es vielleicht mit einem einzigen Gespräch nicht getan. Schließlich und endlich hat der Dozent möglicherweise auch hilfreiche Hinweise zur Literatur oder zur formalen Gestaltung parat. Beides sollte angesprochen werden, wenn nicht vom Dozenten, dann von Studentenseite.

9.3.3 Woher kommen die Informationen?

Welches Material man für eine Hausarbeit braucht, erschließt sich aus der Fragestellung. Grundlage kann vieles sein (vgl. Kap. 7). Meist wird es sich jedoch um *Literatur* handeln. Wie man an sie kommt, ist in einem früheren Kapitel beschrieben (vgl. Kap. 6).

Bei den ersten Hausarbeiten bieten sich literaturlastige Fragestellungen an, auch wenn sie wenig aufregend scheinen mögen. So öffnet sich die Welt der Wissenschaft in verdaulichen Portionen. Wer sofort in die Feldforschung einsteigt, gleicht einer Landratte, die am ersten Tag an Bord Kap Hoorn allein umsegeln will: Voller Mut, aber kaum mit dem nötigen Gespür für die Gefahren und ohne die notwendigen Kenntnisse, um dem Schiffbruch zu entkommen. Davon ist also wohl eher abzuraten (vgl. Kap. 7.6.1).

9.4 Schreiben kann man lernen

Heute können schon (die meisten) Grundschüler schreiben, wozu muss man es an der Universität erneut erlernen? Dies ist notwenig, da das Anfertigen einer wissenschaftlichen Hausarbeit etwas anderes ist als ein Diktat im Deutschunterricht. Im Folgenden soll gezeigt werden, welche Hürden es zu überwinden gilt.

9.4.1 Womit beginnen?

Am Anfang des Schreibens steht die *Arbeitsgliederung*. Sie ist mit dem Fortschritt des Literaturstudiums gewachsen, hat neue Aspekte aufgenommen und andere wieder fallen gelassen. Alle Elemente sind in einer logisch stichhaltigen Argumentationskette zusammengefügt.

Vor der Textproduktion gilt es, sich (noch) einmal klarzumachen, welchem Plan die Arbeit folgt. Es hat sich bewährt, diesen in einer *ersten vorläufigen Einleitung* festzuhalten. Hier geht es nicht um stilistische Perfektion, sondern darum, einmal aufzuschreiben, was man wie machen will. Dieses Provisorium sollte folgende Teile enthalten:

- *Einführender Gedanke*, der zum Lesen anregt.
- *Fragestellung*: Der direkte Fragesatz bindet die folgende Arbeit an ihr Thema. Sie kann wie folgt formuliert sein (das Beispiel stammt aus einer Hausarbeit eines Verfassers):

> *Beispiel für eine Fragestellung:*
>
> Das Internet entwickelt sich zum größten Informationsspeicher und -verteiler der Welt. E-Mail und Co. verändern die öffentliche Kommunikation und üben damit auch Einfluss auf die Demokratie aus. Diese Auswirkungen auf die Zukunft der Demokratie sind Thema dieser Arbeit: *Nützt oder schadet das Internet der Demokratie?*

- *Zielsetzung*: Welchem Zweck dient es, die Fragestellung zu beantworten? Wird dadurch ein Problem gelöst oder ein Phänomen erklärt? Wird

eine Behauptung geprüft oder der Zusammenhang zwischen zwei Gegenständen untersucht? Wird eine wissenschaftliche Position diskutiert? Werden neue Quellen ausgewertet? Kurz: Die Antwort auf die Frage, warum diese Arbeit wichtig ist (Kruse 1997: 210).
- *Einordnung*: In welchen Zusammenhang gehört die Fragestellung? Dabei sind zwei Aspekte zu behandeln: der thematische Zusammenhang sowie der Stand der Forschung (und die Bedeutung der Arbeit für diesen).
- *Vorgehensweise*: Wie geht es weiter? Welche Schritte werden im Folgenden unternommen? Wie gehe ich vor, um die Frage zu beantworten?

Wenn man sich gezwungen hat, dies alles aufzuschreiben, hat man die Struktur der Arbeit bereits vor Augen. Insofern ist es sinnvoll, die Einleitung am Anfang zu schreiben. Allerdings handelt sich dabei nicht um die endgültige Fassung (vgl. Kap. 9.4.4).

9.4.2 „Butter bei die Fische" – der Hauptteil

Nun soll aus dem bloßen Skelett der Arbeitsgliederung der in der vorläufigen Einleitung beschriebene Körper werden. Drei oft sinnvolle Elemente sind:

- *Begriffsklärungen*: Die Verwendung von Begriffen in der Wissenschaft weicht oft von der in der Alltagssprache ab. Auch die Sozialwissenschaftler gebrauchen mitunter Fachjargon, der einer Erklärung bedarf: Zentrale Begriffe aus dem gewählten Themenbereich können der Erläuterung bedürfen. Dabei kann es sinnvoll sein, Definitionen zu verwenden. Diese und wichtige zugehörige Aspekte finden sich oft in Handbüchern. Allerdings darf auch von einem Basiswissen bei dem nicht fachfremden Leser bzw. Korrektor ausgegangen werden, so dass nicht jeder Begriff definiert werden muss. Die Route für diese Gratwanderung läuft zwischen zwei Extremen: nichts oder alles zu erklären. Der Wahlspruch könnte hier lauten „So wenig wie möglich, so viel wie nötig."
- *Forschungsansatz*: Für viele ist die Anwendung von Forschungsansätzen eine Problemquelle: Welcher theoretische Ansatz passt zum Thema? Die Frage nach der Theorie wird dabei oft zu sehr dramatisiert. In aller Regel findet sich der passende Ansatz schon bei der Lektüre der Handbuchartikel. Der Ansatz gibt der Arbeit Struktur und dient dem Bearbeiter als ei-

ne Art von Geländer, an dem er sich durch die Masse des Stoffs tasten kann. Allerdings reichen dafür Handbuchartikel selten aus; deren weiterführende Literaturangaben sollten als hilfreiche Stützen in Anspruch genommen werden.

- *Argumentation*: Da es sich hier um einen besonders wichtigen Teil der Hausarbeit handelt, sollen im Anschluss einige mögliche Arten der Beweisführung mit einem kleinen und sehr holzschnittartigen Beispiel vorgestellt werden (vgl. Tab. 9.3).

Tab. 9.3: *Argumentationsarten*

theoriegeleitet / systematisch:	Die vorher erläuterte Theorie gibt ein Geländer von Kriterien vor, die abgeprüft werden können. *Dies ist die üblicherweise empfehlenswerte Vorgehensweise.*
chronologisch:	Die Ereignisse werden in der Reihenfolge ihres Geschehens geschildert. Diese intellektuell eher wenig anspruchsvolle Darstellungsform ist allerdings kaum noch üblich. *Ausnahmen:* Wenn der Ablauf als Vorwissen wichtig ist, oder wenn absolutes Neuland betreten wird, kann eine sehr kurze Chronik hilfreich sein. • *1618 war der zweite Prager Fenstersturz. 1620 fand dann die Schlacht am Weißen Berg statt. ... 1648 endete der Dreißigjährige Krieg mit dem Westfälischen Frieden.*
zusammentragend / Reihung:	Die Erkenntnisse werden aneinandergereiht. Dies kann sinnvoll sein, um das Vorwissen für eine Untersuchung bereitzustellen, sollte aber nicht den Kern der Arbeit bilden. • *Mitglieder der SPD, Wähler, Wahlergebnisse ...*
pro und contra:	Eine Behauptung wird diskutiert. Argumente für und gegen die These werden vorgetragen. Es ist oftmals sinnvoll, dies in eine theoriegeleitete Abhandlung einzubringen. • *Der Bundeskanzler bestimmt die Richtlinien der Politik. Das steht einerseits so im Grundgesetz, andererseits ist er nicht nur in der Gesetzgebung auf seine Regierungsmehrheit im Parlament angewiesen.*
vergleichend:	Verschiedene Sachverhalte werden nebeneinander gestellt und auf Gemeinsamkeiten sowie Unterschiede geprüft. • *Deutschland, Russland, Frankreich und die USA sind Republiken. Alle haben einen Präsidenten. Alle außer dem deutschen Staatsoberhaupt haben beträchtliche Machtbefugnisse.*

Tab. 9.3: *Argumentationsarten (Fortsetzung)*

deduktiv: (vom Allgemeinen zum Besonderen):	Zuerst wird dargestellt, wie es sich mit einem Sachverhalt allgemein verhält. Davon ausgehend wird auf den Einzelfall geschlossen. • *Beispiel:* *Zwei Drittel der Kirchgänger wählen die Union. Musterbürger als regelmäßiger Kirchgänger wählt also mit hoher Wahrscheinlichkeit die CDU / CSU.*
induktiv (vom Besonderen zum Allgemeinen):	Vom Einzelfall wird auf die Regel geschlossen. Dies ist allerdings hoch problematisch, denn ein Einzelfall sagt sehr wenig über Gesetzmäßigkeiten aus. • *Beispiel:* *Musterbürger ist Katholik und wählt SPD. Alle Katholiken wählen SPD.*
kausal:	Ursache und Wirkung werden verknüpft. • *Beispiel:* *Weil die SPD im Jahr 1998 die Bundestagswahl gewonnen hat, wurde ihr Spitzenkandidat Gerhard Schröder zum Bundeskanzler gewählt.*

Die Argumentation soll den großen Zusammenhang wahren sowie dem Gegenstand und der Fragestellung angemessen sein. Im Ganzen gilt es, neutral zu bleiben. Oft ist es sinnvoll, verschiedene Formen der *Beweisführung* in einer Arbeit zu integrieren und zu verbinden. Der systematische rote Faden soll klar erkennbar sein (vgl. Kruse 1997: 129-184).

Besonders im Hauptteil ist es wichtig, die Fakten aus den Quellen nicht einfach zu übernehmen: Auch was zwischen zwei Buchdeckeln steht, kann falsch sein. So gilt es hier stets kritisch zu bleiben und sich folgende Frage zu stellen: *Kann das überhaupt stimmen, was hier steht?* Diese Plausibilitätsprüfung sollte im Hintergrund immer mitlaufen. Hat man begründete Zweifel, dürfen diese auch kenntlich gemacht werden (vgl. Kap. 7.3).

9.4.3 Die Krönung: der Schluss

In den Schlussabschnitt gehört zuerst eine *Zusammenfassung*. Die wichtigsten Elemente der Argumentation werden hier noch einmal genannt und zusammenhängend geschildert. Am besten nach dem Motto: „Das Ergebnis meiner Arbeit in zehn Sätzen." Die ursprünglichen *Thesen* sollten kritisch *geprüft* und davon ausgehend die *Antwort* auf die Fragestellung gegeben werden. Diese soll ebenso klar formuliert sein wie die Frage selbst.

Der Schluss bietet auch den Raum, *eigene Einschätzungen* über die bisherigen Erkenntnisse einzubringen. Dies kann auch bedeuten, *Mängel* zu benennen. Hier ist jedoch darauf zu achten, das Kind nicht mit dem Bade auszuschütten und somit das rechte Maß zu bewahren.

Was trotz aller Anstrengungen noch offen ist oder nicht eindeutig beantwortet werden konnte und wozu wahrscheinlich Bedarf für *erneute Forschungen* besteht, sollte im Schluss angesprochen werden. Diese Lücken zu benennen, bildet ebenfalls ein wichtiges Ergebnis der Arbeit. Es lohnt, noch einige Gedanken darauf zu verwenden, ob sich von den Ergebnissen der Arbeit auch ein praktischer *Nutzen* ableiten lässt.

9.4.4 Die endgültige Einleitung

Wenn die Rohfassung steht, gilt es die endgültige Einleitung zu schreiben. Alle Elemente, die in der ersten Fassung enthalten waren, müssen hier wieder aufgenommen werden: anregender Gedanke, Fragestellung, Zielsetzung, Einordnung, Vorgehensweise.

Allerdings kann man sich jetzt an der bereits geschriebenen Arbeit orientieren und somit die Fragestellung (und alles andere) auf die gefundenen Antworten und den tatsächlichen Weg zu ihnen ausrichten.

Hinzu kommt ein *Literaturbericht*. Darin soll geschildert werden, welches die zentralen Werke für die Arbeit sind, welche eine besonders gute Hilfe waren. Und welche haben vom Titel her viel versprochen, aber wenig beigetragen? Wie sieht die Literatur- bzw. Forschungslage generell aus?

Zweck des Literaturberichts ist zum einen die zusätzliche Information für den Leser. Zum anderen weist der Autor nach, dass er in der Lage ist, die Literatur zu überblicken, einzuordnen und zu bewerten. Kurz: Souverän mit den Erkenntnissen anderer umzugehen. Ein wichtiger Teil wissenschaftlicher Kompetenz.

Außerdem sollte man kurz beschreiben, wie man methodisch vorgegangen ist. Also ob man – wie meist – eine Literaturauswertung vorgenommen oder eigene Daten gesammelt hat. Letzteres bedarf einer kurzen Begründung. In einer Arbeit mit der Fragestellung „Stellen die Medien das Ausmaß rechtsextremistischer Gewalttaten zutreffend dar?" wurden beispielsweise in zwei aufeinanderfolgenden Jahren für je zwei Monate die Statistik über

> *Beispiel für einen Literaturbericht:*
>
> Zur Geschichte der DDR-Forschung gibt es eine Reihe von Darstellungen, die allerdings in ihrer Einstellung gegenüber dem sozialistischen System durchweg tendenziös sind. Mit diesem Vorbehalt kann Hamachers Darstellung empfohlen werden, die gleichzeitig auch das Verhältnis von DDR-Forschung und Politik behandelt. Recht umfassend ist auch der Aufsatz von Schroeder und Staadt, die eine allgemeine und grundlegende Überblicksdarstellung der DDR-Forschung leisten. Allerdings ist es dringend angeraten, ihre durchaus auch problematischen Thesen mit dem abzugleichen, was Narr und Thomas zu diesem Thema geschrieben haben. Ist dies geschehen, so dürfte ein erstes halbwegs realistisches Bild der westdeutschen DDR-Forschung entstanden sein.

rechtsextremistische Gewalttaten einerseits und die entsprechende Berichterstattung zweier Tageszeitungen andererseits verglichen.

> *Beispiel für eine Begründung der Methodenwahl:*
>
> Forschungergebnisse zur Frage, ob die Massenmedien ein zutreffendes Bild der Intensität rechtsextremistischer Gewalttaten vermitteln, liegen noch nicht vor. Anhalte geben allerdings die Ergebnisse der Nachrichtenwerttheorie: ...
>
> Die Berichterstattung der Medien wurde anhand der Politikteile der FAZ und der SZ erfasst. Diese Medien gelten als „journalistische Leitmedien" und können deshalb als repräsentativ für die Gesamtberichterstattung angesehen werden. Die einschlägigen Meldungen wurden folgendermaßen kategorisiert: ...

9.5 Was gehört in den Anhang?

Was für die Arbeit essentiell wichtig, aber nicht allgemein zugänglich ist, ist im Anhang, der dem Literaturverzeichnis folgt, gut aufgehoben. Konkret muss darüber im Einzelfall entschieden werden. Hier zwei beispielhafte Anhaltspunkte: Wer über die Reform des Grundgesetzes schreibt, kann davon ausgehen, dass sein Dozent ein solches greifbar hat. Wer aber eine mittelalterliche Urkunde als erster interpretiert, tut gut daran, die Übersetzung derselben im Anhang zur Verfügung zu stellen.

Es gibt aber auch die Unsitte, durch einen dicken Anhang mit unwichtigen Dokumenten den Umfang der Arbeit (optisch) zu erhöhen. Davon wird hier entschieden abgeraten. Zudem: Auf solche Tricks fällt kaum ein Dozent herein. Es besteht vielmehr die Gefahr, dass man sich durch solche Versuche mehr schadet als nutzt.

9.6 Keine fremden Federn anlegen

Jede Arbeit baut auf den *Erkenntnissen anderer* Wissenschaftler auf. Es wäre sehr lästig und aufwändig, wenn man jedes Mal wieder bei Adam und Eva anfangen müsste. Indem der Autor die relevante Literatur zur Kenntnis nimmt, zeigt er außerdem, dass er den Sachstand der wissenschaftlichen Diskussion kennt. Es ist also allgemein *üblich, ökonomisch* sinnvoll und *klug*, auf die Ergebnisse anderer zurückzugreifen. Nur eines darf man dabei nicht tun: Diese geistige Arbeit als die eigene ausgeben.

Die eiserne Regel der wissenschaftlichen Redlichkeit lautet:

Alles, was wörtlich oder sinngemäß aus anderen Werken übernommen wurde, muss gekennzeichnet und mit einer nachprüfbaren Quellenangabe versehen werden!

Diese Regel gilt nicht nur für Zitate, sondern für alle Daten im Text. Das heißt, dass man beispielsweise auch nachweisen muss, woher die angegebenen Umfrageergebnisse stammen.

9.6.1 Die Kunst der Fußnote

Redlichkeit bei der Übernahme fremder Gedanken und Erkenntnisse bedeutet konkret, dass im Text *Verweise* oder *Fußnoten* gesetzt werden. Dazu gibt es zwei Möglichkeiten. Bei der *amerikanischen Zitierweise* erfolgt der Verweis direkt im Text und besteht aus:

- dem *Nachnamen* des Autors oder Herausgebers bzw. dem Namen der Institution, die etwas veröffentlicht hat;
- dem *Erscheinungsjahr* – hat ein Autor in einem Jahr mehr als einen zitierten Beitrag veröffentlicht, ist das Erscheinungsjahr um einen Buchstaben (a, b, c ...) zu ergänzen (z. B. „Müller 2002a") – und davon durch einem Doppelpunkt getrennt;
- der *Seitenzahl*, auf der das Zitat zu finden ist.

Tab. 9.4: *Amerikanische Zitierweise*

Text:	Fußnote:
„Sichtbarkeit ist wiederum eine wesentliche Folge der Transparenz parlamentarischer Verfahren." (Zittel 2000: 911).	–

Davon unterscheiden sich Zitierweisen, die sich der Fußnoten bedienen. Hinter das letzte Satzzeichen der übernommenen Passage wird eine kleine hochgestellte Zahl gesetzt, die sich am unteren Rand des Blatts wieder findet. Alle modernen Textverarbeitungsprogramme verfügen über eine besondere Funktion, um sie zu setzen. In den Fußnoten wird *angegeben, woher der Gedanke stammt*. Allerdings gibt es auch hier unterschiedliche Vorgehensweisen: Teilweise werden nur ganz kurze Angaben gemacht (Name, Jahr: Seitenzahlen), teilweise wird das Werk in der ersten Fußnote mit allen wichtigen Angaben zitiert und dann nur noch unter Verweis auf das erste Zitat angegeben.

Tab. 9.5: *Kurzzitierweise*

Text:	Fußnote:
„Sichtbarkeit ist wiederum eine wesentliche Folge der Transparenz parlamentarischer Verfahren."[1]	[1] Zittel 2000: 911.

Der Vorteil dieser Zitierweise ist leicht ersichtlich: Alles Wichtige steht im Text, Fußnoten lenken den Leser nicht ab.

Der Vorteil dieser Variante ergibt sich aus dem Nachteil der amerikanischen Zitierweise: Längere Verweise im Text lenken von den inhaltlichen Aussagen ab. Dies wird mit dem Setzen von Fußnoten verhindert.

Eine andere Variante ist der Vollbeleg mit allen bibliographischen Angaben beim ersten Zitat. Bei weiteren Belegstellen wird auf das erste Zitat verwiesen.

Tab. 9.6: *Zitat mit Vollbeleg*

Text:	Fußnote:
„Sichtbarkeit ist wiederum eine wesentliche Folge der Transparenz parlamentarischer Verfahren."[1]	[1] Zittel, Thomas, 2000: Elektronische Demokratie: ein Demokratietypus der Zukunft?, in: Zeitschrift für Parlamentsfragen, 31. Jg., Heft 4, 903-925, hier S. 911.
„Neue Medien stärken weiterhin aus Sicht der Befragten nicht externe Kommunikationsbeziehungen, sondern knüpfen darüber hinaus engere Bande zwischen den Abgeordnetenbüros."[3]	[3] Zittel, a. a. O. (Anm. 1): 917.

Die Abkürzung „a. a. O." steht für „am angegebenen Ort". Damit wird signalisiert, dass der volle Beleg bereits erfolgt ist. Die Nummer der Anmerkung sollte angegeben werden, damit der Leser den Beleg schnell finden kann. Der Nachteil dieser Zitierweise stellt sich meist erst später heraus: Wird vor dem Erstbeleg nachträglich eine Fußnote eingefügt, so verschiebt sich alles und keiner der Verweise auf eine Anmerkung stimmt mehr. Umfangreiche Korrekturen sind die Folge. Deshalb wird diese Variante nahezu ausschließlich in Zeitschriften verwandt, bei denen die Aufsätze oft über kein Literaturverzeichnis verfügen.

Bezieht man sich in einer *unmittelbar folgenden* Fußnote erneut auf dasselbe Werk des gleichen Autors, so kann man sich die Arbeit erleichtern, indem man statt Name und Jahr *„ebd."* für *„ebenda"* schreibt und die Seite angibt. Problematisch wird es auch hier, wenn nachträglich eine Fußnote dazwischen geschoben wird. Plötzlich bezieht sich das „Ebenda" auf einen ganz anderen Text. Hier ist extreme Wachsamkeit nötig.

Nicht in Fußnoten gehören Belege, die sich auf internationale Verträge oder Gesetzestexte beziehen. Sie werden üblicherweise im Text angegeben und nur unter Nennung der Norm, des Gesetzes oder Vertrages zitiert.

Tab. 9.7: *Ebenda-Gebrauch*	
Text:	Fußnote:
„Sichtbarkeit ist wiederum eine wesentliche Folge der Transparenz parlamentarischer Verfahren."[1]	[1] Zittel, Thomas, 2000: Elektronische Demokratie: ein Demokratietypus der Zukunft?, in: Zeitschrift für Parlamentsfragen, 31. Jg., Heft. 4, S. 903-925, hier S. 911.
„Neue Medien stärken [...] nicht externe Kommunikationsbeziehungen, sondern knüpfen darüber hinaus engere Bande zwischen den Abgeordnetenbüros."[2]	[2] Ebd.: S. 917.

Tab. 9.8: *Zitieren von Gesetzen usw.*	
Text:	Fußnote:
Das Fundament des Universitätsbetriebs ist die Freiheit von Forschung und Lehre, wie sie in der Verfassung festgelegt ist: „Kunst und Wissenschaft, Forschung und Lehre sind frei." (Art. 5 Abs. 3 GG).	–

Egal, ob man sich für die amerikanische oder deutsche Zitierweise entscheidet, zwei Grundregeln sind stets zu beachten: *Die Zitierweise muss einheitlich sein und es muss eindeutig zuzuordnen sein.* Der zweite Punkt kann meist nur erfüllt werden, wenn ein Literaturverzeichnis angelegt wird (vgl. Kap. 9.7).

9.6.2 Was gehört sonst in die Fußnote?

In Fußnoten können Belegstellen kurz bewertet werden, beispielsweise: „Eine gute Analyse gibt Meyer 2002: 23." Außerdem können Gedankengänge, die nicht in den Text passen, aber trotzdem eine gewisse Bedeutung haben, dort geschildert werden: Dass hier etwa weiterer Forschungsbedarf besteht. Oder dass ein Zusammenhang näher erklärt werden müsste, dies hier aber aus Platzgründen nicht geschehen kann. Am besten gibt man dann noch die Literatur an, mit deren Hilfe das Problem verstanden werden kann. Mit diesen Möglichkeiten sollte man allerdings vorsichtig umgehen: Alles für die Arbeit Wichtige gehört in den Haupttext. So kann es auch nicht dazu kommen, dass eine Fußnote auf einer Seite mehr Raum einnimmt als der Text selbst.

9.6.3 Wörtlich oder sinngemäß?

Zurück zum Zitat: Es ist ein großer Unterschied, ob es sich um ein wörtliches oder ein sinngemäßes Zitat handelt.

Das *wörtliche Zitat* ist Buchstabe für Buchstabe übernommen. Das bedeutet auch, dass Fehler nicht korrigiert werden. Dies alles wird durch Anführungszeichen kenntlich gemacht. Ergänzungen und Auslassungen sind allerdings durchaus möglich. Beides wird durch eckige Klammern gekennzeichnet. Bei Auslassungen werden drei Punkte [...] gesetzt. Ähnlich geht man bei Ergänzungen vor. Sie werden [auch] in eckige Klammern gesetzt. Es ist eine Geschmacksfrage, ob man die Ergänzung mit dem Zusatz [d. A.] für „der Autor", [d. V.] für „der Verfasser" oder [X. Y.] für die Initialen des Autors versieht. Ein Beispiel: „Es [das Internet, d. V.] hat keine große Bedeutung für die politische Kommunikation." Wo sie [Ergänzungen] nicht notwendig sind, um den Zusammenhang herzustellen, sollte man sie vermeiden.

Bei längeren Zitaten kann man auf die Anführungszeichen ganz verzichten. Sie werden dann dadurch gekennzeichnet, dass der Text auf beiden Seiten ein Stück einrückt, die Schriftgröße und der Zeilenabstand verkleinert werden.

Beispiel für den Einschub eines längeren Zitats:

... In der Nachkriegszeit argumentierten die Abgeordneten des Landtags in ihren Redebeiträgen durchaus pathetisch:

> Soll Europa gesund werden, dann darf das Land seiner Mitte und sein Herzstück, dann darf Deutschland nicht zum dauernd heillosen, ansteckenden Krankheitsherd werden, dessen Ausstrahlungen die ganze gesittete Welt in verderbliche Mitleidenschaft ziehen (Bayerischer Landtag 1947: 100).

Dagegen wurde später der Ton zunehmend prosaischer. ...

Nun kann es vorkommen, dass in einer zitierten Stelle Anführungszeichen stehen. Übernimmt man sie einfach, so kann der Leser nicht mehr erkennen, wo das eigentliche Zitat endet. Daher ersetzt man die Anführungszeichen im Zitat durch einfache Anführungszeichen.

Rückt man das Zitat dagegen ein, so löst sich dieses Problem. Mit dem direkten Zitat sollte sparsam umgegangen werden: Nur besonders aussagekräftige Abschnitte gibt man auf diese Weise wieder.

Beispiel für Anführungszeichen im Zitat:

Im Zusammenhang mit dem Attentat vom 11. September fragt Ernst Otto Czempiel: „Handelt es sich um ein einmaliges 'Husarenstück', ein Zufallsereignis also?" (Czempiel 2002: 40).

Wird *sinngemäß* zitiert, so können Kürzungen und Ergänzungen mit größerer Freiheit vorgenommen werden. Allerdings liegt in der Formulierung „sinngemäß" die Grenze dieser Freiheit – der Sinn des Zitates darf nicht verfälscht werden. Damit auch dem Leser klar wird, dass nicht wörtlich abgeschrieben wurde, werden keine Anführungszeichen gesetzt. Zusätzlich wird dem Beleg ein „vergleiche", abgekürzt „*Vgl.*" vorangestellt. Bei der amerikanischen Zitierweise wird üblicherweise darauf verzichtet.

Tab. 9.9:	*Sinngemäßes Zitieren*	
	Amerikanische Zitierweise:	Kurzzitierweise:
Wörtlich	(Meier 2002: 17)	[1] Meier 2002: 17
Sinngemäß	(Meier 2002: 17)	[1] Vgl. Meier 2002: 17

Solange es keine Vorgaben gibt, steht es dem Autor frei, welche Zitierweise er verwendet. In weiten Teilen Deutschlands hat sich im wissenschaftlichen Betrieb die Kurzzitierweise durchgesetzt.

Besonders in populärwissenschaftlichen Büchern werden die Fußnoten nicht unmittelbar auf die gleiche Seite gesetzt, sondern am Ende des Buches in so genannten Endnoten zusammengefasst. Im normalen Unibetrieb ist das allerdings nicht üblich, da diese Verfahrensweise höchst benutzerunfreundlich ist.

Gedanken zu Papier gebracht

Zitiert man über längere Strecken einen Autor, so sollte sich dies auch im Text durch die Nennung seines Namens niederschlagen. Dies kann man etwa mit folgender Formulierung einbauen: „Die nachstehenden Überlegungen gehen auf die Forschungen von XY zurück." Je nachdem wie nahe man am Text bleibt, ist es mitunter angebracht, die Argumentation in der indirekten Rede zu referieren.

Gerade sinngemäße Übernahmen können sich im ursprünglichen Text über mehrere Seiten erstrecken. Das wird in der Fußnote wie folgt gekennzeichnet:

Tab. 9.10: *Längere (sinngemäße) Zitate*

Länge:	Zitierweise:
• eine Seite	Vgl. Meier 2002: 17
• zwei aufeinander folgende Seiten	Vgl. Meier 2002: 17f. („folgende")
• mehr als zwei Seiten	Vgl. Meier 2002: 17-34

9.6.4 Zitate aus dem Internet

Auf die Probleme bei Internetquellen wurde bereits hingewiesen (vgl. auch Kap. 6.5.3). Hier nochmals die Tipps für das *Zitieren* von Internetinhalten:

- neben der möglichst präzisen Internetadresse (URL) auch das Abrufdatum angeben;
- den Titel der zitierten Seite nennen;
- Angaben zum Autor bzw. Herausgeber machen (soweit vorhanden).

Beispiel für das Zitieren von Internet-Dokumenten:

Plieninger, Jürgen, 2003: Politologie FAQ. Tutorial für die politikwissenschaftliche Recherche im Netz (Ausgabe vom 11.06.2003), *http://homepages.uni-tuebingen.de/juergen.plieninger/polfaq/polfaq.html* (Stand: 01.07.2003).

Handelt es sich um „gespiegelte Inhalte" (etwa Online-Versionen von Zeitungsartikeln), oder liegen Inhalte faktisch in Publikationsform vor (z. B. „graue Literatur" als PDF-Dokument), empfiehlt sich die Zitation nach der Druckfassung, da sie damit auch in Bibliothekskatalogen recherchierbar sind. Als Service kann man zusätzlich noch die URL mit Abrufdatum angeben.

9.6.5 Immer zu den Originalen!

Da auch Wissenschaftler fehlbare Menschen sind, kann es auch bei ihnen zu Fehlern kommen, wenn sie Zitate wörtlich abschreiben. Mitunter hat man sogar den Eindruck, dass manche Fehler nicht ganz unabsichtlich geschehen sind. Es ist daher wichtig, immer zur Originalquelle zurückzugehen. Wenn also Autor B Autor A zitiert, dann sollte Autor C nicht bei B abschreiben, sondern sich den Text von A selbst ansehen.

„Stell dir vor es ist Krieg und keiner geht hin" –
Beispiel für ein entstellendes Zitat

Dieser Spruch war eine der Parolen der Friedensbewegung in den 80er Jahre und wird gemeinhin Bertolt Brecht zugeschrieben. In der Werkausgabe der Brechtschen Gedichte heißt es aber (Brecht 1968: 503):

Stell dir vor, es ist Krieg und keiner geht hin
– Dann kommt der Krieg zu euch!

Wer zu Hause bleibt, wenn der Kampf beginnt
Und lässt andere kämpfen für seine Sache
Der muss sich vorsehen; denn
Wer den Kampf nicht geteilt hat
Der wird teilen die Niederlage.
Nicht einmal den Kampf vermeidet
Wer den Kampf vermeiden will; denn
Es wird kämpfen für die Sache des Feinds
Wer für seine eigene Sache nicht gekämpft hat.

> Tatsächlich stammt die Überschrift aber nicht von Brecht, sondern wurde von unbekannter Hand vor eine Strophe der im Nachlass aufgefundenen „Koloman Wallisch Kantate" (Brecht 1993: 261-270) gestellt. Wallisch, einer der Anführer des österreichischen Arbeiteraufstands 1934, der sich gegen das „austrofaschistische" Dollfuß-Regime richtete, wurde nach dessen Niederschlagung hingerichtet. Damit behandelt der Text aber, anders als die – später eingefügten – Überschriften suggerieren, nicht den Kampf gegen den äußeren Feind, sondern den „Klassenkampf", der nach Ansicht des Marxisten Brecht eine geschichtliche Notwendigkeit und damit unvermeidlich war (Knopf 1984: 165).

Sollte die Originalstelle nur unter unzumutbaren Bedingungen zugänglich sein (Gefahren für Leib und Leben sind eine Entschuldigung, Fernleihe zählt nicht dazu), so kann ausnahmsweise ein Zitat zitiert werden. In der Fußnote wird dies mit dem *Verweis „Zit. n. B."*, als zitiert nach Autor B, kenntlich gemacht.

Je mehr Fußnoten, desto besser, mag mancher meinen. Literaturkenntnis durch Fußnoten nachzuweisen kompensiert allerdings keine Schwächen in der eigenen Argumentation und bringt für sich alleine keine Pluspunkte.

9.7 Das Literaturverzeichnis

Das Literaturverzeichnis ist das unverzichtbare Gegenstück der meisten Verweissysteme. Die Quellen, die in den Fußnoten nur kurz genannt wurden, werden hier mit allen Angaben aufgezählt. Bei einer *Monographie* sind dies typischerweise:

- *Name* und *Vorname* des Autors getrennt durch ein Komma. Gibt es mehr als einen Autor, wird die Reihenfolge vom Titelblatt übernommen. Sind es mehr als zwei Autoren, kann das Verfahren abgekürzt werden: Nur der erste Autor wird genannt und mit dem Zusatz „u. a." (und andere) versehen. Ist kein Verfasser bekannt, etwa bei Zeitungsartikeln, so wird der Name durch „o. V." (ohne Verfasser) ersetzt. Alternativ kann man auch nach dem Titel zitieren. Auf keinen Fall jedoch mischen!

- *Erscheinungsjahr*. Falls es sich um eine Wiederauflage handelt, steht die Zahl der Auflage hochgestellt dem Jahr voraus; ist kein Jahr bekannt, wird dies durch „o. J." (ohne Jahr) kenntlich gemacht.
- *Titel* und *Untertitel* des Buches.
- *Erscheinungsort* (den Verlag kann man angeben; dies zu tun, ist heute allerdings selten geworden); ist kein Ort angegeben, so wird stattdessen „o. O." (ohne Ort) vermerkt.
- Gegebenenfalls die *Reihe*, in der das Buch erschienen ist, und die *Bandnummer*.

Die bibliographischen Angaben der „grauen Literatur" werden ebenso festgehalten. Durch die Angabe der Reihe werden auch hier wichtige Informationen über eine eventuelle Tendenz vermittelt.

Beispiele für bibliographische Angaben zu Monographien und „grauer Literatur":

Bingen, Dieter, ^{2}1999: Die Republik Polen. Eine kleine politische Landeskunde, München.

Hinrichs, Jutta, 2003: Ministerium für Wirtschaft und Arbeit – ein sinnvolles Reformkonzept, St. Augustin [= Arbeitspapiere der Konrad-Adenauer-Stiftung, Nr. 108].

Sebaldt, Martin, 2002: Parlamentarismus im Zeitalter der Europäischen Integration. Zu Logik und Dynamik politischer Entscheidungsprozesse im demokratischen Mehrebenensystem der EU, Opladen [= Otto-von-Freising-Vorlesungen der Katholischen Universität Eichstätt, Bd. 21].

Handelt es sich nicht um eine Monographie, sondern um einen *Sammelband*, so wird dies deutlich gemacht, indem hinter dem Namen des Herausgebers in Klammern die Abkürzung „(Hrsg.)" oder „(Hg.)" gesetzt wird. In der Fußnote ist dies nicht notwendig, da dort in aller Regel aus einzelnen Beiträgen zitiert wird.

Bei Aufsätzen aus Sammelbänden gelten besondere Regeln. Sie werden eigens aufgeführt, aber da es sich um keine selbständige Publikation handelt, braucht der Leser weitere Informationen, um den Aufsatz gegebenenfalls zu

Beispiel für bibliographische Angaben zu einem Sammelband:

Sarcinelli, Ulrich (Hg.), 1998: Politikvermittlung und Demokratie in der Mediengesellschaft, Wiesbaden.

finden. Angegeben werden also wieder Name und Vorname, Titel und Untertitel. Nach einem Komma folgt ein „in" mit Doppelpunkt, hinter dem die Angaben des Sammelbandes gemacht werden. Außerdem werden die Seitenzahlen angegeben.

Beispiel für bibliographische Angaben zu einem Aufsatz in einem Sammelband:

Krotz, Friedrich, 1998: Digitalisierte Medienkommunikation: Veränderungen interpersonaler und öffentlicher Kommunikation, in: Nervala, Irene (Hrsg.), 1998: Das Netz-Medium, Kommunikationswissenschaftliche Aspekte eines Mediums in Entwicklung, Opladen / Wiesbaden, S. 113-135.

Nachschlagewerke sind im strengen Sinne nichts anderes als Sammelbände und werden genauso zitiert. Ebenso wie einzelne Aufsätze sind die Artikel (meist) mit einem Verfasser versehen. Sie werden zitiert wie Aufsätze.

Beispiel für bibliographische Angaben zu einem Lexikonartikel:

Leggewie, Claus, 2002: Herrschaft, in: Nohlen, Dieter / Schultze, Rainer-Olaf (Hg.): Lexikon der Politikwissenschaft, Theorien, Methoden, Begriffe, München, S. 313-320.

Bei einem *Zeitschriftenaufsatz* werden Titel und Jahrgang der Zeitschrift sowie die Seitenzahlen angegeben. Nützlich ist auch die Heftnummer; unerlässlich ist sie, wenn ein Jahrgang der Zeitschrift nicht durchgehend paginiert ist (dies ist z. B. bei der wichtigen Zeitschrift „Aus Politik und Zeitgeschichte" der Fall).

Beispiele für bibliographische Angaben zu Zeitschriftenartikeln:

Thomas, Rüdiger, 1990: Von der DDR-Forschung zur kooperativen Deutschland-Forschung. Bilanz und Perspektive eines umstrittenen Wissenschaftsfeldes, in: Zeitschrift für Parlamentsfragen, 21. Jg., S. 126-136.

Ismayr, Wolfgang, 1996: Enquete-Kommissionen des Deutschen Bundestages, in: Aus Politik und Zeitgeschichte, 46. Jg, Nr. B 27, S. 29-41.

Verwendet man die amerikanische Zitierweise oder die empfohlene Kurzzitierweise, ist es erforderlich, die Publikationen eines Autors aus dem gleichen Jahr eindeutig zu unterscheiden. Dies geschieht durch einen kleinen Buchstaben hinter der Jahreszahl. Geordnet werden diese Werke üblicherweise alphabetisch nach dem Titel.

Beispiele für bibliographische Angaben bei mehreren Publikationen eines Autors aus dem gleichen Jahr:

Raschke, Joachim, 1991a: Die fehlstrukturierte Partei. Zehn Thesen zur Zukunft der Grünen, in: Fücks, Rolf (Hg.), Sind die Grünen noch zu retten? Anstöße, Reinbek, S. 167-185.

Raschke, Joachim, 1991b: Krise der GRÜNEN. Bilanz und Neubeginn, Marburg.

Raschke, Joachim, 1991c: Die Parteitage der GRÜNEN, in: Aus Politik und Zeitgeschichte, 41. Jg., Nr. B 11-12, S. 46-54.

Raschke, Joachim, 1991d: Zum Begriff der sozialen Bewegung, in: Roth, Roland / Rucht, Dieter (Hrsg.), Neue soziale Bewegungen in der Bundesrepublik Deutschland, Bonn, S. 31-39.

Damit das Zitat weiter eindeutig zuzuordnen ist, muss der kleine Buchstabe auch in der Fußnote auftauchen: „[1] Raschke 1991b: 34." Bei Autoren mit dem gleichen Nachnamen empfiehlt es sich, den Vornamen in die Fußnote mit aufzunehmen. Das gilt besonders, wenn sie auch noch im gleichen Jahr publiziert haben.

Ein Problem mit dem *Erscheinungsjahr* stellt sich bei unveränderten Wiederauflagen *von Klassikern*. Einerseits sollte man darauf hinweisen, dass es sich um ein älteres Werk handelt. Andererseits kommt man selten an eine Originalausgabe heran. Robert Michels' „Zur Soziologie des Parteiwesens" ist 1989 zum vierten Mal aufgelegt worden. Dem liegt die dritte Auflage von 1925 zugrunde. 1911 ist das Werk zum ersten Mal erschienen. Es ist eine Geschmacksfrage, ob in der Fußnote 1911 oder 1989 angegeben wird. Im Literaturverzeichnis sollte auf jeden Fall ein Hinweis darauf enthalten sein: Entweder mit dem Hinweis „Erstausgabe 1911" oder „hier in der Form der vierten Auflage von 1989".

Um die schnelle Auffindbarkeit der Literatur zu gewährleisten, wird sie anhand der Nachnamen der Autoren alphabetisch geordnet. Eine Aufteilung in Monographien, Aufsätze und Zeitungsartikel ist bei Verwendung von amerikanischer oder Kurzzitierweise wenig sinnvoll, da der Publikationstyp hier nicht erkennbar ist. Die Ausnahme bilden Internetseiten, die aufgrund ihrer gleichförmigen Gestaltung und des (meist) fehlenden Autors in einer eigenen Rubrik zusammengefasst werden.

Beispiele für bibliographische Angaben zu Internetquellen:

http://www.internetpolicy.org (Stand: 25.04.2001)
http://www.politik-digital.de (Stand: 30.04.2001).
http://www.politikerscreen.de (Stand: 30.04.2001).
http://www.stern.de/meldungen/2001/01/05/evote-berlin.html (Stand: 08.01.2001).

Insbesondere in der Geschichtswissenschaft wird oft verlangt, zwischen den Primär- und den Sekundärquellen (vgl. Kap. 7) bzw. ungedruckten und gedruckten Materialien zu unterscheiden. Dies sollte nach Maßgabe des jeweiligen Instituts bzw. Lehrstuhls geschehen.

9.8 Den richtigen Ton treffen

Die Hausarbeit ist kein politisches Pamphlet, in dem es gilt, einen Gegner anzugreifen. Politische *Neutralität* und das Einordnen der Fakten anhand intersubjektiver Maßstäbe fällt natürlich leichter, wenn man sich mit Molekularbiologie beschäftigt – trotzdem muss man gerade in den Sozialwissenschaften darauf achten. Es gibt eine Reihe von Stilmitteln, die in einer Hausarbeit angebracht sind, und einige, die nichts darin zu suchen haben.

9.8.1 Harmonie herstellen

Im Folgenden werden einige stilistische Elemente vorgestellt, die einer Arbeit gut tun.

- Die Darstellung sollte im *Stil sachlich* bleiben. Jeder Gegenstand hat mindestens zwei Seiten. Dies muss inhaltlich berücksichtigt werden, drückt sich aber auch in einer neutralen und vorsichtigen Wortwahl aus. „Differenziert" heißt hier das Schlüsselwort.
- Jeder *größere Abschnitt* der Arbeit sollte eine *kleine Arbeit* für sich sein, ausgestattet mit einer Einleitung, einem Hauptteil und einem Schluss. In der jeweiligen Einleitung sollte der Zusammenhang zum vorigen Text hergestellt und ganz kurz geschildert werden, was dann kommt. Der Schluss bietet eine kurze Zusammenfassung und einen Anknüpfungspunkt für die Überleitung zum nächsten Abschnitt. Das muss am Anfang und am Schluss jeweils nicht mehr als ein Satz sein.
- Beschreibungen sollten von Erklärungen und Interpretationen getrennt werden. Das eine ist die neutrale Darstellung der Fakten, das andere entspringt dem Geist des Verfassers. Beides sollte unterscheidbar bleiben.
- Wichtig ist es, eine *Zeitstufe durchzuhalten*: Der (ständige) Wechsel zwischen Gegenwart und Vergangenheit hinterlässt einen holprigen Eindruck.
- *Fremdwörter* sollten *sparsam* verwendet werden. Der übermäßige Gebrauch wirkt eher prahlerisch als eindrucksvoll und erschwert das Textverständnis unnötig. Fachbegriffe treffen andererseits oft den Kern der Dinge, deshalb sind sie von dieser Regel ausgenommen.
- Werden eigene Gedanken und Einschätzungen in die Arbeit eingebracht, verführt das leicht zum Gebrauch von „wir" oder „ich". Dies wird aber

Gedanken zu Papier gebracht 163

von den meisten Autoren zu Gunsten unpersönlicher Formulierungen, z. B. „der Verfasser", vermieden. Letztlich bleibt dies eine Geschmacksfrage.
- Es empfiehlt sich, auf unnötige Adjektive zu achten und diese zu vermeiden. Ebenso sollten Füllwörter wie „auch" oder „selbstverständlich" entfernt werden, wenn sie – wie Tautologien – keinen Beitrag zum Inhalt leisten.

Tab. 9.11: *Beispiele für Füllwörter und Tautologien*		
natürlich	nun	jetzt
irgendwie	wohl	gewissermaßen
gar	weißer Schimmel	schwache Brise

Quelle: Rossig / Prätsch 2002: 141-150.

9.8.2 Missklänge meiden

Die Hausarbeit eignet sich nicht für polemische Attacken, Predigten oder Lyrik. Ein Negativbeispiel findet sich in einer frühen Hausarbeit eines Verfassers:

Beispiel für unangemessenen Sprachgebrauch:

Ist nun Frieden eingekehrt in Tschetschenien? Wahrscheinlich nicht. Der russische Bär hat sich eine blutige Nase geholt, aber nach der bisherigen Geschichte der Auseinandersetzung um Tschetschenien zu urteilen, ist sein Gedächtnis nicht besonders gut. [...] Diese Arbeit wird an der großen Politik nichts ändern. Sie hat ihr Ziel erreicht. Sie hat die Fragen der Einleitung beantwortet und das Vergessen etwas aufgehalten.

Zur politischen Kampfschrift gehört eine so entschiedene Argumentation, dass Widerspruch eigentlich nicht mehr möglich ist. Ein klassisches Beispiel dafür ist das Wörtchen „offensichtlich". Dieses apodiktische Vorgehen ist vollkommen unvereinbar mit den Spielregeln der Wissenschaft. Es ist daher unbedingt zu vermeiden.

Auch *Vorurteile* finden *keinen Eingang* in die Arbeit. Wer schon zu Beginn weiß, was bei seiner Arbeit herauskommen soll und bis zum bitteren Ende daran festhält, handelt ebenso unwissenschaftlich. Gern wird die eigene Meinung dann durch abwertende Formulierungen gestützt. Beispiele sind etwa die Ausdrücke „Wessis" und „Ossis". Natürlich geht man mit einem gewissen Vorverständnis an den Gegenstand heran, aber das Ergebnis sollte sich nicht daraus, sondern aus der neutralen Prüfung und Einordnung der Fakten ergeben.

Die flapsige Sprache des Journalismus ist ein wichtiges Element der Berichterstattung in den Massenmedien. Und die Publizistik ist wiederum ein bedeutender Fundus für Informationen über das politische Geschehen, das (noch) nicht über Akten und Sekundärliteratur zugänglich ist. So wichtig die Fakten aus den Medien sind, so wenig sollte sich ihre journalistische Form in einer Hausarbeit wieder finden. Meldungen sind oft eher am Effekt als an den Tatsachen orientiert. Ein willkürlich herausgegriffenes Beispiel:

Beispiel für unangemessenen Sprachgebrauch in den Medien:

„Frech! Schamlos! Unverschämt! Grüne Politikerin mit 48 in Rente. Sie darf sich auf 466 000 Euro freuen. [...] Wer stoppt endlich diese Abzockerei?" (Gehm 2003: 1)

Dieser Text aus der Boulevardpresse ist unter Umständen geeignet, den Volkszorn zu entfachen, kaum jedoch um in einer wissenschaftlichen Arbeit zitiert zu werden. Wenn schon aus Zeitungen abgeschrieben wird, dann aus renommierten Blättern wie etwa der *Süddeutschen Zeitung* oder der *Frankfurter Allgemeinen Zeitung*.

Die rhetorische Frage eignet sich für die schriftliche Darstellungsform nicht. Beim mündlichen Vortrag kann man durch die Stimme klar machen, dass es sich um eine Frage handelt, die keiner Antwort bedarf. In einer Arbeit läuft man Gefahr, dass der Leser enttäuscht wird, weil er im Text ernsthaft nach einer Antwort gesucht hat. „Muss dies hier noch erklärt werden?" Der Leser denkt sich vielleicht: „Ja." Was dann?

Ähnlich verhält es sich mit der Ironie. Es ist enorm schwierig, das Gegenteil von dem, was man eigentlich meint, so zu formulieren, dass dieser

Umstand allen Lesern klar wird. Aus diesem Grund wurde auch die Einführung eines Ironie-Zeichens, ähnlich dem Fragezeichen, vorgeschlagen. Allerdings gibt es dieses (noch) nicht. Daher sollten derartige Missverständnisse nicht provoziert werden.

Im Deutschen neigen auch Wissenschaftler dazu, lange Substantivketten zu bilden. Ein klassisches Beispiel für ein solches Bandwurmwort ist die Donaudampfschifffahrtskapitänsmütze. Dies ist zu Recht als typisches Beamtendeutsch verschrien. Es sollte ebenso vermieden werden wie der übermäßige Gebrauch des Passivs.

Noch zur Satzlänge: Oftmals drängt sich der Eindruck auf, dass manche Autoren durch möglichst lange Sätze ihre Bildung unter Beweis stellen wollen. Es ist in der Tat eine Kunst, einen Satz, der über eine ganze Seite geht, grammatikalisch richtig zu konstruieren. Allerdings ist dies keine erstrebenswerte Kunst für jeden, der leserfreundlich schreiben möchte. Hier gilt die Faustregel: Jeder Satz, der über mehr als drei Zeilen geht, kann und sollte geteilt werden. Auch sind kürzere Ausdrücke oder Wörter längeren vorzuziehen: Also besser „später" statt „zu einem späteren Zeitpunkt" verwenden.

9.9 Immer die Form wahren

Dieser Abschnitt ist reine Formsache. Um sich über seinen Stellenwert klar zu werden, könnte man, zugespitzt, so formulieren: Eine brillante Arbeit kann mit Kugelschreiber auf Butterbrotpapier gekritzelt werden, sie wird eine gute Note erhalten. Da aber die wenigsten von uns Gefahr laufen, so gut zu sein, sollte man auch auf die Form achten. Der Umkehrschluss gilt allerdings nicht: Ein gutes Layout kann eine schwache Arbeit nicht retten.

9.9.1 Textkörper, Überschriften und Bilder

Für die Form des Textes bestehen folgende allgemeine Richtlinien:

- *1,5-facher Zeilenabstand*: Der relativ große Durchschuss (Freiraum zwischen den Zeilen) erleichtert die Lektüre.
- *Ausreichender Rand*: Innen sollten es mindestens zwei Zentimeter sein, damit beim Lochen und Abheften sowie später beim Umblättern kein Text verschwindet. Außen sollte ein Korrekturrand von drei Zentimetern eingehalten werden.

- Mindestens *Schriftgröße 11 Punkt*, höchstens 12 Punkt. Dies fördert die Lesbarkeit. Hervorhebungen wie Fett- oder Kursivdruck wirken nicht sonderlich gut, wenn sie übertrieben häufig eingesetzt werden. Weniger ist hier auch mehr.
- Als Ausrichtung bietet sich *Blocksatz* an,
- der allerdings mit der *Silbentrennung* kombiniert werden sollte, damit keine großen weißen Löcher entstehen.

Die *Überschriften* entsprechen logischerweise der Gliederung. Bei der Gestaltung ist Zurückhaltung geboten. Sie sollten in der gleichen Schriftart wie der Text gehalten sein. Nach Geschmack kann eine etwas größere Schrift (14 Punkt) gewählt werden, ebenso Fettdruck und Unterstreichung. Vor und nach der Überschrift sollte ein gewisser Abstand vorhanden sein.

Sparsam sollte auch mit dem Einsatz von *Bildern, Karten, Karikaturen* und ähnlichem umgegangen werden. Es entsteht sonst leicht der Eindruck, dass mit Effekten geblendet und von den Inhalten abgelenkt werden soll. Keine Regel ohne Ausnahme: Geht es um die Formensprache des Osmanischen Reichs, sind Anschauungsobjekte natürlich willkommen.

9.9.2 Titelblatt

Das Titelblatt stellt das Aushängeschild der ganzen Arbeit dar. Folgende allgemeine Angaben sind notwendig:

- Name der Universität;
- Name des Dozenten;
- Bezeichnung des Lehrstuhls oder Einrichtung;
- Titel der Lehrveranstaltung und
- das Semester, in dem die Lehrveranstaltung stattfand.

Darüber hinaus sind Angaben zum Verfasser im eigenen Interesse unerlässlich. Dazu gehören unbedingt:

- Vorname und Name;
- Anschrift;
- E-Mail-Adresse (zur Kontaktaufnahme bei Rückfragen);

- Studienfächer und
- (Fach-)Semesterzahl.

Auf keinen Fall sollte der *Titel* einer Arbeit vergessen werden. Es ist ratsam, diesen erst am Schluss endgültig festzulegen. Bis dahin genügt ein Arbeitstitel. Der Titel darf durchaus plastisch sein, solange im Untertitel das Thema sachlich benannt wird.

Beispiel für das Titelblatt einer Hausarbeit:

Universität Altdorf					Sommersemester 2003
Lehrstuhl für Politikwissenschaft
Prof. Dr. Peter Lehrgut
Proseminar: **Vermiedene Kriege**

Das fragile Gleichgewicht Europas
Der russisch-türkische Krieg 1877 / 78 und die Großmächte

Max Musterstudent
Matrikelnr.: 4711

Magister:
Politikwissenschaft / Geschichte / Psychologie
7. Semester

Altdorf, August 2003

Anschrift:
Alte Straße 1, 00000 Altdorf, ☎ 555-735626
mustermann@web.de

9.9.3 Verzeichnisse

Das Inhaltsverzeichnis ist Teil jeder Arbeit. In ihm spiegelt sich die Gliederung wider; die Überschriften werden wortgleich aus dem Text übernommen. Die einzelnen Abschnitte sind mit den entsprechenden Seitenzahlen zu versehen. Ein Beispiel:

Beispiel für das Inhaltsverzeichnis einer Hausarbeit:

Inhaltsverzeichnis

1 Demokratie im Zeitalter des Internets – eine Einleitung	3
1.1 Literaturbericht	3
1.2 Eingrenzung des Themas	4
2 Politik im Internet	6
2.1 Grundlegendes	6
2.2 Sender politischer Kommunikation	8
2.3 Empfänger politischer Kommunikation	10
3 Mehr Partizipation?	11
3.1 Partizipation durch Medien?	12
3.2 Neue Formen politischer Partizipation im Internet?	13
3.3 Zur deliberativen Demokratie durch das Internet?	14
3.4 Wahlkämpfe und Wahlen im Internet	15
3.4.1 Wahlkämpfe im Internet	16
3.4.2 Wahlen mit Hilfe des Internets	17
[...]	
7 Effektivität, Transparenz, Partizipation – ein Fazit	26
8 Literatur	29

Es gibt verschiedene Systeme, die unterschiedlichen Ebenen zu kennzeichnen. Das obige Beispiel zeigt die einfache und daher empfehlenswerte Dezimalgliederung. In aller Regel sollten nicht mehr als drei Ebenen eingezogen werden. Höchstens drei Seiten sollten unter einer Überschrift geschrieben werden.

Noch eine kleine Anmerkung: Ein Gliederungspunkt sollte niemals allein auf einer Ebene stehen. Wenn es nur einen Unterpunkt gibt, stellt sich die Frage, ob dieser zur Gliederung überhaupt notwendig ist.

Tab. 9.12: *Keine einzelnen Unterpunkte*	
Schlecht:	Gut:
2 Parteien im Grundgesetz 2.1 *Grundlage* 3 Das Parteiengesetz	2 Verfassungsrechtliche Grundlage der Parteien im Grundgesetz 3 Das Parteiengesetz

Viele Textverarbeitungsprogramme bieten die Möglichkeit, Verzeichnisse dieser Art automatisch anzulegen.

Gegebenenfalls sind alphabetisch geordnete Abkürzungsverzeichnisse sinnvoll, insbesondere bei Arbeiten, die sich mit ausgefallenen Themen beschäftigen. Dabei kann allerdings auf Abkürzungen verzichtet werden, die ohnehin im *Duden* aufgeführt sind.

Beispiel für ein Abkürzungsverzeichnis:

ABM	Anti-Ballistic Missiles
CFK	Christliche Friedenkonferenz
HVA	Hauptverwaltung Aufklärung
PUT	Politische Untergrundtätigkeit
WFR	Weltfriedensrat

Neben einem Abkürzungsverzeichnis (AKV) ist es für den Leser hilfreich, wenn der Autor den Begriff beim ersten Mal ausschreibt und die Abkürzung in Klammern dahinter setzt.

Seltener sind Verzeichnisse der enthaltenen Abbildungen oder Tabellen. Sie sind dann sinnvoll, wenn davon mehr als drei verwendet werden. Der Aufbau ähnelt dem des Inhaltsverzeichnisses ohne Untergliederung.

Beispiel für ein Tabellenverzeichnis:

Tabellenverzeichnis

Tabelle 1: Wahlergebnisse der Grünen	4
Tabelle 2: Überreste des Rotationsprinzips	8
Tabelle 3: Amtszeit der Bundessprecher	11
[...]	
Tabelle 8: Karrierewege der Grünen Minister	19

Anhänge mit mehreren Dokumenten oder ähnlichem sollten zur besseren Übersicht mit einem gesonderten Verzeichnis versehen werden.

9.10 Der letzte Schliff: die Überarbeitung

9.10.1 Die Gedankenkette straffen

Der wichtigere Teil der Überarbeitung ist die inhaltliche Überprüfung der Arbeit. Folgende Fragen sollten an den Text gestellt werden:

- Wird die Fragestellung beantwortet?
- Ist die Arbeit auf die zur Beantwortung der Frage notwendigen Gesichtspunkte konzentriert?
- Ist der rote Faden der Arbeit erkennbar?
- Passen Einleitung und Schluss zusammen?
- Stimmen die Überleitungen?
- Gibt es Redundanzen? Dabei geht es um einzelne Wörter wie um ganze Gedankengänge. In beiden Fällen sollten Wiederholungen gestrichen werden.
- Ist der Text verständlich? Eine gute Methode, um dies zu prüfen, ist, sich den Text laut vorzulesen. Jede holprige Formulierung kommt so zum Vorschein.

Gedanken zu Papier gebracht

- Stimmen Orthografie und Interpunktion? Der Einsatz der Rechtschreibhilfe des Textverarbeitungsprogramms ist hier eine große, aber leider nicht immer zuverlässige Hilfe.
- Stimmt die Gliederung im Inhaltsverzeichnis mit dem tatsächlichen Text überein? Stimmen die Seitenzahlen?

All diese Fragen kann man natürlich – nach mehrmaligem Lesen – selbst beantworten. Dies ist Ziel des ersten Durchganges. Allerdings ist man mit dem eigenen Text so vertraut, dass manche Fehler nicht mehr gesehen werden. Daher ist es empfehlenswert, die Arbeit vor der Abgabe an einen oder zwei *Korrekturleser* zu geben. Dies können Partner, Freunde oder Studienkollegen sein. Erfahrungsgemäß wird das Gegenlesen gute Verbesserungsvorschläge bringen, vor allem wenn es an Hand obiger Fragen geschieht (Kruse 1997: 237-245).

Vor der Abgabe sollte man den Text noch einmal zwei oder drei Tage „ruhen lassen". Wenn dann bei der konzentrierten Lektüre kein Fehler mehr zum Vorschein kommt, darf die Arbeit ruhigen Gewissens abgegeben werden. Allerdings ist man trotzdem nicht davor gefeit, am Tag nach der Abgabe einen schweren Fehler zu entdecken – aber das passiert selbst Professoren.

9.10.2 Formatierung, Ausdruck und Abgabe

Vor der Abgabe gilt es nochmals die *Formatierungen* zu *überprüfen*. Sind alle Überschriften einer Ebene gleich groß? Sind die Abstände gleich? Ist die Schriftart einheitlich?

Wenn die Arbeit zu Papier gebracht wird, ist auf die Qualität zu achten. Konkret: Der Ausdruck mit guten Tintenstrahl- oder Laserdruckern gibt ein schönes Bild; auch das Papier sollte dazu passen. Wer selbst nur über einen schlechten Drucker verfügt, dem sei ein Copy-Shop empfohlen. In aller Regel stehen dort gute Drucker zur Verfügung. Allerdings gibt es hier ein Problem: Die Geräte arbeiten mit unterschiedlichen Treibern, was dazu führen kann, dass sich das Layout der Arbeit ändert. Daher sollte man die ganze Arbeit vor dem Ausdruck noch einmal auf Fehler dieser Art durchsehen. Die Abgabe erfolgt in einem Schnellhefter, auf keinen Fall in losen Blättern oder geklammert.

9.11 Wie viele Seiten sollen es sein?

Der Umfang richtet sich natürlich nach den Vorgaben des Instituts oder Lehrstuhls. Diese sollten eingehalten und nicht als dezenter Hinweis auf einen Mindestumfang verstanden werden. Folgende Angaben können als Richtwerte dienen:

Tab. 9.13: *Anhaltspunkte für den Umfang von Seminararbeiten*

Typ:	ungefähre Seitenzahl:
Grundkursarbeit	15
Proseminararbeit	20-25
Hauptseminararbeit	25-30
Examensarbeit (3 Monate)	50-60
Examensarbeit (6 Monate)	80-100

Dabei handelt es sich allerdings um reine Textseiten; Titelblatt, Inhaltsverzeichnis, Anhang und Literaturverzeichnis zählen nicht dazu.

9.12 Wie wird was bewertet?

Bei der Benotung fließen verschiedene Gesichtspunkte ein:

- Ist die im Hauptteil formulierte Antwort auf die Frage aus der Einleitung vollständig und korrekt?
- Wie gut wurde die in der Einleitung formulierte Aufgabenstellung bewältigt?
- Wurde die relevante Literatur zur Kenntnis genommen? Ist die sprachliche Gestalt akzeptabel (Orthografie, Grammatik, Interpunktion, Stil)?
- Sind die formalen Anforderungen erfüllt?

Das Gespräch mit dem Dozenten nach der Korrektur der Arbeit kann eine große Hilfe für die Verbesserung der künftigen Leistungen sein. Dieses sollte man gegebenenfalls auch einfordern. Durch seine Erfahrung findet der Korrektor in aller Regel recht schnell die Schwachstellen. Es ist auch eine Frage wert, ob man die Arbeit zumindest zeitweise ausgehändigt bekommt, um die Korrekturen im Detail zu sehen.

9.13 Literatur

Bayerisches Landtagsamt (Hrsg.), 1947: Stenographische Berichte, München.
Brecht, Bertolt, 1968: Gesammelte Werke, Bd. 9, Frankfurt a. M.
Brecht, Bertolt, 1993: Werke. Große kommentierte Berliner und Frankfurter Ausgabe, Bd. 14, Berlin u. a.
Czempiel, Ernst-Otto, 2002: Weltpolitik im Umbruch, Die Pax Americana, der Terrorismus und die Zukunft der internationalen Beziehungen, Bonn.
Ebster Klaus / Stalzer Liselotte, 2002: Wissenschaftliches Arbeiten für Wirtschafts- und Sozialwissenschaftler, Wien.
Eco, Umberto, 1988: Wie man eine wissenschaftliche Hausarbeit schreibt. Doktor-, Diplom- und Magisterarbeiten in den Geistes- und Sozialwissenschaften, Heidelberg.
Gehm, E. u. a., 2003: Grüne Politikerin mit 48 in Ruhestand. Sie darf abzocken und wir müssen bluten, in: Bild v. 30.01., 1.
Karmasin, Matthias / Ribing, Rainer, [3]2002: Die Gestaltung wissenschaftlicher Arbeiten, Wien.
Knopf, Jan, 1984: Brecht-Handbuch. Lyrik, Prosa, Schriften. Eine Ästhetik der Widersprüche, Stuttgart.
Kruse, Otto, [5]1997: Keine Angst vor dem leeren Blatt: Ohne Schreibblockaden durchs Studium, Frankfurt a. M. / New York.
Patzelt, Werner [5]2003: Einführung in die Politikwissenschaft, Grundriss des Faches und studiumbegleitende Orientierung, Passau.
Rossig, Wolfram / Prätsch, Joachim, [4]2002: Wissenschaftliches Arbeiten. Ein Leitfaden für Haus-, Seminar-, Examens- und Diplomarbeiten sowie Präsentationen – einschließlich des Internets, Hamburg.

9.14 Checkliste

Vor Abgabe seiner Hausarbeit sollte man die folgenden Punkte nochmals überprüfen:

Tab. 9.14: „Checkliste" für Hausarbeiten

- Ist die Fragestellung explizit formuliert?
- Gibt es einen Literaturbericht zum Forschungsstand?
- Sind einschlägige Fachzeitschriften berücksichtigt worden?
- Ist die Gliederung der Arbeit angemessen? Nicht zu sparsam, aber auch nicht zu detailliert oder gar labyrinthisch?
- Sind sinngemäße und wörtliche Übernahmen entsprechend kenntlich gemacht?
- Sind die Fundstellen aller übernommenen Daten benannt?
- Sind übernommene Zitate („Zitat des Zitats") anhand der Originalquellen überprüft worden?
- Ist der Stil neutral und zurückhaltend?
- Sind alle Thesen plausibel?
- Ist das Literaturverzeichnis sinnvoll geordnet?
- Sind auch die ausgewerteten Aufsätze im Literaturverzeichnis aufgeführt?
- Ist die Formatierung stimmig?
- Sind Interpunktion und Orthographie fehlerfrei?
- Sind Tempussprünge vermieden worden?
- Sind sinngemäße Übernahmen korrekt in den Konjunktiv gesetzt („indirekte Rede")?

10 *Tour de force* oder: Rund um den Elfenbeinturm

10.1 Die Überprüfung des Studienfaches

Mit der Wahl des Studienfaches trifft man eine wichtige Entscheidung, die Auswirkungen auf das ganze Leben haben kann. Wobei, auch das sei gesagt, es weder selten noch eine Schande ist, nach dem ersten oder zweiten Semester das Studienfach zu wechseln. Vorüberlegungen sind sehr hilfreich, können aber nicht die gesamte Realität des Studiums berücksichtigen. So könnten die Studieninhalte generell oder die spezielle Ausrichtung an einer bestimmten Universität nicht den eigenen Neigungen und Interessen entsprechen. Eine Neuorientierung in Details oder in Gänze kann die Folge sein und man sollte sie auch vornehmen, wenn es nötig ist. Die Beantwortung der folgenden Fragen hilft, sich nach einem oder zwei Semestern aus dem Studienalltag auszuklinken und darüber zu sinnieren, ob das begonnene Studium tatsächlich das Richtige ist:

- Welche *Werte* sind einem besonders wichtig? Haben sie sich seit Antritt des Studiums verändert? Wem der Dienst an der Gemeinschaft oder für Kranke wichtig ist, wird ein anderes Studienfach wählen, als jemand, für den finanzieller Wohlstand und Erfolg viel bedeuten.
- Welche *eigenen Interessen* hat man? Welche Stärken zeichnen mich aus? In welchen Fächern und später angestrebten Berufen kann man sie einsetzen?
- Auch wenn heute Studiengänge nicht zwangsläufig das ganze *Berufsleben* vorgeben, so werden doch Weichen gestellt. Wie behagt einem der Gedanke, sich 30 oder 40 Jahre mit diesem Themengebiet zu befassen?
- Wo möchte ich mit 30 oder 35 Jahren stehen? Was möchte ich bis dorthin erreicht haben und welche Schritte sind dafür nötig?

Wem dieses Buch vor Wahl und Antritt des Studiums in die Hände gefallen ist, der sollte sich zunächst diese Fragen stellen:

- Zu welchen Studiengängen hat man mit dem eigenen Abitur überhaupt Zugang? Besteht bei dem gewünschten Studium ein *Numerus Clausus*

(NC)? Muss zur Zulassung der Weg über die *Zentralstelle für die Vergabe von Studienplätzen* (ZVS) beschritten werden? An welchen Orten wird das Wunschstudium angeboten? Wann sind wichtige Fristen gesetzt? Muss man eventuell Tests bestehen, um zum Wunschstudium zugelassen zu werden?

- Welche *Leistungskurse* in der Schule wurden weshalb gewählt? War die Wahl in der Rückschau zufriedenstellend? Welche Grundkurse waren besonders interessant? Woran lag dies – an einzelnen Themen, dem gesamten Stoff, an Mitschülern, Lehrkräften usw.? Was war der Grund, wenn Kurse keinen Spaß machten? Eine Lehrkraft, mit der man Probleme hat, kann den Blick darauf verdecken, dass das Fach an sich durchaus interessant hätte sein können. Das wäre dann kein Grund, ein Studienfach nicht in die engere Wahl zu ziehen. Langeweile und Desinteresse am Stoff hingegen können sehr gute Gründe sein, ein Fach nicht in Betracht zu ziehen.
- Bestehen *Wünsche der Eltern*, ein bestimmtes Fach oder zumindest ein Studium aus einer vorgegebenen Gruppe von Fächern zu absolvieren? Dies stellt unter Umständen eine schwere Einschränkung der eigenen Wahlmöglichkeiten dar. Man muss sich in diesem Fall überlegen, ob man sich mit dieser gravierenden Beschränkung und ihren voraussichtlichen Folgen arrangieren kann oder nicht. Wer sich für den eigenen Weg gegen den Willen der Eltern entscheidet, wird in vielen Fällen mit erheblichen Konflikten und Problemen zu rechnen haben. Trotzdem kann sich diese Entscheidung später als positiv herausstellen.

10.2 Studienortwechsel

Folgende Ziele können einen Studienortwechsel lohnend erscheinen lassen:

- neue Schwerpunktsetzungen im Studium an der neuen Uni;
- Perspektivenwechsel und
- die Bereicherung des eigenen Lebenslaufes.

Zu beachten sind bei einem Wechsel der Universität die wahrscheinlich verlängerte Studiendauer, ausgelöst durch Umzug, Neuorientierung usw. Vor einem Wechsel ist es deshalb vorteilhaft, sich frühzeitig bei der potentiellen Hochschule zu erkundigen, welche bisherigen Studienleistungen anerkannt werden. Dies gilt analog, wenn neben dem Ortswechsel auch ein Wechsel des Studiengangs erfolgen soll. Teilweise können im alten Fach erworbene Leistungen im neuen Studium anerkannt werden. Frühzeitig vor einem Wechsel sind die *Lebens- und Studienbedingungen* zu beachten. Dazu kann man über das Internet, Reiseführer und andere Quellen Informationen sammeln. Besonders wertvoll sind persönliche Kontakte zu Menschen, die bereits länger am neuen Ort sind. Aus all diesen Informationen entsteht ein Mosaikbild, das die Wahl vereinfachen und vor unnötigen Kosten bewahren kann.

Es ist vorteilhaft, einen reinen Studienortwechsel, wenn irgend möglich, zuerst als temporär begrenzt zu planen. Dies gilt selbst dann, wenn eine Rückkehr nicht wahrscheinlich erscheint, denn manchmal kommt es anders als man denkt! Im Fall unhinnehmbarer Überraschungen den schnellen, geordneten Rückzug an die alte Uni antreten zu können, rettet ein Semester Studiendauer, von dem nie sicher ist, ob man es nicht irgendwann dringend benötigt.

Besonders geeignet ist ein Wechsel *nach dem Vordiplom oder der Zwischenprüfung*. Diese Leistungsnachweise lassen sich in der Regel leichter anerkennen als Einzelscheine. Zudem ist damit ein größerer Studienabschnitt abgeschlossen und das unabdingbare Grundwissen gesichert. Wer an seiner ursprünglichen Uni den bevorzugten Schwerpunkt für das Hauptstudium nicht (ausreichend) vorfindet, hat an einer anderen Hochschule wahrscheinlich mehr Erfolg. Außerdem sollte folgendes bedacht werden:

- Bestehen *finanzielle Beschränkungen*, die es unter Umständen schwer oder unmöglich machen, einen besonders teuren Studienort zu wählen?
- Wie wichtig ist die Nähe zu den Eltern oder dem Heimatort? Wie eng sind Bindungen zu Freunden und Angehörigen? Müssen z. B. Angehörige mitbetreut werden? Bestehen Verpflichtungen in Organisationen oder Vereinen?
- Ist man selbst eher ein Groß- oder ein Kleinstadtmensch? Welche Hobbies möchte man weiterführen? Benötigt man dazu bestimmte Bedingungen? Wer Theaterfan ist, wird in einer größeren Stadt besser aufgehoben sein, wohingegen ein begeisterter Bergsteiger zumindest in der Wahl der Regionen eingeschränkt ist.
- Bestehen große Vorlieben oder Abneigungen gegen manche Landschaften oder landsmannschaftliche Eigenheiten, z. B. Dialekte? Oder ist es

vielleicht lehrreich, gerade dem nicht nachzugeben und den Sprung in unbekannte Gewässer zu wagen?

10.3 Auslandsstudium

Alle beim Studienortwechsel angesprochenen Punkte gelten ebenfalls für das Auslandsstudium. Die dort gemachten Anmerkungen sollten deshalb bei Überlegungen zu einem Auslandsaufenthalt mitberücksichtigt werden.

Ein Auslandsstudium ist die *riesige Chance*, in kurzer Zeit sehr viele Erfahrungen zu machen und die Berufsaussichten deutlich zu verbessern. Wer kann, sollte es sich auf jeden Fall gönnen!

10.3.1 Ziele eines Auslandsstudiums

Die Ziele beim Auslandsstudium sind vielfältiger als bei einem Studienortwechsel im Inland und vermutlich von Person zu Person unterschiedlich(er). Eine Rolle werden spielen:

- Die eigenen Fremdsprachenkenntnisse ausbauen und perfektionieren.
- Die Organisations- und Problemlösungskompetenz schulen und trainieren.
- Scheine oder eventuell Studienabschlüsse erwerben, wobei frühzeitig vor einem Auslandsaufenthalt zu klären ist, welche Leistungen und Abschlüsse an der Heimatuniversität anerkannt werden.
- Die eigene interkulturelle Kompetenz nachweisen und ausbauen. Denn schon im europäischen Ausland gilt der Satz: *It's so much more than just a different language!*
- Perspektivenwechsel, der es erlaubt, von außen einen Blick auf Deutschland und die eigene Kultur zu werfen.
- Generelle Bereicherung des eigenen Erfahrungsschatzes.
- Entspannung durch die Mischung aus Arbeits- und Urlaubsatmosphäre.

10.3.2 Zeitlicher Aspekt

Ein Auslandsaufenthalt wird in der Regel zeitlich begrenzt sein, was ihn temporär beschränkten Studienortwechseln ähnlich macht. Als günstiger

Rund um den Elfenbeinturm 179

Zeitpunkt hat sich wiederum die Spanne *zwischen Vordiplom / Zwischenprüfung und Examen* herausgestellt. Der Abstand zum Abschluss sollte groß genug sein, um Wiedereingewöhnung und Nachsorge der gemachten Erfahrungen sowie die Vorbereitung auf Prüfungen zu ermöglichen. Eine Ausnahme stellen Auslandsaufenthalte dar, während denen eine prüfungsrelevante Sprache gesprochen wird. Hier kann der Wechsel ins Ausland sehr wertvoll sein, wobei er die Vorbereitung auf andere Prüfungsfächer nicht stören darf.

Vor dem geplanten Aufenthalt sollte *großzügig mit Vorlauf* gearbeitet werden. Die Beantragung und Erstellung von Gutachten oder Visa benötigt oft mehr Zeit als gedacht. Gleiches gilt für die Auflösung oder Zwischenvermietung der eigenen Wohnung. Deshalb: Lieber zu früh nach Fristen erkundigen und mit viel Vorlauf planen. Gutachter nehmen es übel, wenn sie wegen mangelnder Planung von Studenten unter Zeitdruck gesetzt werden. Solche Vorkommnisse zeugen zudem von wenig Organisationskompetenz und Verantwortungsbewusstsein sich selbst und anderen gegenüber. Hilfreich ist eine schriftliche Fixierung von Fristen, Terminen und sonstigen wichtigen Punkten, z. B. in einem Timer.

10.3.3 Wie gelange ich an ein Auslandsstudium?

Die Möglichkeiten, an einen Studienplatz im Ausland zu kommen, sind in den letzten Jahren gewachsen und werden das wohl auch in Zukunft weiter tun. Einige Tipps:

- Für Studienaufenthalte im EU-Raum besteht das *ERASMUS-Programm* der Europäischen Union. Mit der Aufnahme von neuen Staaten in die Gemeinschaft werden die Möglichkeiten, ein Auslandsstudium über diesen relativ komfortablen Weg zu organisieren, größer. Besondere Vorteile sind die Übernahme der Einschreibungsgebühren an der fremden Uni und wesentlich weniger bürokratische Hürden.
- Oft bestehen an manchen *Lehrstühlen* der eigenen Uni Kontakte zu Hochschulen im Ausland, über die ein Austausch relativ einfach möglich ist. Die Nachfrage beim Akademischen Auslandsamt, bei Dekanaten, Fachschaften und Kommilitonen, insbesondere Auslandstutoren, kann helfen, die entsprechenden Lehrstühle zu finden.
- Der *Deutsche Akademische Austauschdienst (DAAD)* bietet generelle Informationen, finanzielle Unterstützung und Plätze fürs Studium im

Ausland an. Eine Bewerbung für Studienplätze ist jedoch nicht unbedingt von Erfolg gekrönt, weshalb andere Alternativen parallel immer mit in Betracht gezogen werden sollten.
- Grundsätzlich möglich ist auch die *eigene Suche* und Bewerbung an Hochschulen im Ausland. Sie ist jedoch die aufwändigste Art, erfordert viel Initiative und Ausdauer.
- Inzwischen gibt es eine große Zahl an Internetseiten und Literatur zum Auslandsstudium, sowie zu den finanziellen und sonstigen Aspekten. Eine eigenständige Internetrecherche erscheint hier empfehlenswert.

10.3.4 Die Auswahl des ausländischen Studienortes

Hier stehen die *persönlichen Präferenzen* (z. B. Groß- oder Kleinstadt) und Interessen an erster Stelle, solange diesen nicht triftige Gründe entgegenstehen. Wenn es nötig ist, schnell nach Hause gelangen zu können, muss eine gute Zugverbindung oder ein Flugplatz leicht und schnell erreichbar sein.

Das *Studienangebot* sollte ebenfalls eine Überlegung wert sein, selbst wenn der Scheinerwerb nicht die höchste Priorität genießen wird. Schließlich will eine den Austausch fördernde Institution und ein zukünftiger Arbeitgeber wissen, was man in dieser Zeit für das Studium gemacht hat.

Die Frage nach der Sicherheit stellt sich leider nicht erst seit dem „11. September". Meist ist es banale Alltagskriminalität, die es zu beachten gilt.

- Gibt es spezielle Landesgegenden oder Stadtviertel, die man meiden sollte?
- Wie steht es um die Sicherheit von Frauen?
- Welche kultur- und landesspezifischen Regeln muss, welche sollte man beachten?

Die Antworten führen zurück zu den Austauschprogrammen, denn man muss in Erfahrung bringen, ob man mit einem Programm an einen bestimmten Ort gebunden ist. Scheidet ein Ort aus, so muss man sich entweder innerhalb des Programms nach Alternativen umsehen oder das Programm an sich wechseln.

10.3.5 Was noch zu beachten ist

In jedem Fall ist zu prüfen, ob man eine zusätzliche *Auslandskrankenversicherung* benötigt und ob bzw. welche Vorsorgemaßnahmen, z. B. spezielle Impfungen, getroffen werden müssen. Ein entsprechender Vorlauf hilft einmal mehr, unangenehme Überraschungen zu vermeiden.

Wer mit seinem *fahrbaren Untersatz* an den Studienort fährt, sollte sich frühzeitig nach benötigten Papieren erkundigen und diese gegebenenfalls vervollständigen. So ist in vielen Ländern die grüne Versicherungskarte Pflicht. Es schont zumindest den eigenen Geldbeutel, wenn abweichende Verkehrsregeln in Erfahrung gebracht werden. So ist in manchen Ländern zusätzliche Ausrüstung, z. B. ein zweites Warndreieck, mitzuführen, wobei Verstöße in barer Münze sanktioniert werden.

Wie man an seine *Post* aus der Heimat oder zumindest die wichtigen Informationen aus ihr gelangt, muss ebenfalls geklärt werden. Ein Weg ist, sofern die Post dies anbietet, ein Nachsendeantrag. Ein anderer Zugang können Eltern oder Freunde sein, die Post öffnen und die wichtigen Informationen weitergeben.

Die eigene *Wohnung* in der Heimat muss entweder zwischenvermietet oder gekündigt und geräumt werden, was erhebliche Zeit erfordern kann. Ein ausreichender Vorlauf erspart viel Nerven und Geld.

Auch am Auslandsstudienort benötigt man *Geld*. Wie man an es gelangt, ist eine Überlegung wert. Sind EC- oder Kreditkarten eine Möglichkeit? Werden sie im Zielort und -land akzeptiert? Wie hoch sind dabei die Gebühren? Ist es günstiger, ein neues Konto bei einer Bank vor Ort zu eröffnen?

10.4 Der Zugang zum Geld aus der großen Welt: BAFöG und Stipendien

Studieren ist keine billige Angelegenheit. Allerdings sollte man auch einmal daran denken, dass viele Altersgenossen schon lange in der Lehre oder im Beruf stehen und mit ihren Steuergeldern die Hochschulen mitfinanzieren, während sich der finanzielle Beitrag der Studierenden sehr in Grenzen hält. Trotzdem sehen sich viele Studierfähige und -willige vor finanzielle Probleme gestellt. Zur Abhilfe stehen zwei Möglichkeiten bereit: BAföG und Stipendien.

10.4.1 BAFöG

Anrecht auf Leistungen nach dem Bundesausbildungsförderungsgesetz (BAFöG) haben

- alle deutschen Studierenden, sofern sie jünger als 29 Jahre sind (Ausnahmen möglich) und
- deren Eltern nicht über einem bestimmten Einkommen liegen (unterschiedlich) und bei denen andere Voraussetzungen gegeben sind (häufige Veränderungen).

Die Leistungen sind in der Regel eine Mischung aus Geschenk und zinslosem Darlehen, d.h. 50 % müssen zurück gezahlt werden. Ansonsten sind die Regelungen kompliziert und ändern sich oft. Nachfragen beim BAFöG-Amt, das vom Studentenwerk betrieben wird, sind daher immer sinnvoll und sehr zu empfehlen.

10.4.2 Stipendien

Die Anzahl möglicher Stipendien ist unübersichtlich, sowohl was die Anbieter als auch was die Zwecke anbelangt. Zu bedenken ist vor einer Bewerbung, dass Studienleistungen oftmals in die Mappe gehören, weswegen diese erst zum zweiten oder dritten Semester sinnvoll ist. Über die Anforderungen, die von Anbieter zu Anbieter unterschiedlich sein können, geben die Internetseiten Auskunft. Ein kleiner Ausschnitt der bekanntesten Stipendieninstitutionen:

- Studienstiftung des Deutschen Volkes (keine Eigenbewerbungen, nur auf Vorschlag; *www.studienstiftung.de*)
- Friedrich-Ebert-Stiftung (SPD-nah; *www.fes.de*)
- Konrad-Adenauer-Stiftung (CDU-nah; *www.kas.de*)
- Hanns-Seidel-Stiftung (CSU-nah; *www.hss.de*)
- Heinrich-Böll-Stiftung (Bündnis 90 / Grünen-nah; *www.boell.de*)
- Friedrich-Naumann-Stiftung (FDP-nah; *www.fnst.de*)
- Rosa-Luxemburg-Stiftung (PDS-nah; *www.rosaluxemburgstiftung.de*)
- Cusanuswerk (Studienförderung der Katholischen Kirche; *www.cusanuswerk.de*)

- Evangelisches Studienwerk Villigst (*www.evstudienwerk.de*)
- Hans-Böckler-Stiftung (Studienförderung des DGB; *www.boeckler.de*)
- Studienförderwerk Klaus Murmann (der Stiftung der Deutschen Wirtschaft; *www.sdw.org*)

Des weiteren gibt es Stipendien für ausländische Studierende, Auslandsemester, Doktoranden und besondere Themenbereiche. Eine kleine Recherche kann hier mitunter reiche finanzielle Ernte abwerfen und ist damit meist lohnend (vgl. Kap. 10.9).

10.5 Praktika

10.5.1 Zielsetzung beachten

Viele Studenten verbinden mit einem Praktikum den Wunsch, nach der Theorie an der Universität nun in der Praxis Erfahrungen zu sammeln. Nicht selten wird dies zu einem „Erschütterungsexperiment", wenn der *Praxisschock* eintritt. Trotzdem ist auch dieser hilfreich, um eigene Stärken sowie Schwächen besser erkennen zu können sowie einen eventuell bestehenden *Berufswunsch* in und an der beruflichen Realität zu überprüfen.

Falls ein solcher nicht vorhanden ist, empfiehlt es sich, mögliche in Frage kommende Berufe herauszuarbeiten. Dies kann zunächst mittels *eigener Überlegungen* geschehen, indem man sich selbst zu Interessen, Stärken, Abneigungen und Schwächen befragt. Wem der Kontakt zu Menschen wichtig ist und seine Stärken im sprachlichen Bereich feststellt, sollte einen anderen Beruf anstreben als jemand, der lieber alleine arbeitet und seine Stärken vorwiegend auf mathematischem oder technischem Gebiet ausmacht. Hilfreich ist dann in der Regel das Gespräch mit guten Freunden oder Familienangehörigen, die Feedback zu Interessen, Stärken, Schwächen und Persönlichkeit geben können. Die *Fremdwahrnehmung* kann die eigene Perzeption ergänzen und führt oft zu recht erstaunlichen und bereichernden Ergebnissen. Im Extremfall kann dies die Züge eines *Coachings* annehmen, in dem sehr genau versucht wird, einen passenden Beruf zu finden. Obwohl die Hilfe eines professionellen *Coaches* natürlich eine weitere Möglichkeit darstellt, erscheint der Aufwand an dieser Stelle übertrieben.

Mit einem anschließenden Praktikum im entsprechenden Berufsfeld können die Überlegungen *überprüft* werden. Wenn das Praktikum Spaß machte, stellt sich auf jeden Fall die Frage, ob es tatsächlich an der Arbeit oder z. B. an den netten Kollegen und dem sympathischen Chef lag. Ebenso, wenn diese Praxiserfahrung negativ verlaufen ist. Menschen und Firmen können wechseln oder gewechselt werden. Die Tätigkeit an sich wird sich jedoch zwischen verschiedenen Unternehmen nicht grundlegend unterscheiden. Dass in diesem Prozess auch spätere Arbeitgeber kennen gelernt werden können, ist dann ein positiver Nebeneffekt. Für diejenigen, die schon einen konkreten Berufswunsch haben, wird dies oft im Vordergrund stehen.

Grundsätzlich demonstriert man mit einem Praktikum *Mobilität* zumindest in geistiger, wenn man den Ort dafür wechselt, auch in räumlicher Hinsicht. Zudem kann man die eigene soziale Kompetenz schulen und erfahren, wie man in der Praxis in fachlicher und persönlicher Hinsicht auf andere Menschen wirkt. Darüber hinaus kann die eigene Organisations- und Problemlösungskompetenz bewiesen und erweitert werden, was bei späteren Bewerbungen Punkte bringen kann. Dies alles gilt allerdings nur für Praktika in Unternehmen, bei denen man sinnvolle Tätigkeiten übertragen bekommt. Sollte dies nicht der Fall sein, so steht zunächst ein Gespräch mit dem Vorgesetzten an. Bringt dies keine Besserung, führt der nächste Gang zur Personalabteilung. Die ins Praktikum investierte Zeit muss Früchte tragen – nur Kaffeekochen und Kopieren sind so wertvoll wie Fallobst! Verbessert sich die Situation trotz aller Versuche nicht, empfiehlt es sich, das Praktikum abzubrechen.

10.5.2 Mitunter übersehen: Nachteile von Praktika

Einer der Nachteile liegt gerade in der *geringen Erholungsmöglichkeit*, sofern das Praktikum in der vorlesungsfreien Zeit stattfindet. Entgegen der landläufigen Meinung ist ein Studium auch in der vorlesungsfreien Zeit kein Ruhepolster – wenn doch, macht man etwas falsch. So benötigen zu schreibende *Hausarbeiten* (viel) Zeit. Das hierüber erworbene Wissen und Training ist für das weitere Studium und die Anfertigung der Abschlussarbeit zu wertvoll, um es auf die leichte Schulter zu nehmen.

Liegt das Praktikum in der *Vorlesungszeit*, so verlängert sich das Studium fast immer, da Scheine nur unter erschwerten Bedingungen erworben werden können. Die Erfahrung zeigt zudem einen enorm hohen Prozentsatz derer, die einen solchen Versuch starten und *scheitern* – mit unangenehmen Folgen. Zu der Belastung durch das Praktikum addiert sich noch diejenige durch die Arbeit für den Scheinerwerb. Ein wegen der Doppelbelastung permanent übermüdeter Praktikant macht natürlich beim Arbeitgeber keinen guten Eindruck. Fällt man dann noch durch den Schein, steht man eventuell mit einer schlechten Schlussbilanz da, zumal man sich keinerlei Erholung gegönnt hat. Aber: Zumindest ist man um eine Erfahrung reicher geworden.

10.5.3 Was noch zu beachten ist

Auf jeden Fall sollten Praktika in ausreichendem zeitlichen *Abstand zu Prüfungen* absolviert werden, da sonst die Vorbereitung auf diese zu sehr gestört wird.

Unterschiedliche Meinungen bestehen zur Zahl der Praktika, die man machen sollte. Während manche die Ansicht vertreten, man könne nicht genug Praxisphasen absolvieren, sagen andere, drei seien das Maximum, da sich ansonsten das Studium verzögere und dieses wenig zielgerichtet erscheine. Letztendlich ist auch hier die zur Verfügung stehende Zeit der limitierende Faktor. Die *Priorität* sollte klar auf einem gut und zügig absolvierten Studium liegen, das neben Praktika auch noch Möglichkeiten zur Erholung und zur Verfolgung anderer Interessen bietet. Demnach sind drei Praktika oft das in diesem Zeitrahmen maximal Mögliche. Eine längere Studiendauer sollte nur für sehr wichtige oder interessante Praktika, z. B. im Ausland, in Kauf genommen werden, denn *Auslandspraktika* sind besonders interessant und wertvoll. Sie sollten deshalb angestrebt werden, wobei es sicher hilfreich ist, zuvor in Deutschland praktische Erfahrung gesammelt zu haben.

Wer seine Praktika über zu viele Berufsfelder *streut*, setzt sich bei der Bewerbung leicht dem Vorwurf aus, nicht zu wissen, was er will. Man sollte also zumindest auf diese Frage vorbereitet sein und sie in einem Bewerbungsgespräch glaubwürdig entkräften können.

10.5.4 Wie gelange ich an ein Praktikum?

Am Erfolg versprechendsten ist der Weg über *Netzwerke*, insbesondere *persönliche Kontakte*. Man sollte sich nicht scheuen, diese auch zu nutzen – niemand wird einen dafür belohnen, wenn man es nicht tut. Wer Charakter hat, sieht bei einem solchermaßen vermittelten Praktikum gleichzeitig die Verpflichtung, den Vertrauensvorschuss des Bekannten durch eigene Leistung zu rechtfertigen.

Ein erfolgreicher Ansatz ist auch der über *fest etablierte Strukturen*, z. B. beim Arbeitsamt, Praxiskontaktstellen der Universitäten, Lehrstühle, bei denen man gut und positiv bekannt ist, spezielle Organisationen, z. B. AIESEC u. ä. Manche Unternehmen stellen Praktikantenstellen auch auf ihre Internetseite. Sie finden sich dann meist unter „Jobs / Arbeitsplätze" o. ä.

Ist dies alles nicht gegeben oder möglich, da man z. B. zu einer speziellen Firma möchte, dort aber niemanden kennt, so hilft nur *Eigeninitiative*. Oftmals hat es sich als guter erster Schritt herausgestellt, *telefonisch* Kontakt aufzunehmen. Dabei ist es von Vorteil, über den Namen eines möglichen Ansprechpartners zu verfügen. Vielleicht kann man diesen über das Internet oder beim ersten Anruf bei der Vermittlung der Firma in Erfahrung bringen. Es macht einen guten Eindruck, den Gesprächspartner gleich persönlich mit Namen anzusprechen. Viele Menschen mit Entscheidungskompetenz verfügen über wenig freie Zeit und sind dementsprechend dankbar, wenn man schnell zum Punkt kommt. Es hilft, kurz auszudrücken, dass man sich über diesen Umstand im Klaren ist und weshalb der Anruf trotzdem erfolgt. Eventuell kann man noch erwähnen, warum gerade dieses Unternehmen in die Wahl gezogen wurde. Je nach Antwort des Gesprächspartners muss man, im negativen Fall, ein anderes Unternehmen wählen oder einen anderen Kontakt suchen, was speziell in Konzernen eine Möglichkeit ist. Ist das Gespräch positiv verlaufen, so muss eine Bewerbungsmappe zusammengestellt und verschickt werden (vgl. Kap. 10.8).

Ist ein Telefonat nicht möglich, weil z. B. kein Ansprechpartner in Erfahrung gebracht werden kann, so bleibt nur eine *Initiativbewerbung* (auch Blindbewerbung genannt). Sie wird an die Personalabteilung des betreffenden Unternehmens geschickt. Das Verhältnis von Aufwand und Erfolgsaussichten ist bei Blindbewerbungen aber ungünstig.

Manchmal führen auch unorthodoxe Methoden zum Erfolg:

Einer der Autoren bekam einmal ein Praktikum, weil er persönlich unangemeldet an einem Freitag Mittag beim Geschäftsführer eines Unternehmens vorstellig wurde und erklärte, er sei gerade gegenüber im Haus gewesen und habe sich gedacht, bei der Gelegenheit könne er gleich persönlich wegen eines Praktikums fragen. Ein solches Vorgehen kann allerdings zu einer Abfuhr mit Langzeitwirkung führen.

Um überhaupt an Adressen von Firmen und Namen von Ansprechpartnern zu kommen, kann auch *Literatur* genutzt werden. Bei ihrer Verwendung ist zu bedenken, dass diese Quellen in Teilen recht schnell veralten, speziell beim kritischen Punkt Ansprechpartner.

Das *Internet* bietet auf einigen Seiten die Möglichkeit, eine Bewerbung einzustellen, in der man angeben kann, für welche Bereiche man sich interessiert. Unternehmen, die Praktikanten suchen, können sich die Bewerbungen durchsehen und entsprechende Kandidaten kontaktieren. Nicht verschwiegen werden soll, dass der Wert des Mediums Internet für solche Zwecke heftig umstritten ist.

10.6 Was man an der Uni nicht unbedingt lernt: Zusatzqualifikationen

10.6.1 Kommunikation

Eine provokante These lautet: *Es ist nicht möglich, nicht zu kommunizieren!* Es spricht viel dafür, dass dieser Satz richtig ist. Um so erstaunlicher ist es, wie wenig über Kommunikation und ihre Bedeutung reflektiert oder gute Kommunikation trainiert wird. „Gut" meint dabei, die eigene Kommunikation so zu gestalten, dass die eigenen Ziele innerhalb einer „*win-win*-Situation" (beide Seiten gewinnen) erreicht werden. Egal ob wir mit Anderen kommunizieren oder mit uns selbst Zwiesprache halten, um z. B. Lösungen für ein Problem zu finden, immer spielt die Art und Weise wie wir das tun eine bedeutende, oft entscheidende Rolle für unseren Erfolg. Einige Situationen, an Hand derer die Bedeutung guter Kommunikation verdeutlicht werden soll:

- *Extern:* Referat, Bewerbungsgespräch, Flirten, Verhandeln, Verkaufen, Motivation Anderer;
- *Intern:* Selbstmotivation, Autosuggestion, Lösungsfindung.

Besonders die *Selbstpräsentation* vor einer Gruppe, z. B. bei einem Referat, verursacht vielen regelrechte Angstgefühle. Es kann aber auch Spaß machen, Wissen weiterzugeben und die eigenen Fähigkeiten darzustellen. Das Sprechen vor einer Gruppe ist eine extrem wichtige Fähigkeit, die man lernen kann. Und es gilt: Es ist noch kein Meister vom Himmel gefallen. Der Weg zur Meisterschaft ist: *Üben und Feedback* zu Inhalt sowie Art und Weise der Präsentation einfordern. An der Universität kann diese Situation relativ schmerzlos bei Referaten, in Arbeits- und Theatergruppen, Studenteninitiativen oder studentischen Diskussionsforen trainiert werden.

Diese Möglichkeiten sollten als Chance be- und ergriffen werden!

Einer der Autoren erhielt während eines Praktikums überraschend den Auftrag, eine Unternehmenspräsentation vor ausländischen Managern und Topmanagern des eigenen Unternehmens zu halten. Der zeitliche Vorlauf betrug ein Wochenende, die Grundlage bildeten zwei dicke Ordner mit Folien, Vortragssprache war Englisch. Ohne die Übung an Schule und Universität sowie einen Studienaufenthalt in Großbritannien wäre dies nicht zu leisten gewesen.

Mit einer guten Präsentation kann man so eine „Visitenkarte" abgeben, die lange im Gedächtnis der Führungskräfte bleibt und die Chancen auf einen Einstieg in das Unternehmen erhöht.

10.6.2 Vernetztes Denken

Immer mehr an Bedeutung gewinnt auch die Fähigkeit zu vernetztem Denken. Dieses Denken zeichnet sich aus durch:

- Das Einnehmen von *verschiedenen Perspektiven*, z. B. intern vs. extern, Makro- vs. Meso- vs. Mikroebene;
- *Assoziationsfähigkeit* sowie
- *Analogie- und Beziehungsbildung*.

Es sollte Aufgabe der Universität und des Studiums sein, dieses Denken zu fördern und zu schulen. Es kann allerdings auch gezielt in *Eigeninitiative* gefördert werden. Lohnend ist auch die Beschäftigung mit der *Systemtheorie*, die inzwischen in vielen wissenschaftlichen Disziplinen, z. B. Biologie, Soziologie, Politikwissenschaft, Betriebs- oder Volkswirtschaftslehre, angewandt wird. Nicht verschwiegen werden soll, dass das Verständnis dieser Theorien nicht nur vorteilhaft sondern auch aufwändig ist, da sie teilweise sehr abstrakt sind und eine Form des Denkens erfordern, die nicht-linear und deshalb meist ungewohnt ist.

Ein Muss sind für Akademiker *Fremdsprachenkenntnisse*. Englisch ist dabei keine Fremdsprache mehr! Viele wissenschaftliche Quellen, die man für das Studium benötigt, sind in Englisch verfasst. Diese Sprache ist inzwischen die *lingua franca* der Wissenschaft und der Wirtschaft. Die eigenen englischen Sprachfähigkeiten sollten somit auf einem guten Niveau sein. Bei wem sie das nicht sind, der sollte sie verbessern, um Probleme während des Studiums zu vermeiden und zur Steigerung der eigenen Berufschancen beizutragen. Eine zusätzliche moderne Fremdsprache, die gut beherrscht wird, rundet diesen Bereich ab. Diese Sprache kann auch als Alleinstellungsmerkmal zur Verbesserung der Einstiegsmöglichkeiten genutzt werden, wenn man z. B. Chinesisch, Japanisch oder Arabisch erlernt. Welche Sprache man wählt, hängt vom persönlichen Interesse und Berufswunsch ab. Eine vergleichsweise geographisch naheliegende Sprache mit sehr hohem weltweiten Verbreitungsgrad ist Spanisch.

Generell gilt für den Spracherwerb: Am besten erlernt man eine Sprache in einem Land, in dem sie gesprochen wird – was wieder zum Auslandsstudium führt (vgl. Kap. 10.3).

10.6.3 Mit Niederlagen leben (lernen)

Eine weitere Fähigkeit, die nicht nur im Studium viele positive Wirkungen hat, ist der produktive Umgang mit Niederlagen. Niederlagen, sei es nun eine unbefriedigend verlaufende Prüfung oder eine Abfuhr bei einem ernsthaften Flirt, gehören zum Leben. Doch sie ermöglichen es, mehr zu sich selbst zu finden, Kompetenzen auszubauen, Stärken und Schwächen zu erkennen und an beiden zu arbeiten.

Dazu gehört jedoch auch eine Strategie, die dieses Wachstum ermöglicht. Wer Niederlagen nur mit Demütigung, Versagen und ähnlichen negativen Gefühlen verbindet, verbaut sich den Zugang zu wertvollen Möglichkeiten und Ressourcen. Einige Untersuchungen zeigen, dass *sehr erfolgreiche Menschen* durchaus Fehler machen und Niederlagen erleiden. Im Unterschied zu weniger oder nicht erfolgreichen Menschen gehen sie mit diesen Situationen aber anders um. Sie analysieren das Geschehene, suchen nach Ursachen für den Prozess, der zu dem ungünstigen Ergebnis geführt hat, ziehen Schlussfolgerungen, entwickeln Verbesserungsmöglichkeiten und implementieren diese in ihre Strategien und Handlungen. So entsteht ein kontinuierlicher Verbesserungsprozess, der letztendlich zum Profi und Könner führt. Damit wird die Niederlage zwar nicht weniger schmerzhaft, aber die Bilanz ist am Ende positiv.

10.6.4 Soziale Kompetenz

Für den Beruf spielt die soziale Kompetenz, oder, wie sie auch oft genannt wird, die weichen Faktoren bzw. *soft skills*, eine bedeutende Rolle.[1] Darunter werden all jene persönlichen Fähigkeiten und Eigenschaften verstanden, die den Umgang mit anderen und sich selbst betreffen, z. B. Fähigkeit zur Selbstmotivation oder, oft gefordert, Teamfähigkeit. Dabei ist der Begriff Teamfähigkeit in bestimmtem Sinne ein Oberbegriff. Denn dazu gehören Kommunikations-, Konflikt- und Konsensfähigkeit, Respekt vor anderen Menschen, ihren Meinungen und Fähigkeiten. Ob man ein guter *team player* ist oder nicht, hängt z. T. von der eigenen Persönlichkeit ab. Jedoch kann jeder diese Fähigkeit auch entwickeln und lernen. Dazu bieten sich an der Universität wiederum Studenteninitiativen, Arbeitsgruppen oder generell Vereine an. Eine andere Möglichkeit, die eigene soziale Kompetenz zu trainieren, stellen speziell konzipierte Seminare dar.

Interessanterweise ist, entgegen der weitverbreiteten Meinung, ein Team nicht unbedingt mehr als die Summe seiner Teile. Das gilt nur für auf der Persönlichkeits- und Sachebene gut miteinander arbeitende Gruppen. Dazu ist es nötig, sich selbst zurücknehmen zu können und gerade nicht alle eigenen Fähigkeiten, Ressourcen und Möglichkeiten zu nutzen.

Ein Beispiel für schlecht funktionierende Teamarbeit:

In einem Team aus zehn Personen gibt es zwei, die gut führen können. Sobald einem Teammitglied formell die Leitung übertragen wird, muss das zweite führungsfähige Mitglied darauf verzichten, informell diese Rolle ebenfalls einzunehmen. Geschieht dies nicht, sind Konflikte und Kommunikationsbrüche vorprogrammiert, die die Arbeitseffektivität deutlich mindern. Das Team wird dann in mindestens zwei Gruppen zerfallen, die im besten Fall nebeneinander her, im schlimmsten Szenario sogar gegeneinander arbeiten.

---

[1] Sie ergänzen die sogenannten *hard skills* (vgl. Kap. 3).

Ein gut zusammenarbeitendes Team erreicht gemeinsam Ziele, die weder Einzelne noch Untergruppen des Teams erreichen könnten. In solch einem Team verzichtet auf der Basis eines Kompromisses jedes Mitglied auf einen Teil seiner Handlungsmöglichkeiten.

Alle hier angesprochenen Fähigkeiten, Strategien und Verhaltensweisen benötigen zu ihrem Erwerb und Ausbau zwei Dinge: einen Rahmen und Zeit. Den Rahmen können, wie erwähnt, Studenteninitiativen, Vereine, Arbeitsgruppen oder auch spezielle Seminare bieten. Dieser Rahmen wird allerdings nicht vom Himmel fallen – hier ist Eigeninitiative gefragt. Die Zeit muss man sich immer wieder nehmen, sei es um den eigenen Stand herauszufinden oder um an sich zu arbeiten. Bei allem, was gelernt wird, gilt ein geradezu klassischer Viersprung: *Von der unbewussten Inkompetenz über die bewusste Inkompetenz zur bewussten Kompetenz und schließlich zur unbewussten Kompetenz.*

10.7 Berufsfelder für Sozialwissenschaftler

Für Sozialwissenschaftler bestehen im Gegensatz zu anderen Studiengängen, wie z. B. Betriebswirtschaftslehre oder Jura, *wenig konkrete Berufsfelder*. Deshalb ist eine klare Vorstellung von den eigenen Stärken, Schwächen und Vorlieben wichtig, um frühzeitig *Schwerpunkte setzen* und gezielt *Fähigkeiten trainieren* zu können. Nur so kann der Vorteil eines sozialwissenschaftlichen Studiums voll genutzt werden, der in den dabei erworbenen Fähigkeiten liegt. Sie sind sehr wertvoll und ermöglichen den Einstieg in viele Berufe und Tätigkeiten.

Zu diesen Fähigkeiten zählen das *multiperspektivische Denken* (vgl. Kap. 10.6.2), das durch das in der Regel interdisziplinär angelegte Studium gefordert, entwickelt und gefördert wird. Durch dieses Denken wird der Blick für in Prozessen bereits aufgetretene oder möglicherweise noch auftretende kritische Punkte und Situationen geschärft. Gleichzeitig ermöglicht es, nicht nur eine Handlungs- und Lösungsalternative zu sehen und zu entwickeln, sondern deren mehrere (Problemanalyse und Prävention). Dabei gilt: Nur eine Wahlmöglichkeit zu haben, bedeutet Zwang, zwei sind ein Dilemma – erst ab drei bestehen reale Alternativen. Dazu werden Vor- und Nachteile der verschiedenen Optionen erkannt und können benannt werden, so dass die letztendliche Auswahl auf einer gesunden Basis erfolgen kann.

Durch Referate, Hausarbeiten und generell selbständiges Arbeiten werden *Selbstorganisations- und Präsentationskompetenzen* sowie die schnelle

Aneignung von zentralem Fachwissen gefordert und gefördert. Diese Kompetenzen sind in der heutigen Berufswelt unerlässlich – und bei vielen leider nicht oder nur unzureichend vorhanden.

Diese Fähigkeiten eröffnen Politikwissenschaftlern vielfältige Berufsfelder. Das bedeutet nicht, dass sie nicht auch für andere Sozialwissenschaftler geeignet sind. Denn die im Studium erworbenen Fähigkeiten gleichen viel aus, da sie sich im Vergleich zu vielem Fachwissen schwerer erlernen lassen und in die Waagschale geworfen werden können.

- Beliebt ist jegliche Form von *Journalismus*. Interessiert man sich für diese Berufe, so empfiehlt es sich, frühzeitig eine entsprechende Tätigkeit, z. B. freie Mitarbeit bei einer Lokalzeitung oder einem Lokalradiosender, aufzunehmen. Verschiedene Zeitungen, Rundfunk- oder Fernsehsender haben Programme aufgelegt, um Nachwuchs auszubilden. Erkundigungen bei lokalen Einrichtungen lohnen somit durchaus, zumal sie oft finanzielle Vorteile bieten. Nicht verschwiegen werden soll, dass die Bezahlung nach einem späteren Berufseintritt meist nicht berauschend ist.
- Ebenfalls beliebt sind Berufe mit *PR-Bezug*. Sie sind journalismusnah; da eine der Funktionen von Medien die Herstellung von Öffentlichkeit ist, sind sie der natürliche Adressat von PR-Spezialisten. Eine solide journalistische Grundausbildung erleichtert den Einstieg in derlei Tätigkeiten.
- Alle Berufe, die sich wissenschaftlich mit den eigenen Studienfächern befassen, z. B. bei *Forschungsinstituten oder Stiftungen*.
- Speziell für Politikwissenschaftler bietet sich ein Einstieg in diejenigen Berufe an, die mit *Politik* zu tun haben. Dazu zählen alle Formen von Politik- und Politikerberatung, die Arbeit bei Parteien, als Mitarbeiter eines Politikers oder bei parteinahen Stiftungen sowie Stellen bei Verbänden, wobei in diesem Fall Jura als Nebenfach nützlich ist.
- Auch für *Verwaltungstätigkeiten*, die durchaus möglich sind, ist das Nebenfach Jura nicht zu umgehen. Denn der rechtliche Rahmen bildet die Basis für Verwaltungshandeln. Faktisch besteht hier allerdings ein Juristenmonopol.
- Viele Sozialwissenschaftler arbeiten auch in *Unternehmen*. Ein Studium der Wirtschaftswissenschaften als Nebenfach ist nützlich, um eine gute fachliche Basis zu erwerben.
- Dies gilt auch für alle Tätigkeiten in den Bereichen *Personal* oder (Unternehmens-)*Beratung*.

10.8 Das „Nachspiel": Grundlegendes zu Bewerbungen

Unabdingbares Vorwissen sind die *formalen Kriterien* einer Bewerbung. Insbesondere die Bewerbungsmappe muss einigen Anforderungen genügen. Dazu zählen als Mindestanforderungen einwandfreie Rechtschreibung und Interpunktion, Vollständigkeit des Lebenslaufes und der Zeugnisse sowie die Sauberkeit der Hülle und der einzelnen Blätter. Dazu gehört auch ein Foto, das die eigene Persönlichkeit möglichst genau wiedergibt. Erfahrene Personalchefs können unendlich viele Geschichten über Bewerbungsmappen erzählen. Zu den Highlights zählen verknickte Mappen mit Fettflecken, Bikinifotos, Anschreiben auf rosafarbenem, parfümiertem Papier oder mit der Adresse eines anderen Unternehmens im Briefkopf, in denen farbig geschildert wird, warum sich der Absender schon immer gewünscht hat, für dieses Unternehmen zu arbeiten u. ä. Sie sind ein sofortiges k.o.-Kriterium und ersparen der Personalabteilung viel Aufwand.

Um das Anschreiben zu formulieren, ist es günstig, sich in die *Position des Lesers* zu versetzen. Was zeichnet einen aus, welchen Wert kann man in das Unternehmen einbringen bzw. welchen Mehrwert erhält es, wenn man die Stelle bekommt? Die Bewerbungsmappe und insbesondere das Anschreiben ist eine Form des Selbstmarketings (also Kommunikation) und dementsprechend kundenorientiert und aussagekräftig zu verfassen. Kunde ist hierbei das Unternehmen, das die Bewerbung erhält. Das Anschreiben ist maximal eine Seite lang. Es macht bei hundert oder mehr Bewerbungen auf eine Stelle für die Leser einen großen Unterschied, ob jedes Anschreiben eine oder anderthalb Seiten lang ist. Und Zeit ist in der Regel für die Auswählenden knapp. Außerdem zeigt man durch ein knappes aussagekräftiges Anschreiben, dass man über einen Blick fürs Wesentliche verfügt.

Eine Bewerbung ist die Visitenkarte, die man der Firma, bei der man arbeiten möchte, übergibt. Es empfiehlt sich deshalb, einige Überlegungen über dieses Unternehmen anzustellen. Noch günstiger ist es, wenn man im Vorfeld der Bewerbung *Erkundigungen über den potentiellen Arbeitgeber* einholen kann. Welchen Eindruck hinterlässt z. B. sein Internetauftritt? Ist dieser eher konservativ, progressiv oder sogar extravagant? Wie werden Personen, z. B. Vorstände, vorgestellt? Als große Lenker und Herrscher oder sehr menschlich und persönlich? Entsprechend dieser Informationen verfasst man die eigene Bewerbung. Dabei gilt eine Regel: Da man sehr selten weiß, wer die eigene Bewerbung letztendlich liest, muss man sich mit ihr wohlfühlen. Keine der beiden Seiten hat etwas davon, wenn man sich in der Bewerbung „verbiegt" und im Vorstellungsgespräch feststellt, dass die eigene

Persönlichkeit und die des Unternehmens („Unternehmenskultur") nicht zusammenpassen.

Bewerbungen im Ausland erfordern genaue Informationen, da sie anderen formalen Ansprüchen genügen und oftmals auch nach anderen Regeln zusammengestellt werden müssen. Diese Informationen gewinnt man aus der zahlreich vorhandenen Literatur, die sich in einer gut sortierten Universitätsbibliothek finden lässt.

Generell gibt es zum gesamten Themenkomplex Bewerbung viele Informationen im Internet und in Buchform, die man nutzen kann und sollte. Die Aktualität der Quellen sollte gegeben sein, da Bewerbungen und die ihnen eigenen Regeln ständigen Veränderungsprozessen unterliegen.

10.9 Literatur

In diesem Bereich ändern sich die Verhältnisse mitunter rapide, da die Literatur sehr schnell veraltet (daher unbedingt neue Literatur wählen!) und die Bewerbungen hinsichtlich Branche, Unternehmen, aber auch Studiengang sehr spezifisch gestaltet werden müssen.

Deshalb nur zur Studienförderung der Hinweis auf zwei Standardwerke und statt dessen der Verweis auf einige nützliche Internetangebote:

Herrmann, Dieter / Verse-Herrmann, Angela, [4]1999: Geld fürs Studium und die Doktorarbeit. Wer fördert was?, Eichborn, Frankfurt a. M.

Seidenspinner, Gundolf / Seidenspinner, Gerlinde, [19]1999: Durch Stipendien studieren. Stipendien, Förderungsmöglichkeiten, Studiendarlehen, Auslandspraktika, München.

www.daad.de [Homepage des *Deutschen Akademischen Auslandsdienstes*; für Auslandsstudienplätze und deren Förderung]
www.das-neue-bafög.de [vom *Bundesministerium für Bildung und Forschung*]
www.studentenwerk-aachen.de [gute Infos zum BAföG]
www.arbeitsamt.de/hst/services/bsw/index.html [zum Studium und Praktika]
www.planetpraktika.de [zu Praktika im Medienbereich]
www.jobpilot.de [Job- und Praktikasuche]
www.praktika.de [Rundumschlag zu Praktika]
www.praktikum-service.de [Auslandspraktika]
www.arbeitsamt.de/zav/jobs

Anhang: Hilfsmittel für das Studium

Benutzerhinweise

Um eine schnelle Orientierung zu ermöglichen, wurde das folgende Verzeichnis in verschiedene Kategorien unterteilt. Diese können naturgemäß nicht völlig trennscharf sein. Bei der Suche zu spezifischen Themen empfiehlt es sich daher, auch die Ober- und Nachbarkategorien zu konsultieren. Da kein Anspruch auf Vollständigkeit erhoben wird, ersetzt das Verzeichnis keinesfalls die selbständige gewissenhafte Recherche.

Wie unschwer zu erkennen ist, liegt der Schwerpunkt auf der Politikwissenschaft. Weil auch hier die Trennlinien zu den benachbarten Sozialwissenschaften nicht scharf gezogen werden können, sind diese ebenfalls mitberücksichtigt. Folglich kann die vorliegende Liste auch Studierenden anderer sozialwissenschaftlicher Disziplinen eine wertvolle Hilfe sein – insbesondere bei Fragen, die Berührungspunkte zur Politik aufweisen.

Einige Schlüsselwerke stellen auch die Bundeszentrale und die Landeszentralen für politische Bildung (alle zugänglich über *http://www.bpb.de*) kostengünstig zur Verfügung. Vor der eventuellen Anschaffung lohnt es sich also, die entsprechenden Angebote zu prüfen.

Inhalt

1 **Nachschlagewerke und Handbücher** 198
  1.1 Erstorientierung (wenn man noch gar nichts weiß) 198
  1.2 Personen- und Institutionenverzeichnisse 198
  1.3 Sozialwissenschaften allgemein 198
  1.4 Politikwissenschaft allgemein 199
    1.4.1 Allgemeine Einführungen 200
    1.4.2 Politische Theorie 200
    1.4.3 Internationale Politik 200
    1.4.4 Politische Systeme 201
  1.5 Nachbarwissenschaften (mit Einführungen) 201
    1.5.1 Soziologie 201
    1.5.2 Philosophie 202
    1.5.3 Psychologie 202
    1.5.4 Geschichte 203
    1.5.5 Volkswirtschaftslehre 203
    1.5.6 Staatsrecht 203

2 **Einführungen in die Systemlehre** 204
  2.1 Zur Erstinformation 204
  2.2 Politische Systeme allgemein 204
  2.3 Einzelne politische Systeme 205
    2.3.1 Deutschland 205
    2.3.2 Vereinigte Staaten 206
    2.3.3 Großbritannien 207
    2.3.4 Frankreich 207
    2.3.5 Alpenländer – Schweiz und Österreich 207
    2.3.6 Iberische Halbinsel – Spanien und Portugal 208
    2.3.7 Mittel- und Osteuropa 208
    2.3.8 Italien 209
    2.3.9 Türkei, Naher und Mittlerer Osten 209
    2.3.10 Fernost 210
    2.3.11 Lateinamerika 210
    2.3.12 Europäische Union 211

Hilfsmittel für das Studium

3 Einführungen in die Internationale Politik 211

4 Einführungen in die Politische Theorie 213

5 Methodik und Datenanalyse 213

6 Bibliographien, Abstractsammlungen und
  Rezensionszeitschriften 214
  6.1 Politikwissenschaft und benachbarte Sozialwissenschaften 214
  6.2 Allgemeine Bibliographien 216

7 Zeitschriften 217
  7.1 Alle Teilbereiche der Politikwissenschaft 217
      7.1.1 Deutschsprachig 217
      7.1.2 Englischsprachig 217
      7.1.3 Andere Sprachen 218
  7.2 Allgemeine Information 218
  7.3 Politische Theorie 219
  7.4 Internationale Politik 219
  7.5 Politische Systeme allgemein 220
  7.6 Zeitschriften zu bestimmten politischen Systemen 220
      7.6.1 Westeuropa 220
      7.6.2 Osteuropa 221
      7.6.3 Asien und Afrika 221
      7.6.4 Lateinamerika 221
  7.7 Teilaspekte politischer Systeme 222
      7.7.1 Parlament und Regierung 222
      7.7.2 Interessengruppen, Parteien und Wahlen 222
      7.7.3 Politik und Recht 222
      7.7.4 Medien 223
  7.8 Systemvergleich und Methodik 223
  7.9 Parteinahe Fachzeitschriften 223
  7.10 Nachbarwissenschaften 224
      7.10.1 Soziologie 224
      7.10.2 Philosophie 224
      7.10.3 Psychologie 225
      7.10.4 Geschichte 225
      7.10.5 Volkswirtschaftslehre 225
      7.10.6 Staats- und Völkerrecht 225

1 Nachschlagewerke und Handbücher

1.1 Erstorientierung (wenn man noch gar nichts weiß)

- Brockhaus. Die Enzyklopädie (24 Bde.), Mannheim [20]1996-99.
- Der Fischer Weltalmanach. Zahlen – Daten – Fakten (bish. 44 Bde.), Frankfurt a. M. 1959ff.
  Vor allem für einfache statistische Daten, mit kurzer Länderchronik.
- The New Encyclopædia Britannica (34 Bde.), Chicago u. a. [15]1974-97.
- Regional Surveys of the World (8 Bde.), London [34]2003.
  Mit Überblick und Statistiken zu allen Staaten der Welt; wird jährlich regelmäßig aktualisiert.

1.2 Personen- und Institutionenverzeichnisse

- Kürschner, Joseph (Hrsg.), 1925ff.: Kürschners Deutscher Gelehrtenkalender. Bio-bibliographisches Verzeichnis deutschsprachiger Wissenschaftler der Gegenwart, München.
- Munzinger-Archiv (Hrsg.), 1946ff.: Munzinger-Archiv, Ravensburg.
- Munzinger-Archiv (Hrsg.), 1986ff.: Internationales biographisches Archiv, Ravensburg.
- Oeckl, Albert (Hrsg.), [52]2002: Taschenbuch des öffentlichen Lebens. Deutschland, Bonn.

1.3 Sozialwissenschaften allgemein

- Staatslexikon. Recht – Wirtschaft – Politik, hg. v. der Görres-Gesellschaft (7 Bde.), 7. Aufl., Freiburg u. a., 1985-93.
  Nützliche Verweise, v.a. auf ältere Literatur.
- Baltes, Paul B. / Smelser, Neil J. (Hrsg.), 2002: International Encyclopedia of the Behavioral and Social Sciences (26 Bde.), Oxford.
  Standardwerk für die Sozialwissenschaften.
- Sills, David L. (Hrsg.), 1968: International Encyclopedia of the Social Sciences, (17 Bde.), New York.
  Vorgängerwerk – unerlässlich für die ältere angelsächsische Forschung.

- Brunner, Otto / Conze, Werner / Koselleck, Reinhart (Hrsg.), 1972-98: Geschichtliche Grundbegriffe. Historisches Lexikon zur politisch-sozialen Sprache in Deutschland (8 Bde.), Stuttgart.
  Erschöpfendes Nachschlagewerk zur Begriffsgeschichte mit zahlreichen Literaturhinweisen; Berichtszeitraum leider oft nur bis zum 19. Jh.
- Kernig, C[arl] D. (Hrsg.), 1966-72: Sowjetsystem und Demokratische Gesellschaft. Eine vergleichende Enzyklopädie (7 Bde.), Freiburg u. a.
  Mit den „Geschichtlichen Grundbegriffen" vergleichbares Werk; Schwerpunkt liegt auf der Auseinandersetzung zwischen liberaler Demokratie und Marxismus-Leninismus.

1.4 Politikwissenschaft allgemein

- Bundeszentrale für politische Bildung (Hrsg.), 1952ff.: Informationen zur politischen Bildung (bish. 276 Hefte), München.
  Die von der Bundeszentrale herausgegebenen „Informationen" zu zahlreichen Themenfeldern eignen sich gut für die Erstinformation, bieten eine kommentierte Kurzbibliographie und sind zudem für einen geringfügigen Obolus zu haben.
- Goodin, Robert E. / Klingemann, Hans-Dieter (Hrsg.), 1996: A New Handbook of Political Science, Oxford.
- Hawkesworth, Mary / Kogan, Maurice (Hrsg.), 1992: Encyclopedia of government and politics (2 Bde.), London u. a.
- Nohlen, Dieter (Hrsg.), 1992-1998: Lexikon der Politik (7 Bde.), München.
  Unerlässliches Nachschlagewerk zur Politikwissenschaft.
- Nohlen, Dieter (Hrsg.), 2001: Kleines Lexikon der Politik, Bonn.
  Die wichtigsten Artikel des Lexikons in gekürzter Fassung.
- Nohlen, Dieter / Schultze, Rainer-Olaf (Hrsg.), 2002: Lexikon der Politikwissenschaft (2 Bde.), München.
  Aktualisierte Kurzausgabe.
- O'Hara, Phillip A. (Hrsg.), 1999: Encyclopedia of political economy (2 Bde.), London u. a.
- Schmidt, Manfred G., 1995: Wörterbuch zur Politik, Stuttgart.

1.4.1 Allgemeine Einführungen

- Alemann, Ulrich von, 1995: Grundlagen der Politikwissenschaft, Opladen.
- Berg-Schlosser, Dirk / Quenter, Sven, 1999: Literaturführer Politikwissenschaft. Eine kritische Einführung in die Standardwerke und „Klassiker" der Gegenwart, Stuttgart u. a.
- Berg-Schlosser, Dirk / Stammen, Theo, [7]2003: Einführung in die Politikwissenschaft, München.
- Mols, Manfred / Lauth, Hans-Joachim / Wagner, Christian (Hrsg.), 2001: Politikwissenschaft. Eine Einführung, Paderborn.
- Münkler, Herfried (Hrsg.), 2003: Politikwissenschaft. Ein Grundkurs, Reinbek bei Hamburg.
- Naßmacher, Hiltrud, [4]2002: Politikwissenschaft, München u. a.
- Patzelt, Werner J., [5]2003: Einführung in die Politikwissenschaft. Grundriß des Faches und studiumbegleitende Orientierung, Passau.

1.4.2 Politische Theorie

- Fetscher, Iring / Münkler, Herfried (Hrsg.), 1985-93: Pipers Handbuch der politischen Ideen (5 Bde.), München / Zürich.
- Kriz, Jürgen / Nohlen, Dieter / Schultze, Rainer-Olaf (Hrsg.), 1994: Politikwissenschaftliche Methoden, München [= Lexikon der Politik, Bd. 2].
- Miller, David (Hrsg.), 1996: The Blackwell encyclopaedia of political thought, Oxford u.a.
- Nohlen, Dieter / Schultze, Rainer-Olaf (Hrsg.), 1995: Politische Theorien, München [= Lexikon der Politik, Bd. 1].

1.4.3 Internationale Politik

- Albrecht, Ulrich / Volger, Michael (Hrsg.), 1997: Lexikon der internationalen Politik, München / Wien.
- Andersen, Uwe / Woyke, Wichard (Hrsg.), [2]1995, Handwörterbuch Internationale Organisationen, Opladen.

- Boeckh, Andreas (Hrsg.), 1994: Internationale Beziehungen, München [= Lexikon der Politik, Bd. 6].
- Carlsnaes, Walter / Risse, Thomas / Simmons, Beth A. (Hrsg.), 2002: Handbook of International Relations, London.
- Kohler-Koch, Beate / Woyke, Wichard (Hrsg.), 1996: Die Europäische Union, München [= Lexikon der Politik, Bd. 5].
- Nuscheler, Franz, [4]1996: Lern- und Arbeitsbuch Entwicklungspolitik, Bonn.
- Weidenfeld, Werner / Wessels, Wolfgang (Hrsg.), [8]2002: Europa von A bis Z. Taschenbuch der europäischen Integration, Bonn.
- Woyke, Wichard (Hrsg.), [8]2000: Handwörterbuch Internationale Politik, Bonn.

1.4.4 Politische Systeme

- Gabriel, Oscar W. / Brettschneider, Frank (Hrsg.), [2]1994: Die EU-Staaten im Vergleich. Strukturen, Prozesse, Politikinhalte, Opladen.
- Ismayr, Wolfgang (Hrsg.), 2002: Die politischen Systeme Osteuropas, Opladen.
- Ismayr, Wolfgang (Hrsg.), [3]2003: Die politischen Systeme Westeuropas, Opladen.
- Nohlen, Dieter / Nuscheler, Franz (Hrsg.), [3]1992-94: Handbuch der Dritten Welt (8 Bde.), Bonn.
- Nohlen, Dieter / Waldmann, Peter / Ziemer, Klaus (Hrsg.), 1997: Die östlichen und südlichen Länder, München [= Lexikon der Politik, Bd. 4].
- Schmidt, Manfred G. (Hrsg.), 1992: Die westlichen Länder, München [= Lexikon der Politik, Bd. 3].

1.5 Nachbarwissenschaften (mit Einführungen)

1.5.1 Soziologie

- Abercrombie, Nicholas / Hill, Stephen / Turner, Bryan S. (Hrsg.), [4]2002: Penguin dictionary of sociology, London.
- Borgatta, Edgar F. (Hrsg.), 2000: Encyclopedia of sociology (5 Bde.), New York u. a.

- Boudon, Raymond / Bourricaud, Francois, 1992: Soziologische Stichworte. Ein Handbuch (2 Bde.), Opladen.
- Büschges, Günter / Abraham, Martin / Funk Walter, [3]1998: Grundzüge der Soziologie, München u. a.
- Feldmann, Klaus, [2]2001: Soziologie kompakt. Eine Einführung, Wiesbaden.
- Jary, Davis / Jary, Julia (Hrsg.), [3]2002: Collins dictionary of sociology, Glasgow.
- Käsler, Dirk / Ludgera Vogt (Hrsg.), 2000: Hauptwerke der Soziologie, Stuttgart.
- Käsler, Dirk (Hrsg.), [4]2003: Klassiker der Soziologie (2 Bde.), München.
- Papcke, Sven, 2001: Schlüsselwerke der Soziologie, Wiesbaden.
- Schäfers, Bernhard (Hrsg.), [8]2003: Grundbegriffe der Soziologie, Opladen.
- Treibel, Annette, [5]2000: Einführung in soziologische Theorien der Gegenwart, Opladen.

1.5.2 Philosophie

- Ferber, Rafael, 1999-2003: Philosophische Grundbegriffe (2 Bde.), München.
- Mittelstraß, Jürgen u. a. (Hrsg.), 1995-2002: Enzyklopädie Philosophie und Wissenschaftstheorie (4 Bde.), Mannheim.
- Speck, Josef (Hrsg.), 1972ff.: Grundprobleme der großen Philosophen (12 Bde.), Göttingen.
- Störig, Hans Joachim, 1999: Kleine Weltgeschichte der Philosophie, Frankfurt a. M.
- Totok, Wilhelm, 1964-1990: Handbuch der Geschichte der Philosophie (6 Bde.), Frankfurt a. M.

1.5.3 Psychologie

- Birbaumer, Niels u. a. (Hg.): Enzyklopädie der Psychologie (verschiedene Serien und Bde.), Göttingen 1982.

- Dörner, Dietrich / Selg, Herbert, ²1996: Psychologie. Eine Einführung in ihre Grundlagen und Anwendungsfelder, Stuttgart.
- Zimbardo, Philip G. / Gerrig, Richard J., ⁷1999: Psychologie, Berlin u. a.

1.5.4 Geschichte

- Boshof, Egon u. a., ⁵1997: Grundlagen des Studiums der Geschichte. Eine Einführung, Köln u. a.
- Gebhardt, Bruno (Hrsg.) ¹⁰2001ff.: Handbuch der deutschen Geschichte, Stuttgart (i. E.).
- Schieder, Theodor (Hrsg.), 1971-1998: Handbuch der europäischen Geschichte (7 Bde.), Stuttgart.
- Schulze, Winfried, ⁴2002: Einführung in die Neuere Geschichte, Stuttgart.

1.5.5 Volkswirtschaftslehre

- Bartling, Hartwig / Luzius, Franz, ¹⁴2002: Grundzüge der Volkswirtschaftslehre. Einführung in die Wirtschaftstheorie und Wirtschaftspolitik, München.
- Baßeler, Ulrich / Heinrich, Jürgen / Utecht, Burkhard, ¹⁷2002: Grundlagen und Probleme der Volkswirtschaftslehre, Stuttgart.
- Baßeler, Ulrich / Heinrich, Jürgen / Utecht, Burkhard, ⁴2003: Grundlagen und Probleme der Volkswirtschaftslehre. Übungsbuch, Stuttgart.
- Gruber, Utta / Kleber, Michaela, ⁴2002: Grundlagen der Volkswirtschaftslehre, München.
- Starbatty, Joachim, 1989: Klassiker des ökonomischen Denkens (2 Bde.), München.

1.5.6 Staatsrecht

- Hesse, Konrad, 1999 (Neuauflage der 20. Auflage): Grundzüge des Verfassungsrechtes der Bundesrepublik Deutschland, Heidelberg.

- Huber, Ernst Rudolf u. a. (Hrsg.), ²1984-1995: Deutsche Verfassungsgeschichte seit 1789, (8 Bde.), Stuttgart.
  Wertvolle Faktenquelle, aber mit problematischen Interpretationen.
- Isensee, Josef, u. a. (Hrsg.), 1987-2000: Handbuch des Staatsrechts der Bundesrepublik Deutschland (10 Bde.), Heidelberg.
- Kimmel, Adolf (Hrsg.), ⁵2000: Verfassungen der EU-Mitgliedstaaten, München.
- Maunz, Theodor / Dürig, Günter (Hrsg.), Grundgesetz. Kommentar (5 Bde.), München [Loseblattsammlung].
  Der Standard-Kommentar zum Grundgesetz.
- Stein, Ekkehart / Frank, Götz, ¹⁸2002: Staatsrecht, Tübingen.
- Stern, Klaus, 1977-2000: Das Staatsrecht der Bundesrepublik Deutschland (5 Bde.), München.

2 Einführungen in die Systemlehre

2.1 Zur Erstinformation

- Informationen zur politischen Bildung, hg. v. der Bundeszentrale für politische Bildung.
- Ismayr, Wolfgang, 2002: Die politischen Systeme Osteuropas, Opladen.
- Ismayr, Wolfgang, ³2003: Die politischen Systeme Westeuropas, Opladen.

2.2 Politische Systeme allgemein

- Berg-Schlosser, Dirk / Müller-Rommel, Ferdinand (Hrsg.), 1997: Vergleichende Politikwissenschaft, Opladen.
- Goetz, Klaus H. / Hix, Simon (Hrsg.), 2001: Europeanised Politics: European Integration and National Political Systems, London.
- Hartmann, Jürgen, 2000: Westliche Regierungssysteme. Parlamentarisches, präsidentielles und semi-präsidentielles Regierungssystem, Opladen.

Hilfsmittel für das Studium 205

- Lauth, Hans-Joachim, 2002: Vergleichende Regierungslehre. Eine Einführung, Wiesbaden.
- Merkel, Wolfgang, 1999: Systemtransformation. Eine Einführung in die Theorie und Empirie der Transformationsforschung, Opladen.
- Nohlen, Dieter, [3]2000: Wahlrecht und Parteiensystem, Opladen.
- Schreyer, Bernhard / Schwarzmaier, Manfred, 2002: Grundkurs Politikwissenschaft: Studium der politischen Systeme. Eine studienorientierte Einführung, Wiesbaden.

2.3 Einzelne politische Systeme

2.3.1 Deutschland

- Alemann, Ulrich von, 2001: Das Parteiensystem der Bundesrepublik Deutschland, Bonn.
- Andersen, Uwe / Woyke, Wichard (Hrsg.), [4]2002: Handwörterbuch des politischen Systems der Bundesrepublik Deutschland, Opladen.
- Beyme, Klaus von, [9]1999: Das politische System der Bundesrepublik Deutschland. Eine Einführung, Opladen / Wiesbaden.
- Eppelmann, Rainer, u. a. (Hrsg.), [2]1997: Lexikon des DDR-Sozialismus. Das Staats- und Gesellschaftssystem der Deutschen Demokratischen Republik (2 Bde.), Paderborn u. a.
  Gute Kurzinformation zur Ideologie und Praxis im „deutschen Arbeiter- und Bauernstaat".
- Gabriel, Oscar W. / Niedermayer, Oskar / Stöss, Richard (Hrsg.), [2]2002: Parteiendemokratie in Deutschland, Bonn.
- Greiffenhagen, Martin / Greiffenhagen, Sylvia (Hrsg.), 2002: Handwörterbuch zur politischen Kultur der Bundesrepublik Deutschland, Wiesbaden.
- Hartmann, Jürgen (Hrsg.), [2]1994: Handbuch der deutschen Bundesländer, Frankfurt a. M..
- Hesse, Joachim J. / Ellwein, Thomas, [8]1997: Das Regierungssystem der Bundesrepublik Deutschland (2 Bde.), Opladen.
- Laufer, Heinz / Münch, Ursula, [8]1998, Das föderale System der Bundesrepublik Deutschland, Opladen.

- Noelle-Neumann, Elisabeth (Hrsg.), 1976-2003: Allensbacher Jahrbuch der Demoskopie (bish. 6 Bde.), München.
  Früher: Noelle-Neumann, Elisabeth (Hrsg.), 1956-74: Jahrbuch der öffentlichen Meinung, Allensbach.
- Rudzio, Wolfgang, ^{6}2003: Das politische System der Bundesrepublik Deutschland, Opladen.
- Schäfers, Bernhard / Lehmann, Bianca (Hrsg.), ^{2}2001: Handwörterbuch zur Gesellschaft Deutschlands, Opladen.
- Schindler, Peter, 1999: Datenhandbuch zur Geschichte des Deutschen Bundestages (3 Bde.), Baden-Baden.
  Sehr spezifischer Gegenstand, aber wahre Fundgrube für Daten, Bibliographien und Zusammenstellung von Forschungsergebnissen zu Parlament und Regierung.
- Sebaldt, Martin / Straßner, Alexander, 2003: Verbände in der Bundesrepublik Deutschland. Spektrum, Funktionen und aktuelle Entwicklungstrends, Wiesbaden.
- Sontheimer, Kurt / Bleek, Wilhelm, ^{8}2002: Grundzüge des politischen Systems der Bundesrepublik Deutschland, München.
- Sturm, Roland / Pehle, Heinrich, 2001: Das neue deutsche Regierungssystem. Die Europäisierung von Institutionen, Entscheidungsprozessen und Politikfeldern in der Bundesrepublik Deutschland, Opladen.
- Weidenfeld, Werner / Korte, Karl-Rudolf (Hrsg.), 1999: Handbuch zur deutschen Einheit 1949 – 1989 – 1999, Frankfurt a. M.

2.3.2 Vereinigte Staaten

- Adams, Willi P. / Lösche, Peter (Hrsg.), ^{3}1999: Länderbericht USA. Geschichte – Politik – Wirtschaft – Gesellschaft, Frankfurt a. M.
- Hübner, Emil, ^{4}2001: Das politische System der USA. Eine Einführung, München.
- Jäger, Wolfgang / Welz, Wolfgang (Hrsg.), ^{2}1999: Regierungssystem der USA. Lehr- und Handbuch., München.
- Prätorius, Rainer, 1997: Die USA. Politischer Prozess und soziale Probleme, Opladen.
- Sautter, Udo, 2000: Die Vereinigten Staaten. Daten, Fakten, Dokumente, Tübingen u. a.

Hilfsmittel für das Studium 207

2.3.3 Großbritannien

- Birch, Anthony H, ^{9}1993: The British System of Government, London u. a.
- Dunleavy, Patrick u. a. (Hrsg.), 1985-2003: Developments in British Politics (7 Bde.), London.
- Hübner, Emil / Münch, Ursula, ^{2}1999: Das politische System Großbritanniens. Eine Einführung, München.
- Jones, Bill, ^{4}2001: Politics UK, London u. a.
- Kastendiek, Hans / Rohe, Karl / Volle, Angelika (Hrsg.), ^{2}1998: Länderbericht Großbritannien. Geschichte – Politik – Wirtschaft – Gesellschaft, Frankfurt a. M.
- Saalfeld, Thomas, 1998: Großbritannien. Eine politische Landeskunde, Opladen.
- Sturm, Roland, ^{2}1997: Großbritannien. Wirtschaft – Gesellschaft – Politik, Opladen.

2.3.4 Frankreich

- Christadler, Marieluise / Utterwedde, Henrik (Hrsg.), 1999: Länderbericht Frankreich. Geschichte – Politik – Wirtschaft – Gesellschaft, Opladen.
- Duverger, Maurice, ^{21}1996: Le système politique français, Paris.
- Kempf, Udo, 1997: Von de Gaulle zu Chirac. Das politische System Frankreichs, Opladen.
- Mèny, Yves, 1991: Le système politique français, Paris.
- Müller-Brandeck-Bocquet, Gisela / Moreau, Patrick, 1999: Frankreich. Eine politische Landeskunde, Opladen.

2.3.5 Alpenländer – Schweiz und Österreich

- Dachs, Herbert / Tálos, Emmerich (Hrsg.), ^{3}1997: Handbuch des politischen Systems Österreichs, Bd. 2: Die Zweite Republik, Wien.
- Esterbauer, Fried, 1995: Das politische System Österreichs. Einführung in die Rechtsgrundlagen und die politische Wirklichkeit, Graz.

- Gabriel, Jürg Martin, ⁵1997: Das politische System der Schweiz. Eine Staatsbürgerkunde, Bern u. a.
- Klöti, Ulrich, ²1999: Handbuch der Schweizer Politik, Zürich.
- Linder, Wolf, 1999: Schweizerische Demokratie. Institutionen – Prozesse – Perspektiven, Bern u. a.
- Neidhart, Leonhard, 2002: Die politische Schweiz. Fundamente und Institutionen, Zürich.
- Nick, Rainer / Pelinka, Anton, ²1996: Österreichs politische Landschaft, Innsbruck.

2.3.6 Iberische Halbinsel – Spanien und Portugal

- Briesemeister, Dietrich / Schönberger, Axel (Hrsg.), 1997: Portugal heute. Politik – Wirtschaft – Kultur, Frankfurt a. M.
- Herzog, Werner, ⁴1998: Spanien, München.
- Heywood, Paul, 1995: The Government and Politics of Spain, Basingstoke.
- Nohlen, Dieter / Hildenbrand, Andreas, 1992: Spanien. Wirtschaft – Gesellschaft – Politik, Opladen.
- Sänger, Ralf, 1993: Portugals langer Weg nach „Europa". Die Entwicklung von einem autoritär-korporativen Regime zu einer bürgerlich-liberalen Demokratie, Frankfurt a. M.

2.3.7 Mittel- und Osteuropa

- Höhmann, Hans-Hermann / Schröder, Hans-Henning (Hrsg.), 2001: Russland unter neuer Führung. Politik, Wirtschaft und Gesellschaft am Beginn des 21. Jahrhunderts. Münster.
- Ismayr, Wolfgang (Hrsg.), 2002: Die politischen Systeme Osteuropas, Opladen.
- Kipke, Rüdiger, 2002: Die politischen Systeme Tschechiens und der Slowakei. Eine Einführung, Wiesbaden.
- Mangott, Gerhard (Hrsg.), 2002: Zur Demokratisierung Russlands (2 Bde.), Baden-Baden.
- Mommsen, Margareta, 2003: Wer herrscht in Russland? Der Kreml und die Schatten der Macht, München.

- Schneider, Eberhard, ²2001: Das politische System der Russischen Föderation. Eine Einführung, Wiesbaden.
- Simon, Gerhard (Hrsg.), 2002: Die neue Ukraine. Gesellschaft, Wirtschaft, Politik (1991-2001), Köln.

2.3.8 Italien

- Chiellino, Carmine, u. a., ³1995: Italien, München.
- Drüke, Helmut, ²2000: Italien. Wirtschaft – Gesellschaft – Politik, Opladen.
- Ginsborg, Paul, 1998: L'Italia del tempo presente. Famiglia, società civile, stato 1980-1996, Torino.
- Hine, David, 1993: Governing Italy: The politics of bargained pluralism, Oxford.
- Koff, Sondra Z. / Koff, Stephen P., 2000: Italy. From the First to the Second Republic, London / New York.
- Pasquino, Gianfranco (Hrsg.), 1995: La politica italiana. Dizionario critico 1945-95, Bari.

2.3.9 Türkei, Naher und Mittlerer Osten

- Buhbe, Matthes, 1996: Türkei. Politik und Zeitgeschichte, Opladen.
- Gerner, Deborah J., 2000: Understanding the Contemporary Middle East, Boulder / London.
- Pawelka, Peter / Wehling, Hans-Georg, 1999: Der Vordere Orient an der Schwelle zum 21. Jahrhundert, Opladen.
- Steinbach, Udo / Hofmeier, Rolf / Schönborn, Matthias (Hrsg.), 1994: Politisches Lexikon Nahost / Nordafrika, München.
- Steinbach, Udo, 1996: Die Türkei im 20. Jahrhundert. Schwieriger Partner Europas, Bergisch Gladbach.
- Wolffsohn, Michael, ⁶2003: Israel: Grundwissen-Länderkunde. Geschichte, Politik, Gesellschaft, Wirtschaft (1882-2001), Opladen.

2.3.10 Fernost

- Crouch, Harold, 1996: Government and Society in Malaysia, Ithaca NY.
- Draguhn, Werner (Hrsg.), 1989: Politisches Lexikon Asien, Australien, Pazifik, München.
- Heilmann, Sebastian, 2002: Das politische System der Volksrepublik China, Wiesbaden.
- Herrmann-Pillath, Carsten (Hrsg.), 1998: Länderbericht China. Politik, Wirtschaft und Gesellschaft im chinesischen Kulturraum, Bonn.
- Mols, Manfred / Birle, Peter (Hrsg.), 1991: Entwicklungsdiskussion und Entwicklungspraxis in Lateinamerika, Südostasien und Indien, Münster u. a.
- Neher, Clark D., ^{2}1994: Southeast Asia in the New International Era, Boulder CO.
- Pohl, Manfred / Mayer, Hans Jürgen (Hrsg.), ^{2}1998: Länderbericht Japan. Geographie – Geschichte – Politik – Wirtschaft – Gesellschaft – Kultur, Bonn.
- Rüland, Jürgen, 1998: Politische Systeme in Südostasien. Eine Einführung, München.
- Weggel, Oskar, ^{2}1990: Indochina: Vietnam – Kambodscha – Laos, München.

2.3.11 Lateinamerika

- Atkins, G. Pope, 1999: Latin America in the International System, Boulder.
Auf Systeme ausgerichtet.
- Bodemer, Klaus / Pagni, Andreas / Waldmann, Peter (Hrsg.), 2002: Argentinien heute. Politik, Wirtschaft, Kultur, Frankfurt a. M.
- Mols, Manfred / Birle, Peter (Hrsg.), 1991: Entwicklungsdiskussion und Entwicklungspraxis in Lateinamerika, Südostasien und Indien, Münster u. a.
- Waldmann, Peter (Hrsg.), ^{3}1992: Politisches Lexikon Lateinamerika, München.

Hilfsmittel für das Studium

2.3.12 Europäische Union

- Eichener, Volker, 2000: Das Entscheidungssystem der Europäischen Union. Institutionelle Analyse und demokratietheoretische Bewertung, Opladen.
- Hix, Simon, 2000: The Political System of the European Union, London.
- Jachtenfuchs, Markus / Kohler-Koch, Beate (Hrsg.), ²2003: Europäische Integration, Opladen.
- Loth, Wilfried / Wessels, Wolfgang (Hrsg.), 2001: Theorien europäischer Integration, Opladen.
- Nugent, Neill, 2003: The Government and Politics of the European Union, Basingstoke.
- Peterson, John / Shackleton, Michael (Hrsg.), 2002: The Institutions of the European Union, Oxford.
- Rosamond, Ben, 2000: Theories of European Integration, Basingstoke.
- Schumann, Wolfgang / Müller, Ragnar / Rapp, Christian, 2002: Die Europäische Union verstehen. Institutionen, Entscheidungsabläufe und Politik nach Nizza, Stuttgart.
- Tömmel, Ingeborg, 2003: Das politische System der EU, München.
- Weidenfeld, Werner / Wessels, Wolfgang (Hrsg.), ⁸2002: Europa von A-Z. Taschenbuch der europäischen Integration, Bonn.
- Wessels, Wolfgang / Maurer, Andreas / Mittag, Jürgen (Hrsg.), 2003: Fifteen into One? The European Union and Its Member States, Manchester.

3 Einführungen in die Internationale Politik

- Behrens, Henning / Noack, Paul, 1984: Theorien der Internationalen Politik, München.
- Czempiel, Ernst-Otto, 1998: Friedensstrategien. Eine systematische Darstellung außenpolitischer Theorien von Machiavelli bis Madariaga, Opladen.

- Czempiel, Ernst-Otto, ³2003: Weltpolitik im Umbruch. Die Pax Americana, der Terrorismus und die Zukunft der internationalen Beziehungen, München.
- Ferdowsi, Mir A., 2002: Internationale Politik im 21. Jahrhundert, München.
- Gareis, Sven B. / Varwick, Johannes, 2002: Die Vereinten Nationen, Opladen.
- Griffiths, Martin, 1999: Fifty Key Thinkers in International Relations, London / New York.
- Gu, Xuewu, 2000: Theorien der internationalen Beziehungen. Einführung, München.
- Hasenclever, Andreas / Mayer, Peter / Rittberger, Volker, 1997: Theories of International Regimes, Cambridge.
- Jackson, Robert / Sorensen, Georg, 1999: Introduction to International Relations, New York.
- Kaiser, Karl / Schwarz, Hans-Peter (Hg.), 2000: Weltpolitik im neuen Jahrhundert, Baden-Baden.
- Knapp, Manfred / Krell, Gert, 1996: Einführung in die Internationale Politik, München.
- Krell, Gert, 2000: Weltbilder und Weltordnung. Einführung in die Theorie der internationalen Beziehungen, Baden-Baden.
- Lehmkuhl, Ursula, ³2001: Theorien internationaler Politik, München.
- Menzel, Ulrich / Varga, Katharina, 1999: Theorie und Geschichte der Lehre von den Internationalen Beziehungen. Einführung und systematische Bibliographie, Hamburg.
- Opitz, Peter J. (Hg.), ⁵2001: Weltprobleme, München.
- Rittberger, Volker (Hrsg.), 2001: German Foreign Policy Since Unification: Theories and Case Studies, Manchester / New York.
- Rittberger, Volker (Hrsg.), 2001: Global Governance and the United Nations System, Tokyo.
- Rittberger, Volker / Mogler, Martin / Zangl, Bernhard, 1997: Vereinte Nationen und Weltordnung: Zivilisierung der internationalen Politik? Opladen.
- Rittberger, Volker / Zangl, Bernhard, 2003: Internationale Organisationen – Politik und Geschichte, Opladen.

4 Einführungen in die Politische Theorie

- Beyme, Klaus von, ⁸2002: Die politischen Theorien der Gegenwart. Eine Einführung, Opladen.
- Brodocz, André / Schaal, Gary S. (Hrsg.), 2002: Politische Theorien der Gegenwart. Eine Einführung (2 Bde.), Opladen.
- Euchner, Walter, 1991: Klassiker des Sozialismus (2 Bde.), München.
- Lieber, Hans Joachim (Hrsg.), ²1993: Politische Theorien von der Antike bis zur Gegenwart, Wiesbaden.
- Maier, Hans (Hrsg.), ⁶2001: Klassiker des politischen Denkens (Taschenbuchausgabe, 2 Bde.), München.
- Maier, Hans / Denzer, Horst / Rausch, Heinz, ⁵1987: Klassiker des politischen Denkens (2 Bde.), München.
  Wesentlich umfangreicher als die Neuauflage.
- Schmidt, Manfred G., ³2000: Demokratietheorien. Eine Einführung, Opladen.
- Stammen, Theo / Riescher, Gisela / Hofmann, Wilhelm (Hrsg.), 1997: Hauptwerke der politischen Theorie, Stuttgart.

5 Methodik und Datenanalyse

- Alemann, Ulrich von, 2002: Methodik der Politikwissenschaft, Stuttgart.
- Atteslander, Peter, 2000: Methoden der empirischen Sozialforschung, Berlin / New York.
- Chalmers, Alan F., 2001: Wege der Wissenschaft. Einführung in die Wissenschaftstheorie, Berlin.
- Kromrey, Helmut, ¹⁰2002: Empirische Sozialforschung, Opladen.
- Kühnel, Steffen-M. / Krebs, Dagmar, 2001: Statistik für die Sozialwissenschaften. Grundlagen, Methoden, Anwendungen, Reinbek.
- Müller-Benedict, Volker, ²2003: Grundkurs Statistik in den Sozialwissenschaften, Wiesbaden.
- Schnell, Rainer / Hill, Paul B. / Esser, Elke, 1999: Methoden der empirischen Sozialforschung, München.
- Wagschal, Uwe, 1999: Statistik für Politikwissenschaftler, München u. a.

6 Bibliographien, Abstractsammlungen und Rezensionsionszeitschriften

6.1 Politikwissenschaft und benachbarte Sozialwissenschaften

- Annotierte Bibliographie zur politischen Bildung (insg. 20 Jge.), 1980-1999.
  Bücherverzeichnis zu Politik und Zeitgeschichte; Berichtszeitraum: 1979 bis 1998.
- Baumgart, Winfried, ^{3}1999: Bücherverzeichnis zur deutschen Geschichte. Hilfen – Handbücher – Quellen, München.
  Auch für Politikwissenschaft sehr nützliches Nachschlagewerk – nicht nur zu Deutschland –, bes. Kap. III bis VI, S. 15-40.
- Bibliographie zur Zeitgeschichte, hg. v. Thilo Vogelsang u. Hellmuth Auerbach (bish. 5 Bde.), München 1982ff.
  Berichtszeitraum: seit 1953.
- Forschungsarbeiten ... in den Sozialwissenschaften, Bonn, 1969-1996/97.
  Berichtszeitraum: 1969-1996/1997.
- Gates-Coon, Rebecca, 1993: Eastern Europe Bibliography, Menuchen NJ u. a.
- Hamburger Bibliographie zum parlamentarischen System der Bundesrepublik Deutschland, hg. v. Udo Bermbach (7 Bde.), Opladen 1973-1993.
  Verzeichnis von Monographien und Aufsätzen zu – entgegen des Titels – fast allen Aspekten des politischen Systems; Berichtszeitraum: 1945 bis 1984.
- International Political Science Abstracts, 1951ff. [= IPSA].
  Aufsatzliteratur; Berichtszeitraum: seit 1950.
- Neue Politische Literatur, 1956ff. [= NPL].
  Rezensionszeitschrift.
- Politische Dokumentation. Referatedienst (insg. 24 Jge.), 1966-1992 [= Pol. dok].
  Deutschsprachige politikwissenschaftliche Aufsatzliteratur mit Abstracts; Berichtszeitraum: 1965 bis 1988.

Hilfsmittel für das Studium

- Public Affairs Information Service (PAIS, CD-ROM-Datenbank).
  Enthält internationale Literaturnachweise zu Aufsätzen und Monographien aus Politik- und Sozialwissenschaften inklusive Abstracts; Berichtszeitraum: seit 1972.
- Social Sciences Citation Index (SSCI, CD-ROM-Datenbank).
  Wertet sozialwissenschaftliche Zeitschriftenliteratur aus und verzeichnet darüber hinaus zu jedem recherchierten Aufsatz die gesamte dort verwendete Bibliographie; Berichtszeitraum: seit 1956.
- SocioFile (CD-ROM-Datenbank).
  Enthält die Sociological Abstracts (SA) sowie die Social Planning / Policy and Development Abstracts (SOPODA) – ausgewählt aus amerikanischer Perspektive, beinhaltet trotzdem Quellen in über 30 Sprachen; Berichtszeitraum: seit 1974.
- Sociological Abstracts, 1952ff. [= SA].
  Aufsatzliteratur; Berichtszeitraum: seit 1952.
- Soziologische Revue, 1978ff.
  Rezensionszeitschrift.
- WISO-NET.
  Bibliographie zu den Wirtschafts- und Sozialwissenschaften mit den Teilbibliographien (CD-ROM-Datenbanken):
  ⇨ WISO III – *Sozialwissenschaftliche Literatur und Forschungsprojekt; Verzeichnis von Monographien und Aufsätzen mit Abstracts (kurzer Inhaltsangabe); Berichtszeitraum: seit 1980, z.T. auch früher.*
  ⇨ WISO II – *Volkswirtschaftliche Literatur (mit zahlreichen landeskundlichen Verweisen); Berichtszeitraum: v.a. seit Mitte der 80er Jahre.*
  ⇨ WISO-WAO – World Affairs Online *(Schwerpunkt: Internationale Politik, int. Organisationen, Dritte Welt, int. Konflikte, Sicherheitsfragen, politische und sozioökonomische Aspekte einzelner Länder); Berichtszeitraum: seit 1974.*
- ZPol-Bibliographie in der „Zeitschrift für Politikwissenschaft".
  Sehr umfangreiche und außergewöhnlich aktuelle Bibliographie für politikwissenschaftliche Monographien und Sammelwerke mit Kurzrezensionen.

6.2 Allgemeine Bibliographien

- British Books in Print. The Reference Catalogue of Current Literature, London 1965ff. [=BBIP].
  Berichtszeitraum: seit 1965.
- Deutsche Nationalbibliographie [= DNB].
  Gesamte in Deutschland innerhalb und außerhalb des Buchhandels erschienene Literatur; Berichtszeitraum: seit 1945.
- Deutsche Nationalbibliographie, Reihe H: Hochschulschriftenverzeichnis, Frankfurt a. M., 1972ff. (bis 1990 unter dem Titel „Deutsche Bibliographie ..." erschienen).
  Berichtszeitraum: seit 1971.
- Dissertation Abstracts International, Ann Arbor, MI, 1969ff.
  Verzeichnis von Doktorarbeiten, v.a. aus Nordamerika und Großbritannien; Berichtszeitraum: seit 1861.
- Gorzny, Willi (Hrsg.), Zeitungs-Index. Verzeichnis wichtiger Aufsätze aus deutschsprachigen Zeitungen, München u. a. 1974ff.
- Internationale Bibliographie der Rezensionen wissenschaftlicher Literatur [= IBR].
  Berichtszeitraum: v.a. seit 1971.
- Internationale Bibliographie der Zeitschriftenliteratur (2 Abten., insg. 201 Bde.), 1897-1964.
  Berichtszeitraum: 1896 bis 1963.
- Internationale Bibliographie der Zeitschriftenliteratur, 1965ff. [= IBZ].
  Berichtszeitraum: seit 1963.
- Leistner, Otto, ⁹2002: Internationale Titelabkürzungen von Zeitschriften, Zeitungen, wichtigen Handbüchern, Wörterbüchern, Gesetzen, Institutionen usw. / International Title Abbreviations of periodicals, newspapers, important handbooks, dictionaries, laws, institutions etc., München [= ITA].
- National Union Catalog, Washington DC, mehrere Reihen [= NUC].
  Katalog der Bibliothek des US-Kongresses, die nicht nur englischsprachige Bücher aus allen Wissensgebieten sammelt (Zugang auch über http://catalog.loc.gov).
- The British Library General Catalogue of Printed Books, London und München (Saur) 1931ff. [= BLC]
  Berichtszeitraum: seit ca. 1931; ersetzt alle vorausgehenden vom British Museum herausgegebenen Bände.

- The Cumulative Book Index World List of Books in the English Language, New York, NY 1902-1998/1999 [= CBI].
  Berichtszeitraum: 1898-1998/1999.
- Verzeichnis lieferbarer Bücher, Frankfurt a. M. 1971ff. [= VLB].
  Berichtszeitraum: seit 1971.
- Zeitschriftendienst
  Deutschsprachige Zeitschriftenliteratur; Berichtszeitraum: seit 1996 (Zugang über http://www.dbi-berlin.de *(Menü „Datenbanken")).*

7 Zeitschriften

7.1 Alle Teilbereiche der Politikwissenschaft

7.1.1 Deutschsprachig

• Aus Politik und Zeitgeschichte	*APuZ*
Beilage zur Wochenzeitung „Das Parlament".	
• Blätter für deutsche und internationale Politik	*Blätter*
Oft etwas essayistisch; dezidiert progressiv	
• Deutschland-Archiv. Zeitschrift für das vereinigte Deutschland	*DA*
• Österreichische Zeitschrift für Politikwissenschaft	*ÖZP*
• Politische Vierteljahresschrift	*PVS*
Organ der Deutschen Vereinigung für Politische Wissenschaft	
• Schweizerische Zeitschrift für Politikwissenschaft	*SZP*
Früher: Schweizerisches Jahrbuch für Politische Wissenschaft	*SJPW*
• Zeitschrift für Politik	*ZfP*
• Zeitschrift für Politikwissenschaft	*ZPol*
Früher: Jahrbuch für Politik	*JfP*
Mit der umfangreichen und aktuellen ZPol-Bibliographie.	

7.1.2 Englischsprachig (vor allem amerikanisch)

• American Journal of Political Science	*AJPS*
Früher: Midwest Journal of Political Science	*Midw. JPS*

- American Political Science Review APSR
  Organ der American Political Science Association'
- American Politics Research APR
  Früher: American Politics Quarterly APQ
- British Journal of Political Science BJPS
- Canadian Journal of Political Science CJPS
- European Journal of Political Research EJPR
- International Political Science Review IPSR
- Political Research Quarterly PRQ
  Früher: The Western Political Quarterly WPQ
- Political Science Quarterly PSQ
- Political Studies PSt.
  Britisch
- The Journal of Politics JoP

7.1.3 Andere Sprachen

- Revista de Estudios Politicos REP
- Revue Française de Science Politique RFSP
- Rivista Italiana di Scienza Politica Riv.ISP

7.2 Allgemeine Information

- Archiv der Gegenwart AdG
  Zur Information über politische Ereignisse.
- Der Bürger im Staat BiS
- Gesellschaft – Wirtschaft – Politik
  Früher: Gegenwartskunde
  Beide Zeitschriften mit gutem Forschungsstand. GgK
- Kyklos. Internationale Zeitschrift für Sozialwissenschaften
- Leviathan. Zeitschrift für Sozialwissenschaft
- Merkur. Deutsche Zeitschrift für Europäisches Denken
  Alle Wissenschaften.
- Vorgänge. Zeitschrift für Bürgerrechte und Gesellschaftspolitik

7.3 Politische Theorie

- International Game Theory Review — *IGTR*
- International Journal of Game Theory — *IJGT*
- Jahrbuch Politisches Denken
- Journal of Political Economy — *JPE*
- Journal of Political Ideologies — *JPI*
- Journal of Political Philosophy
- Journal of the History Ideas — *JHI*
- Journal of Theoretical Politics — *JTP*
- Political Theory — *PT*
- Public Choice
- Review of International Political Economy — *RIPE*
- Theory and Decision

7.4 Internationale Politik

- Außenpolitik — *AP*
  Deutsche Ausgabe von „Foreign Affairs".
- British Journal of Politics and International Relations — *BJPI*
- Conflict Management and Peace Science — *CMPS*
- E + Z. Entwicklung und Zusammenarbeit — *EZ*
- European Journal of International Relations — *EJIR*
- Foreign Affairs — *For.Aff.*
- Foreign Policy — *FP*
- integration
  Europapolitik.
- International Affairs — *IA*
- International Organization — *IO*
- International Studies Perspectives — *ISP*
- International Studies Quarterly — *ISQ*
- International Studies Review — *ISR*
- Internationale Politik — *IP*
  Früher: Europa Archiv — *EA*
- Jahrbuch der europäischen Integration
- Jahrbuch Dritte Welt

- Journal für Entwicklungspolitik *JEP*
- Journal of Common Markets Studies *JCMS*
- Journal of Conflict Resolution *JCR*
- Journal of European Integration
- Journal of European Studies *JES*
- Journal of Peace Research *JPR*
- Nord-Süd aktuell *NSA*
- Peripherie und Entwicklungspolitik
- S + F. Vierteljahresschrift für Sicherheit und Frieden *S + F*
- Transit. Europäische Revue
- Vereinte Nationen. Zeitschrift für die Vereinten Nationen und ihre Sonderorganisationen *VN*
- World Politics *WP*
- Yearbook of International Organizations *YIO*
- Zeitschrift für internationale Beziehungen *ZIB*

7.5 Politische Systeme allgemein

- Comparative Political Studies *CPS*
- Comparative Politics *CP*
- Journal of Public Policy *Jnl. Publ. Pol.*
- Zeitschrift für Parlamentsfragen *ZParl*

Auch relevant zu allen Teilbereichen der politischen Systeme.

7.6 Zeitschriften zu bestimmten politischen Systemen

7.6.1 Westeuropa

- Archiv Kommunalwissenschaften *AfK*
- Deutschland-Archiv. Zeitschrift für das vereinigte Deutschland *DA*
  Deutschlandpolitik und Probleme der deutschen Einheit.
- Dokumente. Zeitschrift für den deutsch-französischen Dialog
- Frankreich-Jahrbuch *FJb*
- German Politics & Society
- German Politics *GP*

- Politics and Society in Germany, Austria and Switzerland   *PASGAS*
- West European Politics   *WEP*

7.6.2 Osteuropa

- Berichte des Bundesinstituts für ostwissenschaftliche
  und internationale Studien   *BIOst*
- Europe-Asia Studies
  Früher: Soviet Studies
- Journal of Communist Studies and Transition Politics   *JCS*
- Osteuropa. Zeitschrift für Gegenwartsfragen des Ostens

7.6.3 Asien und Afrika

- Afrika-Spectrum: Zeitschrift für gegenwartsbezogene
  Afrikaforschung
- Asien, Afrika, Lateinamerika   *AAL*
- Central Asian Studies
- Indonesia. A semi-annual journal devoted to Indonesia's
  culture, history and social and political problems
- Journal of Contemporary Asia   *JCA*
- Modern Asian Studies   *MAS*
- South Asian Survey   *SAS*
- Südostasien aktuell

7.6.4 Lateinamerika

- Asien, Afrika, Lateinamerika   *AAL*
- Journal of Latin American Studies   *JLAS*
- Latin American Research Review   *LARR*

7.7 Teilaspekte politischer Systeme

7.7.1 Parlament und Regierung

- Administration & Society — *A&S*
- Government and Opposition — *Gov.&Opp.*
- Legislative Studies Quarterly — *LSQ bzw. Leg.St.Q*
- Parliamentary Affairs — *Parl.Aff.*
- Public Administration Review — *PAR*
- The Journal of Legislative Studies — *JLS*
- Zeitschrift für Parlamentsfragen — *ZParl*

7.7.2 Interessengruppen, Parteien und Wahlen

- Der Arbeitgeber. Das BDA-Magazin zur unternehmerischen Sozialpolitik
- Electoral Studies — *ESt.*
- Gewerkschaftliche Monatshefte — *GMH*
- Industrielle Beziehungen. Zeitschrift für Arbeit, Organisation und Management
- Jahrbuch Extremismus & Demokratie — *E&D*
  Extremistische Organisationen.
- Jahrbuch zur Liberalismus-Forschung — *JzLF*
- Neue Soziale Bewegungen — *NSB*
- Party Politics
- VM – Fachzeitschrift für Verbands- und Nonprofit-Management
  Praxisorientiert.
  Früher: Verbands-Management — *VM*
- Zeitschrift für Parlamentsfragen — *ZParl*

7.7.3 Politik und Recht

- Archiv des öffentlichen Rechts — *AöR*
- Archiv des Völkerrechts — *AVR*
- Zeitschrift für Rechtspolitik — *ZRP*

Hilfsmittel für das Studium 223

- Recht und Politik *RuP*
- Der Staat. Zeitschrift für Staatslehre und Verfassungsgeschichte

7.7.4 Medien

- Massenkommunikation
  Früher: Publizistik *Publ.*
- Medien und Kommunikationswissenschaft *M&K*
  Früher: Rundfunk und Fernsehen *RuF*
- Media Perspektiven *MP*
- Public Opinion Quarterly *POQ*
- Journalism and Mass Communication Quarterly *J&MCQ*
  Früher: Journalism Quarterly *JQ*
- European Journal of Communication *EJC*
- Political Communication

7.8 Systemvergleich und Methodik

- Comparative Political Studies *CPS*
- Comparative Politics *CP*
- Political Analysis *PA*
- Revue Internationale de Politique Comparée *RIPC*
- The Political Methodologist *TPM*
- West European Politics *WEP*

7.9 Parteinahe Fachzeitschriften

- Politische Studien *Pol.Stud.*
  Hanns-Seidel-Stiftung (CSU-nah).
- Die politische Meinung. Monatshefte für Fragen der Zeit
  Konrad-Adenauer-Stiftung (CDU-nah).
- Civis
  Früher: Sonde
  RCDS-Freundes- und Förderkreis (unionsnah).

- liberal
  Friedrich-Naumann-Stiftung (FDP-nah).
- Die neue Gesellschaft / Frankfurter Hefte
  (vor 1985 eigenständige Zeitschriften)   *NG / FH*
  Friedrich-Ebert-Stiftung (SPD-nah).
- Kommune
  GRÜNE-nah..
- UTOPIE kreativ
  Rosa-Luxemburg-Stiftung (PDS-nah).

7.10 Nachbarwissenschaften

7.10.1 Soziologie

- American Journal of Sociology   *AJS*
- American Sociological Review   *ASR*
- Kölner Zeitschrift für Soziologie und
  Sozialpsychologie   *KZfSS*
- Zeitschrift für Soziologie   *ZfS*
- Schweizerische Zeitschrift für Soziologie   *SZS*
- Social Research. The International Quarterly
  of Political and Social Science
- Sociological Methods and Research   *SMR*

7.10.2 Philosophie

- Archiv für Rechts- und Sozialphilosophie   *ARSP*
- Ethica. Wissenschaft und Verantwortung
- Philosophische Rundschau   *PHR*
- Philosophy and Public Affairs   *PAP*
- Social Philosophy and Policy   *SPPC*
- Philosophisches Jahrbuch

7.10.3 Psychologie

- Political Psychology — *PP*
- Psychologische Rundschau
  Offizielles Organ der Deutschen Gesellschaft für Psychologie.
- Zeitschrift für Psychologie
- Zeitschrift für Sozialpsychologie — *ZFPS*

7.10.4 Geschichte

- Geschichte und Gegenwart. Vierteljahreshefte für Zeitgeschichte, Gesellschaftsanalyse und politische Bildung — *GGW*
- Historische Zeitschrift — *HZ*
- Vierteljahresschrift für Sozial- und Wirtschaftsgeschichte — *VSWG*
- Vierteljahrshefte für Zeitgeschichte — *VfZ bzw. VjhZ*

7.10.5 Volkswirtschaftslehre

- Die Lage der Weltwirtschaft und der deutschen Wirtschaft
- Ifo-Studien
  Organ des Ifo-Instituts für Wirtschaftsforschung
- Vierteljahreshefte zur Wirtschaftsforschung
  Organ des Deutschen Instituts für Wirtschaftsforschung
- Zeitschrift für Wirtschaftspolitik — *ZfW*

7.10.6 Staats- und Völkerrecht

- Archiv des öffentlichen Rechts — *AöR*
- Die öffentliche Verwaltung — *DöV*
- Jahrbuch des öffentlichen Rechts der Gegenwart — *JöR*
- Veröffentlichungen der Vereinigung der Deutschen Staatsrechtslehrer — *VVDStRL*
- Zeitschrift für ausländisches öffentliches Recht und Völkerrecht — *ZaöRV*

Register

Abbildungen 169
Abkürzungsverzeichnisse 169
Abstracts 84, 85
AGIL-Schema 141
Akademischer Mittelbau 18
Akten 115
Angaben über Persönlichkeiten 94
Anhang 148
Anmeldefristen 59
Arbeitsgliederung 143
Arbeitsjournal 40
Arbeitsmethodik 51
Arbeitspapier 130, 131
Arbeitsplan 141, 142
Arbeitsplatz 51
Arbeitstechniken 36
Arbeitstyp 40
Archivieren 73
Argumentation 145
Assoziieren 45, 46
AStA 17
Aufsatzbibliographien 90
Aufsätze 88, 158
Ausbildung 13
Auslandsaufenthalt 178
Auslandspraktika 185
Auslandsstudienort 180, 181
Auslandsstudium 178, 189
Ausleihbestand 104
Autogenes Training 51

Bachelor 22
BAFöG 17, 182
Befragungen 122
Begriffsklärungen 144
Beitrag in einem Sammelband 65
Benotung 172
Beobachtung 124
Beratung 192

Berufsfeld 183, 191
Bescheidenheit 29
Bewegung 55
Beweisführung 146
Bewerbung 184, 186, 187, 193, 194
Bewerbungsmappe 193
Bibliographien 83, 84
Bibliographieren 77
Bibliotheken 16, 51, 79
Bibliothekskataloge 82
Bildung 13, 14
Biographische Archive 94
Biorhythmus 40
Brainstorming 45
Briefe 116
Bücherkauf 106
Buchhandelskatalog 87
Burn Out 56

Colloquien 23
Computerkenntnisse 53

DAAD 179
Daten 111
Datenbanken 84
Deduktion 27, 146
Dekan 15
Diplomstudiengänge 21
Dissertation 86
Dokumentenlieferdienste 105

Einführungen 75
Einleitung 143, 147
E-Journals 91
Entspannungstechniken 57
ERASMUS 179
Erhebungsmethode 121
Erkenntnis 29
Ernährung 54

Register

Essstörungen 56
Experiment 124
Expertensuche 80, 99
Exzerpieren 71

Fachbereiche 15
Fachbibliographien 90
Fachschaften 17
Fachzeitschriften 75
Fakultäten 15
Feedback-Burger 135
Fernleihe 105
Festschrift 65
Film- und Fernsehaufzeichnungen 116
Form 165
Forschung 13
Forschungsansatz 144
Fragebogen 123
Frageformulierungen 67, 121
Fragenkataloge 60
Fragestellung 127, 139, 142
Freihandbestand 104
Freizeit 54
Fremdsprachenkenntnisse 189
Fußnoten 149, 152

Gehirn 35
Gehirnhälfte 42
Gesetzestexte 151
Gesundheit 54
Gliederung 44, 166
Graue Literatur 65, 88, 93, 158
Grundkurs 23
Gutachten 179

Habilitation 18, 86
Handapparate 105
Handbücher 75
Haufentheorie 32
Hauptteil 144
Hausarbeit 137
Hermeneutik 112
Hermeneutischer Zirkel 112, 113
Hobbies 54
Hochschulautonomie 14, 16

Hochschulgruppen 24
Hochschulpolitische Gruppen 25
Hochschulrahmengesetz 15
Hypothesen 30

Ideologien 33
Indexbrowsing 80
Induktion 27, 146
Inhaltsanalyse 115
Inhaltsverzeichnis 91, 168
Institute 16
Intensiv lesen 69
Internetbasierte Aufsatzdienste 92
Internetquellen 155
Internetrecherche 101
Interpretation 112
Interview 122

Journalismus 192
Juniorprofessoren 18

Kanzler 16
Kataloge 79, 81, 83
Klausur 59, 62
Klausurensammlungen 60
Kommunikation 187
Kontinuität der Recherche 107
Konzentration 41
Kopieren 72
Körpersprache 133
Korporationen 25
Korrekturleser 171
Kritischer Rationalismus 33
Kulturgruppen 25
Kurzzitierweise 150, 154

Lampenfieber 132
Layout 165, 171
Lehrbücher 75
Lehrbuchsammlungen 105
Lehre 13
Lehrstühle 16
Lehrveranstaltungen 22
Leistungsfähigkeit 54
Leistungsgrenze 56

Leistungsnachweise 24
Leistungspunktsystem 22
Lerngruppen 49
Lernkanal 46
Lernkontrolle 45
Lernprozess 35
Lernpsychologie 35
Lerntechniken 46
Lerntipps 48
Lerntypen 48
Lesen 64, 66, 67
Lexika 65, 75, 159
Linksammlung 100
Literaturauswahl 66
Literaturbericht 65, 76, 147
Literaturhinweise 75
Literaturrecherche 74
Literaturverzeichnis 157

Magazine 105
Magisterstudiengänge 21
Markieren 70
Master 22
Medieneinsatz 133
Meta-Suchmaschinen 96, 99
Mind-Mapping 42
MINK-Schema 140
Mitschreiben 45, 48
Mittagsschlaf 42
Monographie 64, 79, 157
Motivation 35, 39, 48
Multiperspektivität 28, 114, 191

Nachschlagewerke 159
Nachvollziehbarkeit 28
Neutralität 162
Nicht-wissenschaftliche Mitarbeiter 19
Niederlagen 189
Notation 81

Offizielle Publikationen 116
Ökologischer Fehlschluss 121
OPAC 79

Paradigma 33

Paradigmenwechsel 33
Pausen 41, 48
Pausentypen 41
Personeninformationen 95
Planung 36, 37
Plausibilitätsprüfung 146
Politikwissenschaftler 192
PPP-Schema 140
Praktikum 183, 185, 186
Präsentation 132
Präsentationskompetenzen 191
Präsentieren 126
Präsenzbestand 81, 104
Präsidenten 15
Prävention 191
PR-Bezug 192
Primäranalyse 114
Primärquellen 111
Problemanalyse 191
Professoren 16, 17
Promotion 18
Propädeutikum 23
Prorektoren 15
Proseminar 23
Protokolle 115
Prüfung 59
   mündlich 60, 61
   schriftlich 62
Prüfungsangst 63
Prüfungsvorbereitung 59, 61
Publizistik 116

Quelle 111, 112
Quellenkritik 102, 113, 114
Querlesen 68, 69

Rauchfrei 55
Reader 65
Realkontaktbefragung 123
Recherche 127
Recherchemethoden 77
Referat 126, 127
Regionale Bibliotheksverbünde 82
Register 76
Rektoren 15

Register

Repräsentativität 121
Rezension 65, 86
Rückwärtsplanung 37

Sammelband 64, 79, 158
Scheine 23
Schneeballprinzip 74
Schreiben 143
Sekundäranalyse 114, 117
Sekundärquellen 112
Selbermachen 47
Selbstorganisation 191
Selbstpräsentation 187
Selektivität 28
Semesterapparate 104
Semesterferien 138
Seminare 23
Senat 16
Sicherheitskopien 139
Soziale Kompetenz 190
Soziale Kontakte 54
Sport 54
Sprechtechnik 132
Standardwerke 76
Stichprobengröße 121
Stil 162
Stipendien 182
Studentenwerke 17
Studentische Hilfskräfte 20
Studienbeginn 13
Studienfach 175, 176
Studienfachwechsel 175
Studiengänge 20, 175
Studienortwechsel 176, 177
Studierendenvertretung 17
Studium 175, 176
Studium generale 21
Suchmaschinen 96, 98, 99
Suchstrategien 96
Super-Learning 51
Symbole 46

Tabellen 117, 169
Tagebücher 116
Tages- und Wochenzeitungen 94

Tagungsband 65
Team 190, 191
Teamfähigkeit 190
Textsorten 64
Themenauswahl 59
Themenstellung 139
Theorie 30
Theorie und Praxis 31
Theoriendarwinismus 32
Thesen 68
Titel 167
Titelblatt 166
To Do-Listen 39
Tondokumenten 116
Transfer 47
Tutoren 20, 23

Überschriften 166
Übungen 23
Umfang 172
Unterbewusstsein 35

Verbindungen 25
Verlagsveröffentlichungen 88
Vernetztes Denken 188
Verständlichkeit 28
Verständniskontrolle 112
Verwaltungstätigkeiten 192
Verweise 149
Verzeichnisse 75, 169
Visualisierung 133
Vorlesungen 23

Web-Kataloge 96, 100
W-Fragen 113
Wiederholen 47
Wissenschaft 13, 14, 27, 28, 29, 30, 31, 32, 33, 34
Wissenschaftliche Kritik 102
Wissenschaftstheorien 32
World Wide Web 95

Yoga 51

Zeitplanung 38

Zeitschriftenaufsatz 65, 159
Zeitschriftenbibliographien 90
Zeitungsartikel 65
Zettelkataloge 80
Ziele 36, 37
Zielformulierung 37
Zielplanung 36
Zitate 149
   längere 153
   sinngemäß 154
   wörtlich 153

Zitierweise, amerikanisch 150
Zitieren von Internetinhalten 103
Zitierkartell 76
Zulassungsvoraussetzungen 59
Zusammenfassung 146
Zusatzqualifikationen 187

Neu im Programm Politikwissenschaft

Jürgen W. Falter / Harald Schoen (Hrsg.)
Handbuch Wahlforschung
2005. XXVI, 826 S. Geb. EUR 49,90
ISBN 3-531-13220-2

Die Bedeutung von Wahlen in einer Demokratie liegt auf der Hand. Deshalb ist die Wahlforschung einer der wichtigsten Forschungszweige in der Politikwissenschaft. In diesem Handbuch wird eine umfassende Darstellung der Wahlforschung, ihrer Grundlagen, Methoden, Fragestellungen und Gegenstände geboten.

Peter Becker / Olaf Leiße
Die Zukunft Europas
Der Konvent zur Zukunft der Europäischen Union
2005. 301 S. Br. EUR 26,90
ISBN 3-531-14100-7

Dieses Buch gibt auf knappem Raum einen Überblick zur Arbeit des „Konvents zur Zukunft der Europäischen Union", zu Anlass und Organisation des Konvents, zu seinen wichtigsten Themen und Ergebnissen. Ebenso werden die wichtigen Konferenzen und Entscheidungen nach Abschluss des Konvents in die Darstellung einbezogen.

Bernhard Schreyer /
Manfred Schwarzmeier
Grundkurs Politikwissenschaft: Studium der Politischen Systeme
Eine studienorientierte Einführung
2. Aufl. 2005. 243 S. Br. EUR 17,90
ISBN 3-531-33481-6

Konzipiert als studienorientierte Einführung, richtet sich der „Grundkurs Politikwissenschaft: Studium der politischen Systeme" in erster Linie an die Zielgruppe der Studienanfänger. Auf der Grundlage eines politikwissenschaftlichen Systemmodells werden alle wichtigen Bereiche eines politischen Systems dargestellt.

Dabei orientiert sich die Gliederung der einzelnen Punkte an folgenden didaktisch aufbereiteten Kriterien: Definition der zentralen Begriffe, Funktionen der Strukturprinzipen und der Akteure, Variablen zu deren Typologisierung, Ausgewählte Problemfelder, Entwicklungstendenzen, Stellung im politischen System, Kontrollfragen, Informationshinweise zur Einführung (kurz kommentierte Einführungsliteratur, Fachzeitschriften, Internet-Adressen).

Im Anhang werden die wichtigsten Begriffe in einem Glossar zusammengestellt. Ein Sach- und Personenregister sowie ein ausführliches allgemeines Literaturverzeichnis runden das Werk ab.

Erhältlich im Buchhandel oder beim Verlag.
Änderungen vorbehalten. Stand: Juli 2005.

www.vs-verlag.de

VS VERLAG FÜR SOZIALWISSENSCHAFTEN

Abraham-Lincoln-Straße 46
65189 Wiesbaden
Tel. 0611.7878-722
Fax 0611.7878-400

Neu im Programm Politikwissenschaft

Kay Möller
Die Außenpolitik der Volksrepublik China 1949 - 2004
Eine Einführung
2005. 280 S. Studienbücher Außenpolitik und Internationale Beziehungen.
Br. EUR 22,90
ISBN 3-531-14120-1

Chinas Außenpolitik war in der Ära Mao Zedong (1949-1976) mit Unabhängigkeit und Sicherheit von zwei widersprüchlichen Grundsätzen geprägt, ein Linienstreit, der in den 60er Jahren zum Bruch mit Moskau und 1972 zu einer spektakulären Annäherung an die USA führte.

Deng Xiaoping versuchte ab 1978, diesen Widerspruch mit einem Bekenntnis zu Interdependenz und wirtschaftlicher Öffnung aufzulösen, aber auch Dengs Reform wurde in den Dienst einer langfristigen nationalen Agenda gestellt, die die internationale Manövriermarge der Volksrepublik vergrößern sollte.

Auch 2004 ist Peking weder mit seinem engeren Umfeld zufrieden, in dem viele Akteure unausgesprochen oder offen gegen eine „chinesische Gefahr" rüsten, noch mit einer von den USA dominierten Welt. Sichtbarster Ausdruck der unterstellten Beeinträchtigung des eigenen Großmachtanspruchs ist die anhaltende, unabhängige Existenz der „abtrünnigen Provinz" Taiwan.

Erhältlich im Buchhandel oder beim Verlag. Änderungen vorbehalten. Stand: Juli 2005.

Dieter Nohlen / Andreas Hildenbrand
Spanien
Wirtschaft – Gesellschaft – Politik.
Ein Studienbuch
2., erw. Aufl. 2005. 380 S. mit 56 Tab.
Br. EUR 29,90
ISBN 3-531-30754-1

Diese bewährte Gesamtdarstellung zu Politik, Gesellschaft und Wirtschaft in Spanien liegt in vollkommen überarbeiteter und aktualisierter Auflage vor. Wer Informationen zu einem der wichtigsten EU-Länder braucht, greift zu diesem Buch.

Klaus Schubert (Hrsg.)
Handwörterbuch des ökonomischen Systems der Bundesrepublik Deutschland
2005. 516 S. Br. EUR 36,90
ISBN 3-8100-3588-2
Geb. EUR 49,90
ISBN 3-8100-3646-3

Das Buch ist ein zuverlässiges Nachschlagewerk für alle, die sich in Beruf oder Studium rasch einen Überblick über Grundlagen und Grundstrukturen des deutschen Wirtschaftssystems verschaffen wollen. Die Wirtschaft und die Wirtschaftspolitik Deutschlands dienen dabei als Referenzpunkte zur Beschreibung und Erklärung ökonomischer Zusammenhänge auf nationaler, europäischer und globaler Ebene. Dies wird ergänzt durch wichtige Statistiken und Grafiken.

www.vs-verlag.de

VS VERLAG FÜR SOZIALWISSENSCHAFTEN

Abraham-Lincoln-Straße 46
65189 Wiesbaden
Tel. 0611.7878-722
Fax 0611.7878-400

MIX
Papier aus verantwortungsvollen Quellen
Paper from responsible sources
FSC® C105338

If you have any concerns about our products,
you can contact us on
ProductSafety@springernature.com

In case Publisher is established outside the EU,
the EU authorized representative is:
Springer Nature Customer Service Center GmbH
Europaplatz 3, 69115 Heidelberg, Germany

Printed by Libri Plureos GmbH
in Hamburg, Germany